多摩の近世・近代史

松尾正人［編著］

岩橋清美⊙亀尾美香⊙清水裕介⊙西村敏也⊙岡崎寛徳⊙桜井昭男
落合　功⊙牛米　努⊙藤田英昭⊙松崎　稔⊙矢野信幸⊙松尾正人

中央大学出版部

▲多摩市に保存されている「旧富澤家住宅」

連光寺村の名主富澤政恕《とみさわまさひろ》は、日野宿組合44か村の大惣代を勤め、新撰組の近藤勇とも天然理心流の同門であった。明治14（1881）年に天皇が兎狩りで連光寺村を訪れ、以後、富澤家が天皇の「御小休所」となった。（第3章）

▲民権の森に建てられた「自由民権の碑」

多摩の自由民権運動では、町田の石坂《いしざか》昌孝《まさたか》・公歴《まさつぐ》父子、武蔵五日市の深沢権八や憲法草案で知られる千葉卓三郎らが活躍した。文武道場「凌霜館」の場所には町田市立自由民権資料館、文学者北村透谷と昌孝の娘美那の出会いの地には「自由民権の碑」が建っている。（第10章）

▲八王子市裏高尾の「小仏関阯」

甲州街道の小仏関所は、道中奉行の支配下のもとで、旅人の手形改めを行った。関所番の落合家からは、尊王攘夷の先駆けとなった落合直亮《おちあいなおあき》、東山道先鋒総督府軍に参加した直澄《なおずみ》、西南戦争で西郷軍に参加した直言《なおこと》らを輩出した。（第9章）

東京陸軍少年飛行兵学校

『陸軍少年飛行兵史』より　　(第12章)

▲東京陸軍少年飛行兵学校の基礎教育

少年飛行兵学校の基礎教育は、普通学、軍事学、術科、体操に分かれていた。普通学は国語や歴史など、軍事学は兵器学や地形学を学んだ。術科は軍事教練で野外演習や滑空訓練などであった。

▲東京陸軍少年飛行兵学校の正門

昭和13(1938)年に北多摩郡村山村(現・武蔵村山市)に東京陸軍航空学校が開設され、18年には校名が東京陸軍少年飛行兵学校と改められた。卒業後は操縦、整備、通信に分かれて上級校に進み、多くの少年飛行兵が特攻出撃に殉じた。

▲回転運動器を用いたフープ体操

フープ体操は少年飛行兵学校を象徴する科目であった。生徒は、11月3日の明治節に実施される神宮競技場の国民体育錬成大会で、航空体操・フープ等の各種競技を演じて観客から万雷の拍手を浴びた。

はじめに

松尾正人

東京の西部に位置する多摩地域には、八王子・立川など三〇市町村が存在する。人口は平成二三年（二〇一一）六月段階で四一九万人を超えた。面積は一一六九平方キロ。面積を比較すると、東京の二三区の合計より大きい。

平安時代の延喜式には、武蔵国に多磨郡の郡名が記されている。徳川家康が江戸に移った天正一八年（一五九〇）、多摩郡は概して多摩丘陵・狭山丘陵に続く武蔵野台地が広がっていた。赤土の火山灰に覆われ、ススキや雑木が中心で、その開発は泉水や河川の小流を利用できる範囲に限られていたようだ。曠野は鷹狩に適しても、徳川直参の家臣団が居を構えた江戸の武家地とはおよそ違った世界であったと思われる。

その後は徳川政権のもとで二六〇年。江戸は一〇〇万都市に発展した。羽村から取水した玉川上水が江戸に供給され、武蔵野台地も数次にわたる開墾が行われた。特に八代将軍徳川吉宗の享保改革の時代、大岡忠相らによって武蔵野新田の開発が推進されたことは良く知られている。多摩からは、青物や穀類・石灰・木材などが出荷され、多摩の自然、人、物が巨大都市江戸をささえたのであった。

徳川の時代が終わった後、新政府は慶応四年（一八六八）七月一七日に江戸を東京と改めた。伝統的権威を背景とした天皇も、一〇〇〇余年続いた京都を離れて東京に移った。この明治新政府が発足した後の東京の発展は急速で、多摩もその影響を受けるようになる。新政府は多摩地域に韮山県や品川県などを置いたが、明治四年（一八七二）七月の廃藩置県とその後の改革で、一部を除いた多摩地域を神奈川県に組み入れた。背景には、米国などと結んだ安政五箇国条約で神奈川を開港場とし、遊歩区域を設定した事情が存在する。明治一一年七月には、郡区町村編制法を制定し、多摩地域に東多摩・西多摩・南多摩・北多摩の四郡を設けた。明治二二年四月には甲武鉄道が新宿と立川間に敷設され、七月に八王子まで延長されている。そして二六年三月には北多摩、西多摩、南多摩の三郡が東京府に移管されたのである。

その後、大正一二年（一九二三）の関東大震災で東京市内が壊滅的な被害を受けると、北多摩などの人口が急増した。東京市の中心部にあった施設の移転が現実化し、住宅地の開発が急速に広まったことによる。多摩地域には、「武蔵県」「多摩県」を置こうとする構想も存在したが、三多摩を切り離してしまうと、首都機能の維持が難しい。戦時下の昭和一八年（一九四三）七月、東京府に代わって東京都が設置され、多摩三郡は改めて東京都に組み入れられた。多摩地域を除外しては、東京のそのものの維持・発展が困難になっていたのである。

*

本書は、江戸・東京の歴史を豊かに考える素材として、近世・近代史の研究者の多摩をテーマにした新たな論稿を三部に構成し、掲載した。執筆には、中央大学人文科学研究所の研究員と客員研究員のメンバーが参加している。同研究所の研究チーム名は「地域史研究の今日的課題」。主に歴史学の立場から多摩地域の諸問題を取り上げ、史料にもとづく具体的な事例研究を重ねてきた。

今回の一二人の執筆者は、多くが多摩地域の自治体史編さんに編集委員あるいは調査委員として携わってきた。保谷市史、多摩市史、調布市史、福生市史、武蔵村山市史などの編さんに参加し、あるいは現在も進められている八王子市史編さん事業などに関係している。いずれも多摩地域の歴史に関心を持ち、史料の調査・収集を重ね、それらの丹念な分析と研究の成果が本書の基礎となっている。

第Ⅰ部は「多摩の文化と人々の暮らし」で、最初に岩橋清美「子どもと村社会―近世後期における子ども観の変容―」を掲載した。岩橋論文は、地域社会が子どもの成育にどのように関わっていたかという点を追究した。現在の福生市域にあたる多摩郡熊川村の暮らしと同村の名主石川亀三郎の「公私付込日記」を丹念に分析している。特に寺子屋を経営していた寛政期の日記に注目した。子どもの成育にともなう儀礼等の贈答がどのように行われたか、村の指導者としての名主の子どもに対する教育が村社会の形成にいかなる意義を持ったか、農業の手伝い、あるいは配札・鬮取など村の子ども特有の役割に注目し、その神聖性を明らかにしている。

亀尾美香「島津家奥右筆となった多摩の女性・瀧尾―奥女中のアーカイブズ―」は、薩摩藩島津家奥右筆となった瀧尾という女性が、実家に持ち帰った長持に残した文書を紹介した。八王子出身の瀧尾は、親類の柴崎村名主鈴木家の「公私日記」にも登場する。奥女中の滝尾の長持文書、墓誌等からは、将軍徳川家茂付表使と島津家老女間の頻繁なやりとりがうかがわれ、同時に多摩出身の女性の大名家奉公の一端が明らかになる。

清水裕介「多摩の豪農と在村文化―多摩郡連光寺村富澤家の文芸と思想―」は、寄場名主富澤政恕の幕末維新期の文芸活動を通じて、時代の変化にともなう在村文化の変質、地域的特質を追究した。特に富澤政恕が俳諧から和歌へ転換し、国学を学ぶようになる過程を地域の動向とあわせて丹念に分析している。文芸から思想への発展を解明することで、地域の指導者層の思想形成のあり方、その後の地域の政治的動向を論じた。

西村敏也「大岳山をめぐる言説とイメージの歴史的変遷」は、多摩地域の象徴的な武蔵大岳山がどのようにイメージされてきたのか、その歴史的変遷と民俗学の視点に立った言説等を提示した。大岳山をめぐる言説について、古代・中世のイメージから近世以降のリアルタイムな具体像までを幅広く収集している。山岳信仰・狼信仰の山であった大岳山が近代以降の登山の山にイメージされていく過程を論じた。

第Ⅱ部は、「近世多摩の地域と社会」である。岡崎寛徳「家康・秀忠・家光と多摩地域の将軍家鷹場」は、多摩地域に設定された将軍家鷹場の意義とその役割を考察した。徳川家康は、鷹場へ向かうための拠点および川越への中継地として府中御殿を設置している。二代将軍秀忠が側近の竹本光政に八王子の鷹場と鷹部屋を与えて自身の忍や川越での鷹狩に対する支援を命じ、三代将軍家光が三鷹の牟礼周辺を鷹狩の地としたことを論じた。

桜井昭男「綱吉政権期における犬預け政策と村」は、第五代将軍徳川綱吉が実施した「生類憐み政策」が犬小屋を設置した多摩地域の諸村に与えた影響を追究した。将軍綱吉の死後、「生類憐み政策」の撤回にともなって、諸村に対して支給されていた「御犬養育金」の前払い分の返納が命じられ、中藤村などに困難な事態を生じたこと、四七年間続いた同村の返納金問題を取りあげている。

落合　功「近世後期における多摩の質屋渡世」は、近世後期に多摩で展開された質屋渡世と質入れ農民の動向を分析した。福生熊川村の質屋が農民から質物の管理・確保先とされた地元密着型であったことの歴史的意義を論じている。質屋金融が活発化したことにともなう盗品質入などの社会問題、世直しの要求項目に質物の無銭返還要求が出されたことの意義など、多摩の質屋渡世と金融の興味ぶかい実態を明らかにしている。

牛米　努「幕末の助郷と多摩の村―元治元年の内藤新宿定助郷差村一件をめぐって―」は、多摩地域における助郷の負担とその免除運動を追究した。そこでは、文久期以降の助郷不足にともなう道中奉行からの助郷差村の調査に対して、所沢や拝島の組合村が様々な歎願を行ったこと、さらに、一揆とは異なる請託を手段とした蔵敷村、そして中藤村などの免除運動の実態を明らかにしている。助郷差村負担に対し、村方が古来からの羽村堰人足役などの免除理由を掲げ、それらを由緒化していく方向を展望した。

第Ⅲ部は、「近代多摩の社会と政治」である。藤田英昭「草莽の軌跡―落合直言とその周辺―」は、幕末の志士として活躍した落合直亮・直澄兄弟の陰に隠れてあまり知られていなかった落合直言の活動を追究した。小仏関所番家に生まれた三男の直言は、幕末に上京して上役刺殺事件を起こし、明治になってからも攘夷派反政府士族として捕縛され、鹿児島に流罪とされている。最後は明治一〇年（一八七七）の西南戦争で西郷軍に参加。明治政府に敵対して戦死したその数奇な足跡を明らかにした。

松崎　稔「自由民権期学習結社の討論会運営―五日市学芸講談会再考―」は、明治一〇年代半ばに多摩の五日市で開かれた「学芸講談会」の結成過程、その中心的な役割を担った深沢権八の討論会重視の運営をめぐる尽力を考察した。深沢が五日市憲法で知られる千葉卓三郎の影響を受け、「私擬五日市討論会概則」を作成したことを指摘。弁士を招いた五日市嚶鳴社から自ら演説・討論を行う学習結社「学芸講談会」への転換を志向したこと、討論会規則制定の模索を経て「学芸講談会」の開催に至ったことを論じている。

矢野信幸「三多摩壮士と政党政治―青野権右衛門とその周辺―」は、多摩郡柴崎村の中島治郎兵衛の実子であった三多摩壮士青野権右衛門を取り上げ、自由民権運動を継承した三多摩の選挙活動の実態を追究した。青野は立憲政友会院外団の一員として活躍し、政友会本部の事務長となっている。普通選挙黎明期を裏から支えた青野の活動を解明するとともに、青野の先人顕彰と政党更生へ向けたその思いを明らかにした。

松尾正人「戦時下における多摩の陸軍少年飛行兵学校」は、昭和一三年（一九三八）に現在の武蔵村山市に開設された東京陸軍航空学校とその後の東京陸軍少年飛行兵学校を取りあげた。戦況が悪化した時期の陸軍少年航空兵の教育課程とその学校生活の実際を紹介。同校を巣立った少年たちのその後の進路と過酷な戦場の実態、当時の村山村および周辺の市町村に与えた影響を論じている。

本書は、近世・近代の多摩地域の歴史研究の成果を、Ⅲ部に分けて構成した。いずれも多摩地域の人々の生活やそれぞれの時代の身近な政治・社会の具体的な事例を追究している。これまで地域で知られていなかった問題、検討が十分でなかった分野、近年に注目されるようになった事例など、自治体史編さんの研究を組み入れ、「地域史研究の今日的課題」として議論を重ねてきた成果の一端である。

目次

はじめに

第Ⅰ部　多摩の文化と人々の暮らし

第一章　子どもと村社会
——近世後期における子ども観の変容——……岩橋清美……3
はじめに　3
一　成育儀礼と村社会　5
二　村社会における子どもの教育　9
三　村の信仰と子どもの神聖性　14
四　地域社会における子どもの養育の意義　17
おわりに　20

第二章　島津家奥右筆となった多摩の女性・瀧尾
——奥女中のアーカイブズ——……亀尾美香……25

はじめに　25
一　瀧尾の生涯　26
二　残された史料からわかる幕末の薩摩藩と大奥　37
おわりに　――瀧尾の残した資料と奥女中のアーカイブズ――　40

第三章　多摩の豪農と在村文化
――多摩郡連光寺村富澤家の文芸と思想――……清水裕介……45
はじめに　45
一　連光寺村名主富澤家と在村文化　47
二　幕末維新期の文芸活動　60
三　文芸と思想　67
おわりに　72

第四章　大岳山をめぐる言説とイメージの歴史的変遷……西村敏也……77
はじめに　77
一　大岳山は、現在どのように記述されているのか　78
二　大岳山は、現在どのように語られているのか　81
三　大岳山のイメージの歴史的変遷　89
おわりに　94

第Ⅱ部　近世多摩の地域と社会

第五章　家康・秀忠・家光と多摩地域の将軍家鷹場 ……岡崎寛徳……99
はじめに　99
一　徳川家康と府中御殿　100
二　府中宿泊中止　104
三　徳川秀忠と八王子鷹部屋　109
四　徳川家光と牟礼・井之頭　114
おわりに　117

第六章　綱吉政権期における犬預け政策と村 ……桜井昭男……121
はじめに　121
一　犬預け政策の開始　123
二　犬を預かった村々　125
三　村の対応　129
四　養育金の返済をめぐって　134
おわりに　136

第七章　近世後期における多摩の質屋渡世……………………落合　功……139
はじめに　139
一　質屋渡世の展開　140
二　質屋渡世がもたらす社会問題　145
三　幕末の社会情勢と世直し　150
おわりに　155
第八章　幕末の助郷と多摩の村
——元治元年の内藤新宿定助郷差村一件をめぐって——　牛米　努……157
はじめに　157
一　所沢村組合の動向　159
二　拝島村組合の動向　165
三　普請役の実地見分とその後の動向　169
四　村方の助郷免除の論理　173
おわりに　176
第Ⅲ部　近代多摩の社会と政治

第九章　草莽の軌跡
——落合直言とその周辺——……………………藤田英昭……183
はじめに　183
一　草莽とは何か　185
二　落合家の人々　187
三　堀秀成の影響　189
四　上京の証し　193
五　相楽総三の追悼歌　197
六　草莽の庇護者　200
七　鹿児島への共鳴　204
おわりに　210
第十章　自由民権期学習結社の討論会運営
——五日市学芸講談会再考——……………………松崎稔……215
はじめに　215
一　五日市嚶鳴社と学芸講談会の結成　218
二　「私擬五日市討論会概則」を開く——討論会規則制定の模索——　223
三　討論会の運営の実態　229
四　学芸講談会の行方　231

おわりに　233

第十一章　三多摩壮士と政党政治
――青野権右衛門とその周辺――……矢野信幸……237

はじめに　237
一　三多摩壮士への道――自由民権から政党勃興の中で――　239
二　立憲政友会院外団の一員として――日本政党政治の確立過程で――　244
三　立憲政友会の本部事務長として――普通選挙の黎明時代――　248
四　その晩年――先人の顕彰と政党更生への思い――　255
おわりに　260

第十二章　戦時下における多摩の陸軍少年飛行兵学校……松尾正人……265

はじめに　265
一　東京陸軍航空学校の開設とその教育　266
二　東京陸軍少年飛行兵学校への改編　273
三　少年飛行兵教育とその実戦　282
四　少年飛行兵学校と村山の記念碑　286
おわりに　290

あとがき　293

第Ⅰ部　多摩の文化と人々の暮らし

第一章　子どもと村社会
――近世後期における子ども観の変容――

岩橋清美

はじめに

近世社会において、子どもに対する意識は、生類憐み令を画期に大きく変容した。生類憐み令とは、人々に「慈悲」や「仁」の心を持たせることを目的として出された一連の法令のことをさすが、その中で捨子禁止令は、生類憐み令廃止後も重視された。捨子禁止令は捨子養育システムともいうべき仕組みを創り出し、人々の中に子どもは社会によって保護され、育てられるべき存在であるという意識を定着させた(1)。このような子ども観の変化は、多摩地域においても、成育儀礼の広がりや手習いの普及に看取できる。

子どもに関する研究は、これまで歴史学のみならず民俗学においても進められてきた。その中で両分野の総合研究としてあげられるのが、国立歴史民俗博物館の共同研究「日本におけるこども史の基礎的研究」である(2)。この共同研究では、教育（識字教育）や成育儀礼を通じて子どもと社会のつながりを捉える視点と神聖性や呪術性から子どもの存在意義を追求する視点とが示された。主として前者が歴史学、後者が民俗学であるといえる(3)。近世後期の子ども観の変容を考える上で、この二つの視点の止揚が重要であるといえる。本章が対象とする一九世紀前葉は、寛政改革期の封建的社会政策が一定度、浸透した社会であり[4]、農村部では村役人層が領主に代わって救恤を行い「百姓成立」を保障しようとする動きも見られた[5]。地域社会が子どもの成長に積極的に関わっていくのは、こうした動向と相即するものであるといえる。一方、子どもの神聖性は、近年、身分的周縁論において注目されており、障害を持つ子どもが福をもたらす存在として認識されていたという興味深い指摘がある[6]。つまり一九世紀前葉の社会では、子どもを村落構成員として教育すべきであるという考えと神聖な存在であるという意識が混在していたのである。本章では、この点に注目し、当該期の地域社会において、子どもがどのような存在として認識されていたのかを、名主の日記を通して明らかにすることを目的とする[7]。

具体的には、①成育儀礼をめぐる贈答、②名主の教育活動、③子どもの神聖性という三つの視点から子どもと地域社会の関係を考える。①については成育儀礼をめぐる贈答関係の実態、②については、名主が村役人としての職務・家経営の両面で子どもに仕事を与え、様々な経験をさせることで村落構成員に育て上げていく過程を見ていく。③では、村社会における子ども特有の役割に注目し、そこに込められた子どもの神聖性について述べる。これらを通して、子どもの持つ多様性を分析し、近世社会固有の子どもの存在意義を考えることにしたい。

ここで、本章の分析の中心となる武蔵国多摩郡熊川村（現東京都福生市域）の概要と名主石川家について述べておきたい。熊川村は、武蔵野台地西部に位置する村で、西に多摩川を臨み、北は福生村、南は拝島村に接していた。支配は旗本長塩氏・田沢氏および幕領の三給支配で、村高の内訳は『旧高旧領取調帳』によれば、長塩領一一八石余、田沢領二八一石余、幕府領一九六石余であった。熊川村は畑作の村で、麦・粟を中心に大根・蕪・蕎麦等を栽培していた。農間余業として養蚕・織物が行われていた。村内には共同体的な組である「庭場」が形成されており、生活の様々な場面で相互扶助の機能を果たしていた[8]。熊川村には南・内出・牛浜・鍋ヶ谷戸の四つ庭場があり、石川村は「南」に属していた。

石川家は代々幕領の名主を務めた家で、持高は一五石ほどであった。同家は天明四年（一七八四）から日記を書き始めている。この日記は、表題に「公私付込日記」とあるように、名主としての日常的な職務と石川家の家政の両者が細かく記されている。[9] 本章が対象とする文政元年（一八一八）から天保九年（一八三八）までの当主は亀三郎（弥八郎）である。亀三郎は妻を成木村木崎家から迎えたことを契機に石灰商売をはじめ、在郷商人的性格を強めつつあった。[10] その一方で寺子屋を経営し、庭場を中心に村の子どもに読み書きを教えていた。また、亀三郎は梅里という号を持ち、俳人としても活躍した。[11] 石川家では、天保六年（一八三五）に上川原村指田家から養子和吉を迎えている。和吉は文久三年（一八六三）に酒造業をはじめるが、これが現在の石川酒造である。

亀三郎が寺子屋を経営していた関係から、日記中には子どもの記述が多く、彼が村の子どもの成長や教育に深く関わっていたことが看取できる。

一　成育儀礼と村社会

亀三郎の日記には、出生祝いをはじめ、子どもの成育儀礼に関する記述が頻繁に見られる。ここでは、まず、子どもの成育儀礼におけるに贈答の実態を明らかにし、村落社会における贈答儀礼の意味を考えていきたい。

（一）　子どもの成長と名主亀三郎

子どもに関わる儀礼には出生祝い、三才・五才・七才の年祝い（帯解）、疱瘡見舞い、葬式・年忌法要等がある。表1は、日記に記された文政元年（一八一八）から天保四年（一八三三）までの子どもをめぐる贈答関係をまとめたものである。贈答儀礼の中で最も多いものは出生祝いと年祝いである。疱瘡見舞いや葬儀に関する記述もあるが、

表1　子どもをめぐる贈答儀礼

年　月　日	事　　項
文政元(1818)年12月11日	庄八の孫の出生祝いとして手織の袷を誂える。この日、庄八方より酒・肴・赤飯が届けられる。
文政元(1818)年12月16日	次平娘の帯解祝いとして鳥目100文を届ける。
文政2(1819)年1月9日	庄八の孫の祝儀のため妻を上川原へ遣わす。
文政3(1820)年11月18日	平七、悴の5歳の祝儀として酒1升を石川家に持参する。
文政6(1823)年1月2日	宗次郎・三次郎の改名を頼まれ、清八・林蔵と改名する。
文政6(1823)年1月2日	勝三郎、元服の祝いとして酒1樽を石川家に持参する。
文政7(1824)年8月20日	勘兵衛へ孫の出生祝いとして米と鰹節を贈る。
文政7(1824)年11月15日	庄左衛門へ帯解の祝いとして丸帯1筋・扇子箱1箱を贈る。幾八へ帯解祝いとして丸帯一筋を贈る。
文政7(1824)年11月28日	忠八より娘の出生祝いとして赤飯・蕎麦が届けられる。
文政8(1825)年11月24日	仁右衛門へ帯解祝いとして銭200文と扇2本を贈る。
文政9(1826)年1月10日	定五郎方へ孫の出生祝いに行き、銭200文と鳥目20疋を贈る。
文政9(1826)年9月24日	熊泉院へ孫の疱瘡見舞いとして菓子を届けさせる。
文政9(1826)年12月1日	庄左衛門方へ行き、浜次郎の疱瘡の湯掛を行う。
文政11(1828)年1月17日	忠右衛門へ孫の出生祝いとして半紙・新金1片を贈る。
文政11(1828)年7月12日	清五郎へ大山参詣の餞別として銭100文を渡す。
文政11(1828)年11月14日	源助方へ帯解祝いに行き、鳥目20疋・半紙1帖を贈る。
文政11(1828)年11月23日	政五郎方へ帯解祝いに行く。
天保3(1832)年閏11月16日	三平より帯解祝いとして赤飯と酒が届けられる。
天保3(1832)年閏11月18日	三平方へ帯解祝いに行き、金100疋と半紙を贈る。
天保4(1833)年10月10日	亀三郎妻、成木村へ子どもの病死見舞いに行く。
天保4(1833)年11月11日	堀口より帯解祝いとして餅・半台が届けられる。

これは各一件である。村社会において、子どもの出生は、新たな村落構成員の増加であり、村の秩序に変化を与えるという点で、死亡よりも大きな意味を持っていたことを示している。

日記の記述から、亀三郎が、一年に二・三回程度、村の子どもの出生祝い・年祝いに招かれていたことがわかる。亀三郎は祝儀に出席しない場合でも何らかの贈答品を届けている。贈答品は、出生祝いの場合は鰹節・米・半紙・金銭、年祝いの場合は帯・金銭・酒、疱瘡見舞いの場合は菓子であった。贈答品を受け取った側も返礼として赤飯や酒等を贈るのが一般的だった。贈答品の種類は、石川家との親疎関係によって決められていたようである。一例をあげておくと、庄八の孫の出生祝いにあたり、亀三郎は袷を誂えて贈っており、庄八からも酒や赤飯が届けられている。このとき、石川家では祝儀の品を持参した使者に吸い物や菓子を振る舞っている。庄八は持高一石余の百姓で、亀三郎と同じ五人組に属しており（石川家文書「文政六年　宗門人別帳」）、おそらく庭場も同じであったと考えられる。こうした親しい関係が贈答にも反映しているのであろう。贈答関係の記述から、子どもの出生祝いや年祝いが家の儀礼として広く浸透していたことが看取できる。

亀三郎が成育儀礼を通して村の子どもの成長に関わっていたことは、百姓代忠八の倅勝三郎との関係からもわかる。勝三郎は、亀三郎の寺子屋で読み書きを習っており、日常的に石川家に出入りしていた。後述するように、勝三郎は、亀三郎のもとで名主の職務を手伝い、「年貢触れ」などを行っていた。文政六年（一八二三）一月二日、一五歳を迎えた勝三郎の元服が執り行われた際には、勝三郎は祝儀として酒一樽を贈り、亀三郎は返礼として扇子を届けた。勝三郎が百姓代家の子どもであるため、特殊な事例ともいえようが、亀三郎が、将来、村役人を務めるであろう子どもの教育に携わり、その成長を見届けていたことは、名主が積極的に村の子どもの教育に関与していた証左ともいえる。

熊川村では、元服を迎える年頃の子どもを大山参詣に行かせている。子どもたちは、無事に参詣を果たし帰村すると一人前の百姓として認められたようである。亀三郎に餞別をもらい大山参詣に出かけた清五郎は、その翌々年、元服し名前を佐吉と改めた。清五郎も亀三郎の寺子屋に通っており、日常的に石川家の手伝いをしていた。熊川村では、元服を迎えると名前を改める事があり、亀三郎はたびたび改名を依頼されている。

石川家では村内の子どもの成育儀礼に際して積極的に祝儀の品物を贈っており、子どもたちからも返礼の品が届けられていた。子どもの成育儀礼における贈答品の交換は、子どもの存在が家同士のつながりにおいて重要な意味を持ち始めていたことを示している。子どもたちは成育儀礼を通して周縁的な存在から中核的な存在へと変化を遂げていった。それゆえに亀三郎が贈答儀礼を通じて子どもの成育に関わっていくことは、名主の職務として必要とされたのである。

(二)　成育儀礼をめぐる贈答関係

村社会における子どもの儀礼は近世中期以降多様化し、贈答関係を記録した帳簿も作成されるようになった。多摩市域に残る村役人家一〇家を対象にした調査では、一九一冊の祝儀・不祝儀帳が確認されており、このうち子どもの誕生・年祝いに関するものは一九冊で全体の一〇パーセントを占める[12]。これらの帳簿は天明期から作成されるようになり、文政期以降、増加する傾向にある。贈答品には鰹節が最も多く、このほかには白米・麻苧・産着・反物等が見られる。当主の婚姻や葬式における祝儀・不祝儀が貨幣化する傾向にあるのに対し、子どもの儀礼は、それほど貨幣化が見られないところに特色がある。全体として、子どもの出生・年祝いの儀礼は、当主の婚姻や葬式と比較すると出席者も近親者に限られ贈答品も少ない。しかし、注目すべき点は、一九世紀に至ると子どもにまつわる儀礼が多様化し、帳簿が作成されるようになったことである。この背景には小前百姓までを含みこんだ家意識の成熟とそれにともなう子どもの存在意義の変容があると考えられる。

関東農村において家意識の画期は二回ある。第一の画期は農業経営体としての家が成立した一八世紀初頭である。第二の画期は、家の継承・家格の上昇が強く意識されるようになる一九世紀初頭である。こうした家意識の変化は墓石の造立状況からも窺える[13]。福生市域の墓石造立のピークは、一七〇〇～一七三〇年代、一八三〇～一八五〇年代の二回で、前者が家意識の成立期、後者が家意識の成熟期にあたる。第一の画期である享保期には、子どもの死去に際して喪に服することもあった(14)。こうした変化は家意識の確立によって子どもが家の相続者として意識されるようになったことの証左といえよう。

第二の画期は、子どもの儀礼に関わる諸帳簿の作成が増加する時期と一致する。儀礼の記録化は、村社会において、子どもの儀礼がコミュニケーションの形成に欠かせないものになっていたことを示している。一八世紀半ば以降の市場経済の発展を背景とする地域社会の成熟は、百姓のネットワークを広げていったが、これは子どもの成育儀礼のあり方にも変化を与え、子どもを介した贈答関係が、家経営の安定と発展において意味を持つようになった。そして、このことは、家の継承者および村落構成員としての子どもの存在意義を増したのである。

二　村社会における子どもの教育

石川家には、日常的に村の子どもが出入りしていた。その多くは石川家と同じ庭場に属する家の子どもたちで、亀三郎に読み書きを習ったり、名主の職務や家事の手伝いをしていた。子どもたちにとって、手伝いは村の外へ出て様々な経験を積む場でもあった。亀三郎の教育の特色は寺子屋で読み書きを教えるだけではなく、日常生活のなかで多様な経験をさせることで村落構成員として必要な知識を身につけさせようとしたところにある。以下では、この点について述べていきたい。

（一）　手習い

福生市域の寺子屋については、筆子塚等の調査によってその存在が明らかになっている。熊川村では千手院・真福寺・福生院、福生村では清岩院で読み書きが教えられていた。明治八年（一八七五）に千手院に建てられた筆子塚には六〇名の筆子の名前が記されており、このうち一七名が女子である。明治四年（一八七一）に建てられた福生村牛浜の寺子屋師匠高橋左仲の墓には女子一一名を含む五一名の筆子の名前がある。[15] 亀三郎の寺子屋は、これらに比べると小規模で、五・六名の子どもが出入りしていたようである。日記には筆子との贈答に関する記述が多く見られる。

亀三郎の寺子屋では、毎年、正月二〇日前後に手習い初めがあり、亀三郎は子どもたちに手本を書いて渡している。この日、初めて手習いに来る子どもは、赤飯・酒・蕎麦などを持参する。新しい入門者は一年に一・二名で、入門者がいない年もある。寺子屋に通う子どもは一〇歳前後から一五歳以下が多かったと推測されるが、一六歳位の子どもも含まれていた。子どもたちは、正月に「歳玉」、八月に「暑気見舞い」、一二月に「寒中見舞い」・「歳暮」として亀三郎に謝礼を渡している。

十二月二十一日（文政四年）（『石川酒造文書』第一巻）
一両三日以前、子供より寒気見舞左之通
いわし　代丸くらひ　勝三郎
油揚　代　里次郎
水鳥　（文吾
　　　　茂八
たこ　代ヱカくらひ　（永次郎
　　　　安五郎

右の史料は、子どもたちが亀三郎に贈った寒中見舞いの書き上げである。六人の贈答品は鰯・油揚等である。子どもたちは正月には金子や餅、暑気見舞いには瓜や酒などを贈っている。亀三郎からは、正月に「歳玉」の返礼として筆や扇子が贈られた。亀三郎の寺子屋では年に二・三回、主に正月・七夕・八月・一二月に手本が渡され、子どもたちは各自の手本をもとに習字を行っていたようである。一九世紀初頭の寺子屋では、文書主義社会に対応すべく三〇〇〇字以上の文字を学ばせ、子どもの能力や生活環境に応じた教育がなされていたといわれる[16]。日記からは教育内容までは明らかにしえないが、庭場の子どもが、主として農閑期に読み書きを習っていたようである。

名主の教育活動については、手習いが中心と見なされがちだが、日記を見ると、亀三郎が手習いにとどまらず、生活の様々な場で子どもを教育していたことがわかる。以下ではこの点について考えてみたい。

（二）　農作業・養蚕と子ども

日記中には、亀三郎が石川家に出入りする子どもたちに、同家の農作業や養蚕を手伝わせている記述が散見できる。子どもの主な仕事は、芹摘み（二月）、麦踏み（二月）、茶摘み（四月一〇日前後）、まゆかき（五月中から六月中旬）、草取り（七月一〇日前後）、栗拾い（八月）、麦蒔き（一〇月）であった。このほかに庭掃除・薪積み等を手伝っている。子どもの仕事は補助的な単純作業であったが、養蚕の繁盛期には子どもも重要な労働力になっていた。その様子を日記から見ていこう。

六月朔日（天保三年）（『石川酒造文書』第三巻）

一今日、まゆかきいたす、庭場は有増壱軒壱人ニは参り呉候へ共、宗右衛門・十兵衛方よりハ不参候也、外ニ内

出より源助娘まつ其外子供共、彼是三拾余人ニ而夕方迄今日ニかき取り候分、都合四拾六数ニ候也

六月上旬は春蚕の上蔟の時期にあたる。上蔟後、七・八日ほどを経ると、蔟から繭をかき取る作業を行うが、これを「まゆかき」という。この作業では、かき取った繭を専用のタカザルに入れていくのだが、繭のまわりの藁まじりの毛羽を取り除くのに手間がかかり、多くの人手を要した。(17) 石川家では、この日、庭場の者を中心に三〇余名が集まったが、このなかに子どもも含まれていた。養蚕は多摩地域では主要な産業の一つであり、主として女性労働によって支えられていた。子どもたちは作業を通じて養蚕の技術を身につけていったのである。

(三)　様々なお遣い

熊川村の子どもたちは、亀三郎のもとで様々なお遣いをしながら村運営に携わり、ときには村の外に出ることで社会性を身につけていった。ここでは、日記を通して、子どもたちが様々なお遣いに従事している様子を見ていこう。

お遣いの内容は、村政・家政に関するものに大別できる。村政に関わる仕事には、年貢金の徴収・御用状の伝達等がある。年貢金の徴収では、徴収日の前日に村中に徴収を触れ歩き、場合によっては、払いが滞っている者の取り立てを行った。御用状の伝達については以下のような記述がある。

五月一三日（文政三年）（『石川酒造文書』第一巻）

一御役所より御用状参り候ニ付、高月へ代印いたし、牛はまへ子供ニ為持遣シへ《(ママ)》福生継立候様申遣ス

一般に御用状の伝達は定使の仕事であるが、亀三郎はこれを子どもにやらせている。子どもは、御用状を牛浜（熊川村）へ届け、福生村に継ぎ立てるよう伝言することを命じられている。年貢金の徴収や御用状の伝達という村用への関与は、子どもに村の構成員としての自覚を促す契機になったと考えられる。このほか、子どもたちは、祭礼入用や屋根替え入用を徴収したり、三分入用帳を届けたりと村落共同体の維持に関わる仕事をしていた。「三分入用帳」とは、領主の別に関係なく村全体で負担する費用を書き上げたものであり、村の自律性を示す帳簿でもある。日記中のお遣いの記述には、必ずしも担当した子ども名前が書かれているわけではないが、「年貢触」を勤めている勝三郎は、先述のように百姓代忠八の子どもで、亀三郎の寺子屋にも通っていた。亀三郎が勝三郎に年貢徴収の手伝いをさせたのは、将来、村役人を務めることを考慮したためと考えられる。

家政に関する主なお遣いとしては、①亀三郎の薬の受け取り、②日常品の買物、③織物の代金の徴収があげられる。亀三郎は病気がちだったようで、子どもたちに小川村（現秋川市）・拝島村（現福生市）・川崎村（現羽村市）の医者に薬を取りに行かせている。小川村の医者祐益には亀三郎の家族も治療を受けていた。

日常品の買物は酒・酢・油・醤油・米・煙草などで、特に酒の需要が多い。子どもの買物は一年を通じて見られるが、記述が集中しているのは九月・一〇月・一二月である。九月は御日待、一〇月は恵比須講、一二月は正月の準備のための買物である。

一二月四日（天保三年）（『石川酒造文書』第三巻）

一子供を以油壱升調へ候、代四百二十七文之旨ニ候処、一朱也遣し候也

右は、亀三郎が子どもに油を買いに行かせたときの記述であるが、ここで注目されるのは、代金が銭四二七文で

あるのに対し、金一朱を持たせている点である。子どもに多めに金子を持たせ、釣銭を貰う経験をさせているのである。

また、石川家は縞物の生産と取引を行っていたため、子どもに糸や縞代金を取りに行かせていた。このほか、小作金の徴収、奉公人に与える仕着・施物を拝島村まで取りに行くのも子どもの仕事であった。

子どものお遣い先は村内を中心に、隣村の小川・拝島・川崎村へも及ぶ。お遣いをしていた子どもの年齢は一〇才以上で、村外に出る場合には二人で行ったようである。亀三郎は、所用で八王子へ行く際にも子どもを連れて出かけることが多かった。子どもたちに、村の外の世界を知る機会を与えていたのである。亀三郎が考える子どもの教育とは、読み書きだけではなく、村役人の職務や石川家の家経営の一部を手伝うことで、実践的な知識と社会性を身につけさせることであった。お遣いの内容は、買い物や集金といった単純な仕事ではあったが、子どもは仕事を通じて名主の職務や日待・祭礼といった村の行事、織物等の村の産業に関わっていた。村の内外と関係を持ちコミュニケーション能力を身につけるという経験は、農間余業が広範に展開し、江戸へ奉公に出る者も少なくなかった熊川村の実態に即した教育だったのである。

三　村の信仰と子どもの神聖性

先述のように、子どもたちは、石川家の農作業・家事や村役人の職務の一部を手伝うことで村落構成員としての社会性を身につけていったが、その一方で子どもでしか成しえない特殊な仕事も行っていた。それは、村の信仰に関する事柄で、中世以来の子どもの神聖性や呪術性に起因すると考えられる。

村の信仰に関わる子どもの役割は、①配札、②幸神（賽神）の賽銭集金、③稲荷祭の費用の集金、④天王祭の幟書きである。以下で、その内容を具体的に見ていこう。

（一）　配札

熊川村には一年を通して様々な社寺・宗教者から御札が届けられる。これらの御札を各家に配るのが子どもの仕事であった。子どもが配った御札は、武州御嶽山御札（文政六年〈一八二三〉三月二五日）、大般若札（文政七年〈一八二四〉八月一一日）、戸隠山御札（文政九年〈一八二六〉三月二日・天保九年〈一八三八〉三月二三日）、府中一之宮御札（文政一〇年〈一八二七〉六月一五日）である。武州御嶽山は多摩地域では著名な山岳信仰の霊場で、多摩西部・南部に信者が多く、講も結成されていた。「大口真神」の御札は火難・盗難と養蚕に御利益があると信じられており、代参者が御札を持ち帰ると、子どもが村中に配った。信州戸隠山顕光寺は東叡山寛永寺の末寺で、農業神として信仰を集めていた。府中一之宮とは一ノ宮村小野神社のことである。小野神社は府中の六所明神（現大国魂神社）の一之宮で、平安末期には武蔵一之宮だったといわれている[18]。小野神社の神主は、六所宮の例大祭において御旅所の御饌を献じる等の重要な役割を担っている。この点から小野神社が一之宮村の鎮守社としてだけではなく、広く信仰されていたことが看取できる。

（二）　幸神・稲荷祭・天王祭

幸神・稲荷祭・天王祭は熊川村の主要な年中行事で、一月・二月・六月に行われていた。日記の記述から子どもの役割を見ていきたい。

幸神の賽銭の集金は毎年正月七日前後に行われていた。日記中には以下のように記されている。

一月七日（文政一三年）（『石川酒造文書』第三巻）

一幸神取集メ子供参り候故、百文遣す

幸神の賽銭の集金は子どもの役目で、石川家では毎年、二四文から三〇文の賽銭と正月飾りを出している。この年は例年より多く、銭一〇〇文を出金している。幸神の賽銭は、一月一五日に無病息災を祈って行われる小正月の行事の費用であった。民俗調査によれば、この日は熊川神社の旗棹を多摩川の川原にたて、棹の先に幸神を飾り、まわりに正月飾りや幣束をくくりつけて燃やし、その火で団子などを焼いたという。[19] 幸神とは一般に道祖神のことをさし、村境にあって悪霊をはらうとされてきた。行事が行われる多摩川は、村の内と外を隔てる境界と考えられており、これが子どもの神聖性と相俟って子どもの行事として行われてきたと思われる。

稲荷祭は毎年、二月の初午の日に行われ、庭場の行事の一つであった。この日は、二名の年当番のうち、どちらかの家で稲荷講が催され、新たに庭場の仲間に入る者が紹介された。[20] 子どもの役目は幟書きで、日頃の手習いの成果を披露する場でもあった。

天王祭は、毎年六月一五日に行われる八雲神社の祭礼である。前日は村中で草取りや掃除をし、当日は庭場ごとに日待が行われた。石川家では、祭礼当日、家内全員で八雲神社に参詣している。子どもの仕事は、稲荷祭と同様に前日に幟を書くことであった。天王祭は、麦作中心の熊川村にとっては収穫の祝いであり、重要な年中行事の一つであった。時期的には夏年貢の納入時期にも重なる。子どもの幟書きは手習いの成果の披露だけではなく、文字の持つ呪術性や子どもの神性にも関わっていると思われる。

（三）　鬮《くじ》取り

熊川村では、村の問題の解決方法の一つとして鬮取りを利用していた。鬮取りについて日記には以下のような記述がある。

二月七日（文政一二年）（『石川酒造文書』第二巻）

一子供を以て大師様ニ而久蔵身分之義、鬮取候処、殊外不宜敷候ニ付、当年差置候儀相断り申候也

熊川村では、久蔵という人物を奉公人に雇い入れるにあたり、拝島大師で鬮をとり、その結果が殊の外悪かったとして雇用を取りやめている。日記中には久蔵が農作業を怠けたり、金子を所持したまま帰宅しなかったことが記されている。この頃、熊川村では奉公人の不良が問題化しており、福生村田村家へ奉公に行った杜氏が行方不明になるという事件もおきていた。[21] こうした状況の影響から、村では鬮取りによって奉公人の問題を解決しようとしたのである。このとき鬮取りを行ったのは子どもであった。

鬮を取るという行為は神慮を窺うことであり、それを子どもに行わせたのは、久蔵の処遇の妥当性を村全体に示すためであった。この一件は、子どもの神聖性を巧みに利用して問題の解決を図ったとも理解できるが、鬮取りの意味を鑑みれば、子どもの神聖性が村社会の秩序維持に機能していたことを示す事例とも考えられよう。

四　地域社会における子どもの養育の意義

日記によれば、亀三郎は名主として、庭場を中心に村の子どもたちの教育に積極的に関与していた。子どもたちはお遣いなどの簡単な手伝いを通して、名主の仕事から石川家の家事に至る様々な事柄を経験し、村落構成員とし

て成長していった。こうした子どもの教育は家・村・地域においてどのような意味を持っていたのであろうか。

柴崎村名主鈴木平九郎による「公私見聞録」の序文に以下のような記述がある。[22]

抑当家再興のはしめ者夫婦惣領の児下男下女とこの五人ノミ、殊ニ先般中嶋次郎兵衛事を司るか故に某者中外の雑掌すくなし、（中略）天保八酉年より当安政三辰とし迄ここに廿ケ年、しかるに年を重るに随ひ自他の雑用追々煩雑せしめ、別して同療（ママ）義弟次郎兵衛没後より者長職某壱人の勤となり、（中略）男女八人の嬢息者おのおのその性に随ひ修身勤学のために他に托する事、惣領寅太事周助者上布田原惣兵衛に寄せ、健次事弥七者宮下松村店奉公、準三ハ医学修行のためはしめハ神田お玉ケ池蘭医水町玄道に随ひ、のち下谷三味線堀老儒藤森弘庵の塾となる、四女津禰者田安家に宮仕え、今五郎者五日市土屋勘兵衛店に奉公、嘉六ハ筆学師屋敷分なる石坂省斎の塾中にありて、今家にのこるもの者八歳の七女さたと三歳の児小八のミなり

平九郎は柴崎村名主中島次郎兵衛の二男として生まれ、絶家となっていた鈴木家に養子に入り、父次郎兵衛とともに同村の名主を務めた人物である。次郎兵衛の死後は、日野宿組合大惣代・日野宿助郷組合日〆惣代・玉川上ケ鮎御用役・築地村御料所名主等を務め、その一方で子ども八人を育てあげた。子どもの教育にはそれぞれの適性を考慮し、長男は村役人としての経験を積ませるため布田宿名主原家へ預け、ほかの子どもたちも商家へ奉公に出したり、医者の修行をさせるなどしている。こうした平九郎の名主としての活動と子どもの教育は、養家の再興という家意識に支えられていた。家意識の上昇が、家の継承者である子どもに対する教育熱に結びついていったといえる。[23]また、この史料から、一九世紀初頭の農村では、農業を継ぐだけではない、多様な選択肢が存在したことが窺える。しかし、それを支える教育観は克己的禁欲的なものであった。

一八世紀半ば以降、江戸近郊農村として発展した多摩地域では、市場経済の展開によって生じた百姓の奢侈と無宿の徘徊が問題化していた。これに対処するため、明和期頃から浪人・無宿の取締りを目的とする組合村の結成が見られた。天保一〇年（一八三九）一二月、亀三郎が名主役を養子和吉に譲るにあたり、小前百姓に作為させた議定書においても、博奕諸勝負の禁止と浪人者取締りが取り決められている。この二つは「農業不精」と「不宜風俗」を村内部に蔓延させる元凶と見なされていたのである。

一九世紀に入ると、風俗統制は子どもにまで及んでいる。その一例として嘉永六年（一八五三）に関東取締出役が出した触書をあげておきたい[24]。

近来正月之内、村々におゐて小児共寄集申合往還江泥縄等引張、往来之者江迷惑為致銭ねだり取、飴菓子抔買喰致候を能き事ニ心得、追々増長中ニ者右銭を元手ニいたし賭事ニ携候族も有之哉ニ相聞、物貰同様之所業以之外成義ニ候、右者畢竟親々共養育方不宜より起候事ニ付、重而右体之義致間敷旨小児共江急度申聞、於村役人ニも精々差止可申、此上廻村先ニ而右様之義及見聞候得者無用捨召捕、夫々厳重之取計致候条心得違之者組合村々小前末々迄無洩落入念可申聞候

ここでは、往来で泥縄をはって通行者から金銭を揺すりとった子どもたちが、それを元手に賭事をしていることが問題になっている。興味深いのは、関東取締出役が子どもの不良化は親の教育に問題があると述べ、村役人の責任も追求している点である。つまり、一九世紀初頭においては、村社会から逸脱する子どもが少なからず存在し、それを抑制するための教育は親と村役人の責務と認識されていたのである。これに対応して村役人らは風俗統制を徹底するため、独自の教諭書を作成し小前層に示している。一例として蔵敷村名主内野杢左衛門が安政二年（一八

五五）に作成した教諭書を紹介しよう。[25] 教諭書は全一〇か条からなる。内容は、五常（儒教において人の守るべき五つの道徳）から始まり、鰥寡孤独の扶助・倹約・精農・博奕諸勝負の禁止を説いている。特に博奕・諸勝負の禁止については、徳川家康が関東入国以前から厳しく取り締まっていたとし、駿府で博奕をした者を牢に入れ獄門にかけたという逸話を載せている。子どもに対しては、買い食い等金銭の無駄遣いを禁じ、幼少期からの心がけが重要であると諭している。ここでは、子どもも風俗統制の対象となっており、その身体性をいかに取り締まるかが問題になっている。また、亀三郎の日記中にも、素行の悪い子どもに対して教諭を加えたことが記されている。一八世紀半ば以降の地域社会の変質によって、亀三郎は名主として村の子どもの教育に関与するようになった。その背景には幕府の農村政策を一方的に受容するだけではなく、地域の担い手を自ら育てるという地域的課題も存在したはずである。子どもは成育儀礼を通して村の構成員として認知され、地域社会の中で様々な社会的な経験を積むことで、周縁的な存在から中核的な村落構成員として育てられていったのである。

おわりに

本章では、熊川村名主亀三郎の日記を通して、子どもと地域社会との関係について述べてきた。亀三郎は名主として村の子どもたちの成長に積極的に関わっていた。一九世紀初頭の熊川村では、小前層の家意識の上昇と相俟って子どもに対する認識が高まり、子どもを介した家同士の贈答関係が村社会の維持に一定の機能を果たしていたと考えられる。

亀三郎は、名主の職務の傍ら、子どもたちに読み書きを教え、名主の仕事の一部や農作業・家事を手伝わせた。子どもたちは亀三郎のもとで、年貢金の徴収や廻状の伝達、酒や煙草等の日常品の買物、織物や糸代金の受取りなどを行っていた。手伝いを通して村の外の世界と接触することで、子どもは社会性とコミュニケーション能力を身につけていったのである。こうした子どもの教育は、一八世紀半ば以降の幕府の農村政策とも相即するものであった。風俗統制の対象は子どもにまで及び、博奕の禁止や農業出精は村の教育の課題でもあった。しかし、地域社会では、幕府の農村政策を一方的に受け入れるだけではなく、地域社会の担い手を育てるという地域内部の要求に応えるべく教育がなされていた。家だけが子どもの教育の場ではなく、地域社会が子どもを群として育てることが必要とされていたのである。

当該期の子どもは基本的には身分制社会の一員として活動しながらも、市場経済の進展にともなう地域社会の変容にも直面していた。多摩地域は江戸近郊農村であることから江戸へ出て武家・商家で奉公する者も少なくなく、農業専一であったとしても農間余業の進展によって市場動向と無縁ではありえなかった。このため、読み書きはいうまでもなく、社会性やコミュニケーション能力が必要とされた。亀三郎の教育の特色は、こうした能力を養うために、手伝いを通して実践的に指導したところにある。その一方で、子どもには中世以来の神聖性も求められていた。これが鬮取りや配札、幟書といった子ども特有の役割である。しかし、この両者は決して背反するものではない。両者はともに当該期の社会関係を無視しては成立しえないからである。地域社会において、子どもは経済的合理性と中世以来の神聖性の両者を持つ、家産継承者・村落構成員であることが望まれていたのである。

（1）　塚本学『生類をめぐる政治―元禄のフォークロア―』（平凡社、一九八三年）。倉地克直『全集　日本の歴史』第一一巻　徳川社会のゆらぎ（小学館、二〇〇八年）一七八～二二〇頁。捨子養育に関する研究は多数あるが、ここでは先駆的研究として菅原憲二「近世京都の町と捨子」（『歴史評論』第四二二号、一九八五年）、同「老人と子ども」（『岩波講座　日本通史』第一三巻近世３（岩波書店、一九九四年）をあげておく。

(2)『国立歴史民俗博物館研究報告』第五四集　共同研究「日本における子ども史の基礎的研究」(一九九三年)。
(3) 歴史学では、網野善彦氏が、牛飼(牛童)が童形であることに着目し、中世社会にあっては子どもの神聖性が獰猛な動物の制御を可能にするという認識があったことを論じている(『異形の王権』平凡社、一九八六年)。このほか、近世史では、一揆との関係で子どもの集団呪法を論じた研究がある(鯨井千佐登「仙台藩の百姓一揆―寛政九年一揆の世界―」(『宮城の研究』第四巻近世篇、清文堂出版、一九八三年)。
(4) 藤田覚『松平定信』(中央公論社、一九九三年)、菅野則子『村と改革』(三省堂、一九九二年)。
(5) 拙稿「天保の飢饉における名主の救済活動」(森安彦編『地域社会の展開と幕藩制支配』名著出版、二〇〇五年)、山崎善弘『近世後期の領主支配と地域社会』(清文堂出版、二〇〇七年)。
(6) 横田則子「近世都市社会と障害者―見世物をめぐって―」(吉田伸之他編『身分的周縁』部落問題研究所、一九九四年)、生瀬克己『近世日本の障害者と民衆』(三一書房、一九九四年)。
(7) 本稿に分析する熊川村名主石川家の日記は『多摩自慢　石川酒造文書』第一巻から第三巻(霞出版社、一九八五～八七年)に翻刻されている。以下『石川酒造文書』と略す。
(8) 庭場の役割については、桜井昭男「近世の村における庭場と組」(『財団法人とうきゅう環境浄化財団助成報告書　近世多摩川流域の史的研究』(第二次研究報告)(一九九四年)。
(9)・(10) 多仁照廣「江戸時代の熊川村と石川酒造文書の性格」(『多摩自慢　石川酒造文書』第一巻、霞出版社、一九八五年)。
(11) 多田仁一「化政・天保期の在村俳人像―武州多摩郡玉石亭梅里について―」(『多摩のあゆみ』第七一号、一九九三年)。
(12)『多摩市史』通史編一(一九九七年)。
(13)『福生市文化財総合調査報告書第二七集　福生市石造遺物調査報告書2』(一九九四年)
(14)『郷土資料館資料シリーズ改訂石川日記(一)(二)(三)』(一九九一年)。

(15)『福生市文化財総合調査報告書第二一集　石造遺物調査報告書』（一九八九年）
(16)『小川町の歴史』通史編上巻（二〇〇三年）。
(17)『福生市史』資料編民俗上（一九八九年）。
(18)『武蔵国一之宮　多摩市一ノ宮小野神社の変遷』（パルテノン多摩、二〇〇五年）。
(19)・(20) 註(17)に同じ。
(21) 多仁照廣「亀三郎日記にみえる化政期の社会と民衆」（『石川酒造文書』第二巻、一九八六年）。
(22) 鈴木平九郎『公私日記』第二〇冊、安政四年（立川市教育委員会、一九八三年）。
(23) 拙稿「近世後期における村落の変容と家意識」（『法政史論』第一九号、一九九二年）。
(24) 下田富宅編『公用分例略記』（東京書房社、一九六六年）。
(25)『里正日誌』第七巻自安政元年至安政六年（東大和市教育委員会、一九九五年）。

第二章　島津家奥右筆となった多摩の女性・瀧尾

――奥女中のアーカイブズ――

亀尾美香

はじめに

八王子市郷土資料館に収蔵されている資料の中に、「荻島家文書」という史料群がある。多摩郡宮下村（現八王子市）に在した旗本川村家領の名主、荻島家に残された古文書で、近代の経営・家関係、織物組合関連を中心に目録上一一八八点を数える。その中に、「島津家江戸屋敷奥向祐筆」として二四〇点の文書が記載されている。藩邸のあった江戸市中であれば理解できるが、何故多摩地域に薩摩藩の史料が残されているのか、一見して奇異に感じられるであろう。本稿では、史料の主たる作成者・管理者であり、最終的に所有者ともなった、荻島家の瀧尾（喜尾）という女性に焦点を当て、彼女の人生と多摩地域に残された関連資料の意義について考えたい。

瀧尾を含め、多摩地域における女性の武家奉公研究に先鞭をつけられたのは、畑尚子氏である。氏が平成一一年、当時勤務しておられた江戸東京たてもの園で「多摩の女性の武家奉公」と題する展示会を担当されたおり、荻島家の瀧尾もその中で一例として紹介された。氏は以降、多摩地域に限らず、広く女中奉公に関する研究を深められ、『江戸奥女中物語』（講談社現代新書、二〇〇一年）、『幕末の大奥　天璋院と薩摩藩』（岩波新書、二〇〇七年）を著された。近年では『徳川政権下の大奥と奥女中』（岩波書店、二〇〇九年）を出版し、研究成果をまとめられている。いずれの書籍にも、荻島家の瀧尾が登場し、瀧尾の存在と関連史料の存在を広く知られる契機となった。本稿で述べる瀧尾に関しては、以下ほぼ氏の研究成果に依っているが、荻島家文書を保存する館の学芸員として、また後述する史料集出版に携わった立場として、文書群を客観的に整理・分析することを試みたい。

瀧尾に関わる史料には、本館蔵以外に「薩摩藩奥女中文書」（東京大学史料編纂所蔵）(1)、大奥女中藤波にかかわる書状（個人蔵）(2)、柴崎村（現立川市）名主・鈴木平九郎の日記「公私日記」(3)、奥女中関係を含む荻島家文書に「武蔵八王子在村方文書」（早稲田大学図書館蔵・正田研究室旧蔵文書）(4)、「荻島完吉家旧蔵文書」（一橋大学蔵）(5)がある。奥女中瀧尾の全体像を知るためには、以上すべての史料を詳細に分析する必要があるが、本章では多摩出身の奥女中という視点から、「公私日記」と本館蔵荻島家文書を中心に考察を進めたい。

一　瀧尾の生涯

（一）　越前松平家への奉公

多摩地域から将軍家大奥や江戸の武家屋敷に奉公した女性は、畑氏が平成一一年当時紹介しただけで一二名を数え、(6)のちに同氏が著した『江戸奥女中物語』に登場する女性を合わせると一五名となる。下師岡村（現青梅市）名主吉野家の娘みち、(7)中藤村（現武蔵村山市）渡辺家の娘よね、千人町（現八王子市）千人同心栗沢家の娘ふく、本稿で扱う瀧尾の親類である柴崎村（現立川市）名主鈴木家の娘つね等である。実数はより多いと思われるが、史料の発掘や解明はあまり進んでいない。多くは身内のつてを頼るために、一族や係累から複数の奉公者を出している。奉公に出る経緯も、一般的に言われる花嫁修業・行儀見習いを目的とするものから、離婚のための再勤など様々であり、奉公を辞める理由、辞めた後の人生もそれぞれである。

多摩地域は多くが幕領・旗本領であるためか、奉公する女性のほとんどは大奥や親藩大名・旗本家などへ勤めている。こうしたなかで、外様大名である薩摩藩島津家へ奉公した瀧尾の存在は際だって特徴的といえよう。以下、先学の成果によるが、奥女中瀧尾の生涯をたどってみたい。

瀧尾は、本名を「まさ」といい、多摩郡宮下村に在した旗本川村家領の名主、荻島家の分家（通称「坎下《はけ》」）の娘として生まれた。瀧尾は、後述するが越前松平家に奉公した時期に「八十路」「やま」という女中名を使用していたが、島津家に入って以降「喜尾」を使用し、昇進にともなって「瀧尾」と名乗る。のち正式に「瀧尾」と改名することとなるが、本章では女中名としても使用し、最終的に改名も行ったことから、瀧尾の名を使用したい。

瀧尾の没後、菩提寺である常福寺（八王子市宮下町）に、本家の当主である荻島源兵衛喜之の手によって墓誌が建てられた。墓誌・墓とも現存していないが、碑文を掲げる。

大喜院貞操秀英大姉者性荻島幼字萬左父専助相棟母者宗室宗十郎善清女也文政二己卯以某月日生於其家大姉生而聰敏童齔而随長夭年者學國字早歳能書及稍長讀源氏伊勢等紀談論婦道之得失多闇誦古歌時復自詠傍及琴棊俳画之雑技紡績裁縫以為専務為其人也慈仁寡欲甚好與雖重寶珍奇無一毫愛惜之念其視童僕奴婢如子身安囊敞容貌不好修飾衣服不好華美頗有縉紳君子之風郷黨稱而為女中俊才及其壮雖有良縁要盟於天地不錮見劣子辭郷里而適東都奉事薩故侯斉彬源公之后宮名改瀧尾恪勤二十餘年日夜孜々不怠寵遇益厚亟蒙褒賞賜及擧族當而明治元戊辰天下革命之間辭仕而幽居本所小梅里草莽自養閑性大姉従少聞佛氏言歸於心三寶久矣戊辰致仕之後拜高輪大圓寺主是山禅師得佛心相傳之心法信奉剃髪授戒口斷薫酒以在家之擬菩薩爾来歸依禅法信奉而不措日夜三餐間誦經文不止明治六癸酉初秋在風疾服藥不痊荏苒臥枕數十日自知不起有訪疾人微笑而應之明治六癸酉十二月四日身體不

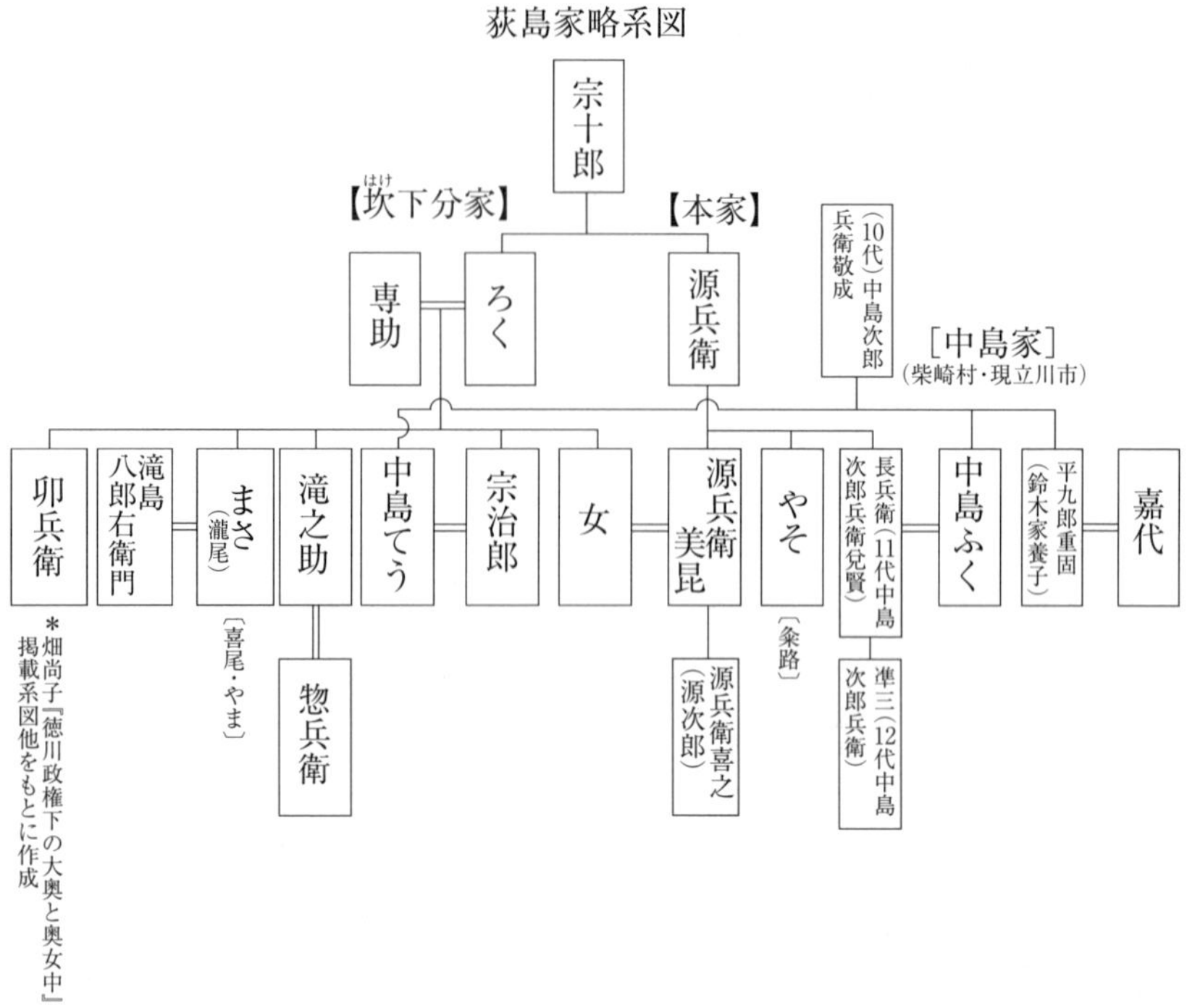

図1　荻島家略系図

動面貌如睡寂然拱手手沒享年五十五
歳葬松龍山常福寺先塋之側大喜之院
室者先君恩賜之餘是山老禅之所授掲
之碑面以表婦徳矣
　明治八乙亥年十月
　繼嗣荻島源兵衛喜之誌之(8)

これによると、瀧尾は文政二年（一八一九）生まれであるが、天保三年（一八三二）の「親類書」(9)において、実年齢が一四歳であるところを「十七歳」と称していることが、近年畑氏によって確認された。この親類書は越前松平家に奉公した当時のものと思われるが、こうした行為が通例だったのか否かは定かでない。

当館蔵の史料中にも、瀧尾本人に関するものはほとんど見られない。その瀧尾の生涯を、ごく近い立場から窺うことができるのが、柴崎村（現立川市）の鈴木家に残る「公私日記」である。筆者鈴木平九郎は、柴崎村名主中島家の出身であり、中島家と荻島家は親類にあたる（荻島家略系図参照）。「公私日記」における瀧尾について最初に述べた倉員保海氏の論考を参照しつつ[10]、「公私日記」の記述を紹介したい。また、「公私日記」の記述などをもとに作成した瀧尾の年譜（表1）も併せて参照されたい。

「公私日記」における瀧尾の初出は、越前松平家に奉公していた天保一〇年（一八三九）九月一七日で、「常盤橋越前様御奥八十路方より之音物横山町より届来ル」とある。「公私日記」には「八十路」という女中名がたびたび登場するが、松平家にはそもそも瀧尾の従姉にあたる粂（系図参照）が奉公しており、瀧尾もその縁で奉公することになった経緯がある。従姉の粂も「八十路」を名乗ったと思われる時期があるため錯綜するが、二人が同時に奉公していたこの時期の女中名は、瀧尾が「八十路」、従姉は「粂路」（本名はおやそ）であると畑氏は推測している。また瀧尾は松平家において、十四代藩主斉承《なりつぐ》夫人の松栄院（徳川家斉女）付で、女中名から、奥女中のうちでは下級職である仲居・御使番・御半下《おはした》のいずれかであったと推測している。

翌年の五月三日には瀧尾の兄卯兵衛が、一〇月一四日には父専助が病死する。その後も、瀧尾は鈴木家に音物を届けたり、父の三回忌のため宿下がりをするなどの記事が見られる。

畑氏によれば、瀧尾は一般的な奉公期間である一一年（御目見以下の女中は一〇年の奉公と一年の御礼奉公ののち永の暇を取ることができる）を経て、松平家を辞した可能性がある。奉公に出たのが天保三年であるから、天保一三年ごろのことと思われる。

（二）　結婚

「公私日記」に再び瀧尾が登場するのは、弘化五年（一八四八）二月晦日条の結婚の記事である。

表1　瀧尾年譜

年	年齢	事柄	公私日記	越前松平家・大奥・薩摩藩の動き
文政2	1	宮下村に出生		
天保3	14	越前松平家に奉公に出る		
天保10	21		9/17　音物届	
天保11	22		5/3　(兄) 卯兵衛死去	
			10/15　分家老人(父専助)死去	
天保12	23		4/3　音物届	
			10/20　分家三回忌	
天保13	24	(奉公して11年が経過。松平家を辞したか?)		
天保14	25			1/27　越前松平家常盤橋御殿が焼失
弘化元	26			11/10　家斉正室広大院(島津重豪女) 死去
弘化5	30	上川口村滝島八郎右衛門と結婚	2/28　嫁入	
			5/13　分家主人重体	
			5/26　分家主人(兄宗次郎)死去	
嘉永2	31	死産	6/20　死産	
嘉永3	32	実家に戻る	8/16　不熟	6/6　家定正室秀子(一条忠良女) 死去 秋ごろ、島津家に正室候補の話が持ち込まれる
			10/3　家出宮下江参	
嘉永4	33	再度松平家に奉公に出る	正月　帰縁に付相談	2/2　島津斉彬が藩主となる
			1/27　越前下屋敷見物	
			1/28　芝居見物	
			2~6月　帰縁に付相談、不承知	
嘉永5	34	島津家へ奉公に出る	6/2　中島主人病気	
嘉永6	35	正式に離婚	8/21　婚家より荷物引取	10/23　篤姫が江戸の薩摩藩邸に入る
安政2	37			10月の地震により芝藩邸倒壊。12月に渋谷屋敷へ移る。
安政3	38		3/9　炭御用	12/18　将軍家定・篤姫の婚儀
安政5	40			7/6　家定死去
				7/16　斉彬死去
				12月　忠義(又次郎)、斉彬女暐姫を妻、斉彬子哲丸を養子とし、藩主となる。
文久元	43			12/7　芝藩邸が焼失する
文久2	44			2/2　将軍家茂・和宮の婚儀
				12/25　焼失時の再建がなり、芝藩邸に戻る
文久3	45			5/20　安政地震時の再建がなり、渋谷屋敷へ移る
				10月　暐姫・寧姫ほか帰国、小の嶋同行。途中京都に立ち寄り、翌年1/22鹿児島着。
元治元	46		〔荻島源二郎書簡(荻島家文書)〕	
慶応元	47			(1~10月の間)　小の嶋隠居
				11月　渋谷屋敷を引き払い芝(表向)、桜田(奥向)へ移る
慶応2	48	3月　昇進して表使を兼務、女中名を瀧尾と改める		
明治元	50	隠居		
明治6	55	12/4　死去		

畑尚子『徳川政権下の大奥と奥女中』『幕末の大奥』、『公私日記』、『鹿児島県史料忠義公史料』他を参照。

分家妹おまさ、上川口瀧嶋八郎右衛門方江一昨廿八日娵入、本家婦人木ノ下老母さし添、実家兄夫婦留守文吉壱人相残リ、てい女翌日江戸より帰宅之由、誠ニ古今珍敷娵遣リ也（句読点引用者、以下同）

奉公を辞めてから結婚までの期間が開いていることから、畑氏は奉公中に決めた結婚が破談になった可能性を挙げている。ともかく、弘化五年（一八四八）当時瀧尾は三〇歳で、当時としてもかなり晩婚だったことがわかる。そうしたことも理由の一つか、日記からは立ち会う家族も少なく、「古今珍敷娵遣リ也」と表現されるほどの簡素な嫁入りであった様子が窺える。嫁入先である「上川口瀧嶋八郎右衛門」について、畑氏は上川口村を埼玉県所沢市としているが、宮下村から程近い場所に上川口村（現八王子市上川町）が存在することや、周辺地域に滝島という姓がみられることから、八王子の上川口村と推定したい。

翌年の嘉永二年（一八四九）六月二〇日、瀧尾は死産するが、「母者出産後腫気も減し容躰宜敷よし也」と、産後の体調は落ち着いていた様子である。しかし、以降婚家での不和が表面化し、翌三年八月一六日条には「川口滝島内方不熟」として、中島家の主人が川口・宮下へ出向くものの、一〇月三日条には、「上川口滝しま内方、此節家出宮下江参り居」と、実家に戻ってしまったことが記されている。

この「不熟」の大きな理由には、夫の妹との不仲があった様子で、中島家を始めとする親類が間に立ち、しきりに「帰縁」の話を進めようとする。同一〇月二八日条には次のようにある。

散田伊奈中島立会川口仁左衛門五郎右衛門江掛合之上、滝島家内おやま江異見さし加、八郎右衛門妹別家いたし、老母者右江付添新家江引越候事ニ相決候ハ、帰縁可致筈取究（略）

しかし瀧尾は、翌嘉永四年（一八五一）正月には、元の奉公先であった松平家に戻っていた様子である。正月一六日条には次のようにある。

川口八郎右衛門家内帰縁之儀ニ付散田峰尾氏書状さし越候処、中島出立跡ニ付、右書状相添手書神田橋御住居八十路方江申遣ス

続く正月二六日条にも記載がある。

留守宅今夜富田弥兵衛堀口町ニ下り居候、おやま同道罷越川口帰縁之儀神田橋御殿御取込ニ付来る四月迄延之積峰尾氏江掛合候事

ここで「おやま」と呼ばれるのは、瀧尾である。一方で、正月に「神田橋御住居八十路方」にいる「川口八郎右衛門家内」も瀧尾である。「おやま」の名は、以後たびたび日記に登場するが、畑氏は「おやま」の初出を嘉永四年正月二六日とし、それ以前には「滝島内方」などと名を記していないことから、「おやま」は瀧尾の再勤後の女中名としている。しかし前年の一〇月二八日に、既に「滝島内方おやま」という呼び方がなされているため、結婚後に使用していた「おやま」を、再勤後の女中名として用いたとも考えられる。

一方、ここで再び「八十路」の名が現れるが、正月一六日条を読む限り「八十路」を名乗る女中方に瀧尾がいるように読みとれる。畑氏はこの時期瀧尾が正式には奉公しておらず、八十路方に間借りしていたとする。そうすれば、この八十路はかつて「粂路」と名乗っていた瀧尾の従姉ということになろう。いずれにしても、瀧尾は「やま」の名で、結婚前より高い役職で松平家に奉公したと思われ、親類を案内して本所中之郷にある松平家下屋敷の庭園を見たり（正月二七日条）、芝居見物をしたり（正月二八日条）している。

瀧尾の離婚の意志は固く、度重なる帰縁話にも「当人一切不承知ニ付いたし方無之」（六月六日条）、「迚茂帰縁不致決心ニ付たとひ此後何人参り掛合候共同様之由、手強キ返答ニ付詮方無之」（六月一三日条）という態度であった。結局六月一三日以降、帰縁工作は沙汰やみになったと思われ、日記に登場しなくなる。離婚問題が決着するのは、瀧尾が島津家へ移ってのちのことであり、嘉永六年（一八五三）八月二二日には、前日の二一日に婚家の荷物を離縁状とともども引き取ったという淡々とした記述で終わっている。

（三）　島津家への奉公

瀧尾が島津家へ移った時期は明確でないが、「公私日記」にその事実が見えるのは中島家の主の病を記した嘉永五年（一八五二）六月三日条である。直前の記事が離婚問題を述べた前年六月一三日条であることから、この間に島津家に移ったものと思われる。

中島主人病気治不之見込相尋候所、玄朴老ニ茂親類面会待兼、芝七曲り薩州様御祐筆所ニ而おやま事お喜尾殿ニ面会あらまし容躰申入置候由ニ而、四月廿一日始而授療面会之由、既ニ死相相顕れ一診之所弥以難症脳癆与申病症ニ付迚茂不治之旨申聞（略）源次郎帰店芝お喜尾殿より書状持参、面会之上様子承り候由ニ而、殊之外相嘆キ候得共無是非事に付、此末同人身持心得方等与教諭之上中島家内両親荻しま後室江者此義決而沙汰なし之積申合置候所、芝より申越候趣を以重躰之様有のまゝニ相認メ（略）

ここで「おやま事お喜尾」とあり、島津家に移って「喜尾」を名乗り、右筆となったことがわかる。松平家から島津家へ移った理由については、確証はないものの、篤姫の将軍家入輿（安政三年（一八五六）一二月）を控え、有能な奥女中を求める島津斉彬と、将軍継嗣問題を通じて親交のあった瀧尾の旧主・松平春嶽との間で何らかのやりとりがあって実現したものと畑氏は推測している。多摩の名主一族の娘が外様雄藩である薩摩の島津家へ奉公することになった経緯には、幕末特有の政治状況が密接に関係していたといえよう。

瀧尾が残した大奥を始めとする女中文書は数多いが、奥女中としての瀧尾のはたらきを示す史料はほとんどない。こうした中で、前述の大奥女中藤波のもとには、瀧尾が差し出した書状が一〇通残されている。

藤波は平井村（現日の出町）の野口家出身で文化八年（一八一一）生まれ、文政二年（一八一九）生まれの瀧尾より八歳年長である。大伯母のつてで大奥に上がり、将軍家定付（没後は家茂付）御使番を勤めていた。奉公に上がったのは天保八年（一八三七）四月から九年三月の間であると畑氏は推測するが、藤波は二七歳、瀧尾はこの頃すでに松平家で最初の奉公をしていた。野口家は千人同心株を有する家で、荻島家と同様、村役人あるいは村の有力農民であったと思われる。宮下村と平井村は同じ多摩地域でも地理的に近く、地縁のほかに俳句や剣術などを通じた家同士の交際があっても不自然ではない。瀧尾と藤波が、勤め先は異なるがそれぞれ奥女中同士となったことが、さらに両者の関係を近いものにしたと考えられる。

畑氏によると、瀧尾の書状はそれぞれ「喜尾」「まさ」「八十路事やま」「やま」の名で出されている。越前松平家での最初の奉公を終えた当時の書状、離婚後松平家に再勤した当時の書状などがあり、二人の付き合いが古いものであることがわかる。

瀧尾が島津家に入ったのち、藤波に宛て、喜尾の名で将軍家慶逝去時の女中の処遇について尋ねた書状、将軍家茂の逝去を確認する書状が残されている。それぞれ嘉永六年（一八五三）、安政五年（一八五八）のものと思われるが、島津家の女中として旧知のつてを使い、幕府の機密情報を内々に伺っている事実を示す史料として興味深い。

島津家に奉公に出てのち、瀧尾は「公私日記」にもほとんど登場しなくなる。現存する「公私日記」は安政四年

（一八五七）を最後としており、以後も鈴木・中島両家と瀧尾の交際は継続したかもしれないが、いずれにしても瀧尾の様子を知るてがかりはない。唯一、安政三年（一八五六）三月九日条に「薩州様炭御用願入之儀に付お喜尾殿江内談として宮下文蔵江戸江さし出に付今夜泊りかけ相越ス」という記述がある。これは、多摩地域で産する炭を島津家に納めることができないか尋ねたものとみられるが、同月一二日条には「薩州様炭御用之儀偏固之御国風ニ而新規御用達何分ニも覚束なきよし、お喜尾殿より被申越に付、一旦内願見合候積也」と、新規の炭御用が難しい旨の返答が届いている。

　瀧尾と多摩地域とのつながりにおいて、一通だけであるが、宮下村の本家荻島源二（次）郎からの書状が残されている。源次郎はのち源兵衛喜之を名乗り、瀧尾の墓誌を建立した人物である。「立川治郎兵衛」（親類にあたる立川村の中島家一二代次郎兵衛、元治元年八月二三日没）の病状を伝える八月二〇日付のこの書状は、元治元年のものと思われる。

（略）しかし世の中そうぞう敷御事にて御早々御返り被成候よし承申上候、京都表ハ誠に誠に奉恐入候御事ニ御座候、下店御得意様ハあらまし類焼致候、右ニ付去ル六日文蔵上京為致候、此せつハ京都へ着致し候事ニ奉存候（略）長州様一条此末如何相成候哉、実ニ御府内御屋敷様ハ恐入候御事と相成申候、何卒此末穏ニ相成候様ニ奉祈入候[11]

　禁門の変に関連した内容であるが、中島家の一一代当主長兵衛は弘化年間に近江商人の承認を得、実家である荻島家と共同で「松村助二郎」の名で店舗（松村店）を散田・宮下（いずれも現八王子市）・立川に出している[12]。商売上の得意先が京都にあったために、類焼に言及したものであろうが、遠い京都での出来事が、多摩に住む荻島家の人々にとって無縁でなかった事情が窺える。

この間、島津家内部では、参勤交代緩和による姫らの帰国や藩邸の移動などの出来事が相次いでいる。その中で瀧尾に関わる大きな出来事は、慶応元年（一八六五）一一月の渋谷邸引き払いと、それにともなう奥女中の減員、瀧尾自身の昇進であろう。仮住まいであった渋谷屋敷から、表向は芝藩邸、奥向は桜田屋敷物見へ移る際、老女清瀬ほか計一七名の女中が永の暇となり、花川と瀧尾も一度暇となり、再勤して桜田に残ることとなった。翌二年三月に、瀧尾は昇進して表使を兼務し、「喜尾」から「瀧尾」と名を改めた。

喜尾

右は御中﨟見習格御右筆勤相勤居候処、同断御暇被下候得共、当分表使之場も兼務、本之通御用相勤候付、右同様諸給分表使之通被成下候

右申渡可承向とも可申渡候

三月　佐次右衛門[13]

差出は岩下佐次右衛門（方平）と思われ、前年の慶応元年（一八六五）一二月五日に家老に就任している。[14] 奥女中の人事も表の役人から辞令が出されていたことを示している。

瀧尾名で作成された書留、瀧尾宛に出された書状などは、すべてこれ以降のものと推定される。瀧尾は維新まで奉公し、隠居して本所小梅に暮らしたとされるが、残された文書のなかには干支などから維新後と推定される文書もある。しかし依然として、奉公中・隠居後を通じ、瀧尾自身の姿を断片的な史料から窺い知ることは困難であろう。限られた史料から奥女中の生き方をどのように明らかにするかは、瀧尾に限らず、奥女中研究における課題の

一つといえる。

二　残された史料からわかる幕末の薩摩藩と大奥

八王子市郷土資料館の島津家奥関係文書は、大きく分けて冊（横帳・横半帳）が三九点、それ以外の書状類（付札・包紙などを含む）が二〇一点である。しかし、冊には紙背文書が含まれることから、綴を開いて調査したところ、全部で二七九点の書状類が確認された。多くは反故や断簡であり、年代推定も困難であるが、天璋院付女中つぼね（幾島であると言われる）が島津家老女小の島・花川に宛てた書状などが多数含まれている。郷土資料館では、紙背を含むこれらの史料全てを、郷土資料館資料シリーズ『荻島家文書（薩摩藩奥女中関係）』として、二分冊で刊行しているので、併せて参照されたい。

右筆の仕事は、主として文書の作成と保管である。最終的に瀧尾の手元に残り、郷土資料館に収蔵されている文書は、大きく①大奥（将軍・天璋院）関係の書留・書状（下書）、②島津家内の書留・島津家と姻戚関係にある他家奥女中間での書状（下書）、③商人からの請取類などその他の文書に分けられる。他家の奥女中といっても、島津家から嫁入した場合、女中の扶持は実家から支給されるため、島津家の奥女中である。従って女中同士のやりとりは、実質島津家内部の連絡であるといえる。

以下、紙背を含めた書状について、差出・宛先や所属の明確なものを表2にまとめた。断簡類は大奥・島津家間の連絡などと明確に判別できるものの、分類しきれないものが多く、表には採用しなかった。また下書なども多数含み、点数＝件数ではない部分がある。

この中で、将軍家と大名家間の公式な書状は、将軍付表使と大名家老女の間でやりとりされるもので、荻島家文

表2　荻島家文書における書状収受状況一覧

相手先	差出人（女中名）	受取人（女中名）	点数	備考
大奥（家茂）	家茂付老女（万里小路）	島津家老女（小の嶋・岡村・志賀浦・梅岡）	1	
	家茂付御客応答（歌山・藤山・三保嶋・三保の）	島津家老女（小の嶋・花川）	1	
	家茂付表使（小山・村瀬・岡の・藤江・濱田・宝田・太田）	島津家老女（小の嶋・花川・志賀浦・岡村・梅岡）	45	うち差出人が小山単独のもの26点
	島津家老女（小の嶋・花川・嶋山・清せ）	家茂付表使（小山・村瀬・岡の・藤江・濱田・宝田・太田）	5	
	家茂付右筆頭（志賀の）	島津家老女（小の嶋）	1	
	本丸御広座敷	島津家老女（小の嶋）	1	
	家茂付御使番頭（さつ）	島津家老女（小の嶋）・右筆（喜尾）	2	
	家茂付御使番（梅が枝）	島津家老女（小の嶋・花川）	1	さつ死去に付
大奥（天璋院）	天璋院付老女（つぼね）	島津家老女（小の嶋・花川・志賀浦・岡村・梅岡）	94	
	島津家老女（小の嶋・花川・清せ）	天璋院付老女（つぼね）	2	
	天璋院付中年寄（留の）	島津家老女（小の嶋）	2	
	天璋院付中年寄（歌川）	島津家表使（瀧尾）	1	
	島津家老女（小の嶋・花川・清せ）	天璋院付表使（福田・川岡・藤瀬）	1	
	新御殿右筆	島津家老女（小の嶋・花川）	2	
	新御殿右筆	芝右筆	1	
	天璋院付女中か（花島）	島津家老女（小の嶋・花川）	1	
大奥（比丘尼）	広大院比丘尼（専遊院）	島津家右筆（喜尾）	2	専遊院＝表使田村
大名家	福岡藩黒田家美濃守付女中（瀧嶋・茂山）	島津家老女（小の嶋・岡村・志か浦・嶋山）	4	美濃守＝黒田斉溥（重豪子）
	八戸藩南部家遠江守付女中（津河・藤恵・八十野）	島津家老女（小の嶋・花川・岡村・清瀬・嶋山・八十田）	4	遠江守＝南部信順（重豪子）
	左衛門尉付女中（関の）	島津家老女（小の嶋・岡村）	3	左衛門尉＝南部信真か（信順養父）
	大和郡山藩柳沢家真華院付女中（袖岡）	島津家老女（小の嶋・岡村）	3	真華院＝定姫（重豪子）
	新庄藩戸沢家桃齢院付女中（岸の）	島津家老女（花川）・右筆（喜尾）	3	桃齢院＝貢姫（重豪子）
	大垣藩戸田家親姫付女中（若浦）	島津家老女（花川）・表使（瀧尾）	2	親姫（重豪子）
	佐土原藩島津家随真院付女中（浦崎・染の井）	島津家老女（小の嶋・岡村・嶋山・八十田・志か浦）	6	随真院＝祀姫（斉宣子）
	棚倉藩阿部家聡徳院付女中（菊の）	島津家老女（花川）	1	聡徳院＝聡姫（斉宣子）
	高輪邸勝姫付女中か（梅沢）	（喜尾・せやま・歌浦）	3	勝姫（斉宣子・斉興養女）は石見浜田藩松平康寿（天保2没）に嫁するも帰家
	土佐藩山内家智鏡院付女中（千代岡）	島津家老女（花川）	3	智鏡院＝祝姫（斉興子）
	膳所藩本多家紫雲院付女中（町川）	島津家右筆（喜尾）	4	紫雲院＝順姫（斉興子）
	久留米藩有馬家晴雲院付女中（亀尾・関を）	島津家老女（花川）	2	晴雲院＝晴姫（斉興子）
	岡山藩池田家嶺泉院付女中（瀧岡・藤浪・花浦）	島津家老女（小の嶋・岡村・花川）	3	嶺泉院＝池田斉敏（斉興子）夫人
	島津家老女（小嶋）	岡山藩池田家嶺泉院付女中（藤浪）	1	
	尾張藩徳川家淑姫付女中か（寿誓）	島津家表使（瀧尾）	1	淑姫＝徳川斉朝夫人（家斉子）
島津家内	斉興付比丘尼（帰本院）	島津家老女（花川）	1	
	斉彬付比丘尼（実性院）	島津家表使（瀧尾）	1	
	斉興・遊羅付女中か（嶋山・八十田）	島津家老女（小の嶋・岡村・志か浦）	3	
	暐姫・寧姫・徳寿院付女中か（嶋岡・花岡）	島津家老女（花川）	1	
	暐姫・寧姫・徳寿院付女中か（益伊）	（喜尾・やさ）	6	
	暐姫・寧姫・徳寿院付女中か（幾尾）	島津家老女（花川）・右筆（喜尾）	2	
	寧姫付女中か（いと）	島津家女中（登山）	2	
	遊羅付女中（藤田）	島津家右筆（喜尾）	3	
	島津家女中（花野）	島津家右筆（喜尾）	2	
	島津家女中（千代の）	島津家右筆（喜尾）	1	
	島津家女中か（竹）	島津家表使（瀧尾）	5	
その他	刑部卿付・徳信院付女中（一橋家）	天璋院付女中	12	後欠含
	大納言付女中（近衛家）	天璋院付女中	5	後欠

荻島家文書、畑尚子『徳川政権下の大奥と奥女中』、「島津氏正統系図」、『藩史大辞典』他を参照して作成。

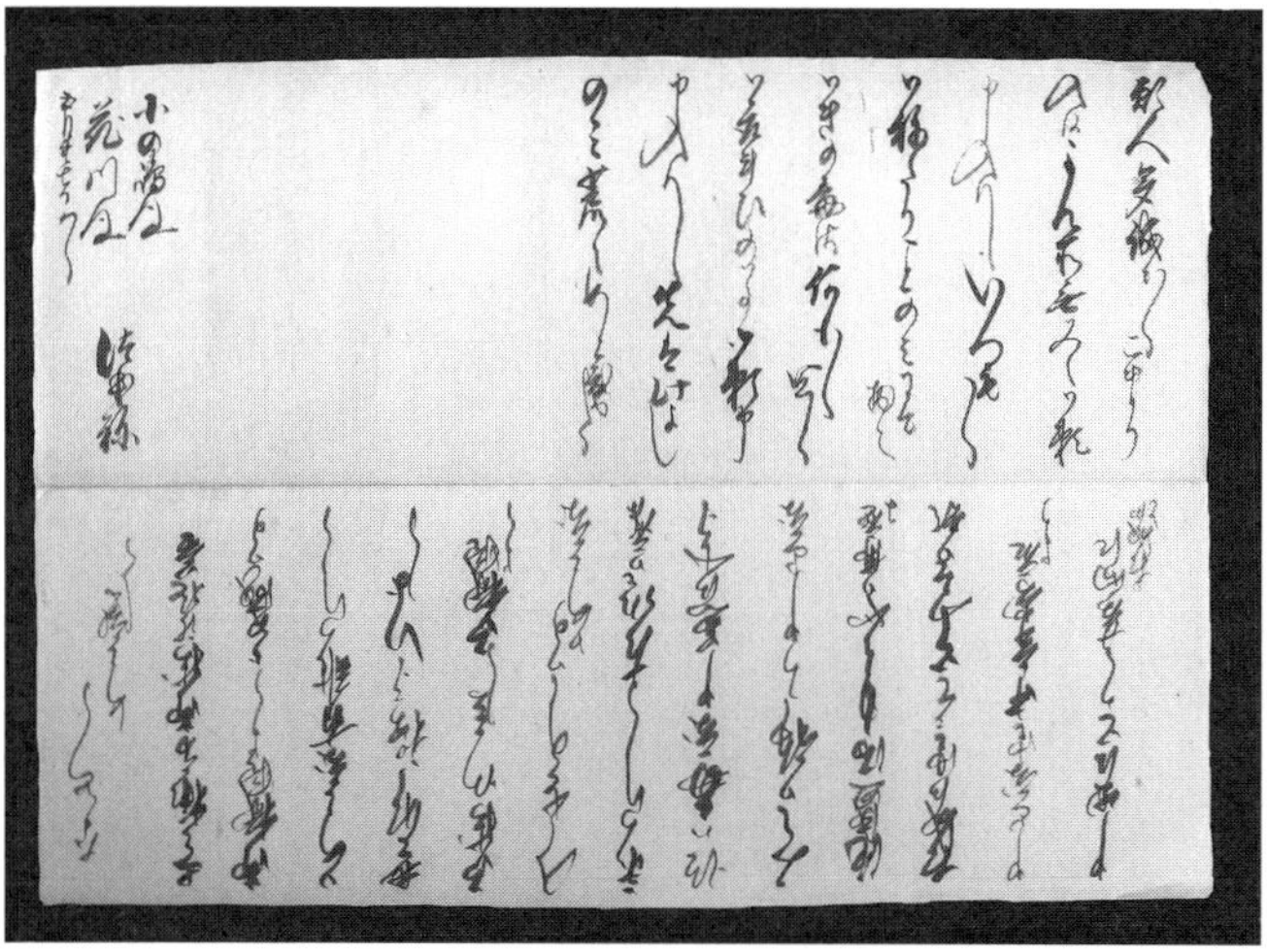

図2　泡盛を所望するつぼねの書状。他の書状との比較からつぼね直筆と思われる。

書でいえば家茂付表使・島津家老女間の書状五〇点（表使発四五点、老女発五点）が該当し、これ以外の書状は私的書状である。内容の検討は本章の目的から外れるため他に譲るが、内容を見る限り一様に公私を分かちがたいものもある。

一方、同じ大奥でも天璋院付女中とのやりとりでは、表使と老女間の書状が一点のみであるのに対し、つぼねと老女間の書状が九六点（つぼね発九四点、老女発二点）と際だって多い。いかにつぼねが島津家に近い存在であるかを窺い知ることができよう。紙背の中からは、小の嶋と花川に宛て泡盛を所望するつぼねの書状が見つかっている[15]（図2）。

各大名家に対する書状は、おもに島津家から養子・嫁入した主君に仕える女中とのやりとりで、法事の香料や毎年の手当（小遣い）についての用件が多く見られる。国元と江戸間のやりとりを主とする島津家内の書状では、帰国した斉彬の娘暐《てる》姫・寧姫の様子を江戸に知らせる文久二〜三年頃のものが目立つ。いずれも、内容を詳細に読み解くことで新たな事実解明が期待できる文書といえる。

おわりに　――瀧尾の残した資料と奥女中のアーカイブズ――

瀧尾は島津家を辞したおり、職務上作成した文書を容器（長持）とともに持ち出したようである。その後明治六年（一八七三）に五五歳で没し、故郷宮下村の常福寺に葬られた。長持と文書はその前後に宮下村に運ばれ、そのために長く八王子に残ったものと考えられる。

現在、文書容器であった「芝祐」（芝藩邸の祐筆部屋）の文字と島津家の家紋入りの長持二個は、同じく家紋入りの油単とともに郷土資料館に収蔵されている（図3）。

瀧尾の島津家奉公に関わる資料には他に、島津家から拝領したとされる椀一〇客がある[16]（図4）。荻島家の親類にあたる八王子市内の個人宅に残るもので、朱塗りに金で鉄線の絵が描かれ、箱書に「金もよふ　瀧尾様戴物」とある。この椀は付随する証文によって、昭和六年（一九三一）、荻島家から、同じく瀧尾の拝領物らしき磯草塗重箱や車長持とともに売り渡されたことが判明している。

椀の箱書からは、瀧尾の長年の働きを賞し島津家から下されたものとして、子孫の方がたが大切にされた品物である様子が窺える。同様に墓誌の建立にも、島津家に仕えた奥女中として、瀧尾を顕彰する意図が込められている。奥女中奉公の顕彰ということはあまり一般的でないように思われるが、これには明治という時代と、奉公先が島津家（薩摩藩）であったことが大きく影響しているかもしれない。荻島家の人々にとって、瀧尾の存在はある種の誇りであったといえるだろう。

多くの島津家奥関連文書が残った理由も右同様と考えられるが、今となっては文書の全体量も、瀧尾の持ち帰った文書すべてが現存しているか否かも不明である。中には傷みの激しい文書も見られ、途中で失われたものも少な

図3　文書容器と思われる長持。左下に「芝祐」の文字がみえる。

図4　瀧尾が拝領した椀

からずあったと思われる。

文書の作成・保管を担う右筆という職は、現代でいうところの「アーキビスト」の業務の一部に相当すると言える。瀧尾の残した史料は、公文書でありながら、その役目を終えたのち瀧尾が私的に所有していたもので、廃棄されたはずの近現代の公文書が役場以外の場所で見つかる経緯と奇妙な類似を見出せる。右筆・瀧尾が残したこれらの文書は、「奥女中のアーカイブズ」とも呼ぶことができよう。こうした文書が多摩地域に残った経緯を知り、意義を見出すことで、多摩に残る地域資料の多様性が増し、さらに奥行きを深めてゆくことを期待したい。

最後になるが、荻島孝之氏をはじめとする荻島家の皆様と野嶋和之氏のご支援・ご協力に、記してお礼申し上げたい。

（1）山本博文「幕府大奥と薩摩藩奥の交際について――「薩摩藩奥女中文書」の考察――」（『東京大学史料編纂所研究紀要　第十五号』二〇〇五年三月）。
（2）藤波については後述。
（3）立川市教育委員会発行『鈴木平九郎　公私日記（一）～（二〇）』（天保八～安政四年分所収）。
（4）近世を中心に目録上一一二四点を数える。このうち瀧尾に関連するものは、①天保三年親類書、②明治二年十二月駿河や庄兵衛請取通、③辰ノ十二月留、④未ノ八月より引移手入留の四点である。③と④はいずれも瀧尾名で作成されていることから、それぞれ明治元年、同四年と推定される。『早稲田大学図書館文書目録　第七集』（早稲田大学図書館、平成一五年三月）所収。
（5）目録上七七点を数え、うち一点のみ奥女中の書状断簡がある（公方様、大納言様、御前も快く召上がり、竹千代様もご機嫌よくすごされ目出度祝着の返答、駒井・久嘉宛梅岡・まつしま・セ川・滝沢他二名書状）。『小野武夫文書Ⅰ―近世文書を中心とする収集資料―』（一橋大学経済研究所附属社会科学統計情報研究センター、平成二一年三月）所収。以上、小坂二十重氏のご教示による。
（6）江戸東京たてもの園特別展展示図録「多摩の女性の武家奉公」（一九九九年三月）より。
（7）みちが実家に宛てた書状は、『青梅市史史料集第四十号　御殿女中・吉野みちの手紙』（青梅市教育委員会、平成三年）としてまとめられている。
（8）倉員保海「公私日記の人びと」（『新立川市史研究　第四集』、昭和六三年）。
（9）前掲「武蔵八王子在村方文書」。
（10）前掲「公私日記の人びと」のほか、「公私日記の人びと（その二）」（『新立川市史研究　第五集』、平成元年）。
（11）前掲『荻島家文書（薩摩藩奥女中関係）二』、三二頁。
（12）五十嵐文次「八王子縞市と柴崎村松村店の開設」（『新立川市史研究　第三集』、昭和六二年）。
（13）前掲『荻島家文書（薩摩藩奥女中関係）二』、二六頁。
（14）『薩陽武鑑』（平成八年、尚古集成館）。
（15）翻刻文は前掲『荻島家文書（薩摩藩奥女中関係）二』一一二頁に掲載。
（16）拙稿「ふたつの長持―薩摩藩に奥女中として奉公した女性・喜尾をめぐって―」（『八王子市郷土資料館だより　第八二号』二〇〇七年一二月）。

第三章　多摩の豪農と在村文化

——多摩郡連光寺村富澤家の文芸と思想——

清水裕介

はじめに

本章における「在村文化」とは、村々で行われた俳諧・狂歌・和歌・漢詩・書画・花道などの文化活動のことであり、特に文化活動を専業としない人々によって行われたものを示す。文化史の歴史は古いが、在村文化の研究は、特に一九七〇年代以降、近世村落を多角的に分析しようとする視点から重要性が提唱され、実際の生活・意識との関係を重視しながら、芳賀登・塚本学・木村礎・高橋敏など数多くの先学に取り組まれ、深められて来た。

本論は多岐にわたる「在村文化」のうち、特に名主家やその周辺における俳諧や和歌・漢詩などの文芸活動について取り扱う。一般に村での文芸活動は、一七世紀末〜一八世紀初頭に都市文化の影響を受けながら俳諧が開始され、高い識字率を背景に幕末まで徐々に参加者を増やした。

近世村社会での文芸には、広く一般まで普及した俳諧を基盤とする階層・段階性の存在が指摘されている。俳諧では大きく分けて指導を受ける一般層・指導を行う宗匠格に分かれ、間に狂句や狂歌、そして最上層に和歌や漢詩が位置付けられる。和歌や漢詩は、主に名主や村役人、神官や僧侶など経済・社会的地位の高い者が行う文化で、上層の文化を行う者は下層の文化も行う入れ子式の構造があった（鈴木「和歌の展開と村社会」・杉「多摩の在村文化」）。

本章が考察の対象とする多摩地域の文化・文芸研究は、特に杉仁・多田仁一らによって、その交流圏・ネットワークを主眼に置く研究が積み重ねられてきた。特に杉は近年、長年にわたる一連の研究をまとめた著書において、村々で盛んに行われた文芸活動やその交流の実態を明らかにし、「風雅」の交流と生業、また村役など公的な地域政治における交流との表裏一体性を指摘し、在村文化研究の重要性と可能性とを示した（杉『近世の在村文化と書物出版』）。

文芸と実社会との関係について、色川大吉・鶴巻孝雄・渡辺奨らによる多摩地域の自由民権運動研究においては政治思想との関係が指摘されている。特に色川は、多摩の豪農を中心とする民権運動家たちを事例に「漢詩と変革思想」の関連性を論じ、漢詩の交流圏と民権運動家のネットワークの一致を指摘している。また特に五日市の民権運動家深沢権八の漢詩を事例に「文人風の遊芸としてではなく、自分の青春を賭けた変革思想表現の手段」（色川『明治の文化』）であり、政治と文学が不可分な存在だったとしている。

一方で、漢詩と並んで最上層に位置付けられる在村文芸上の和歌に関する研究は多くない。その中、鈴木秀幸は千葉県の干潟地域を事例に和歌関係資料の現存状況を分析し、村での和歌の展開を整理した。村社会での和歌は文化・文政期（一八〇四～三〇）に経済・社会的上層民個人の書籍購読的なものを脱して大衆化を開始し、天保期（一八三〇～一八四四）に定着、農村・農家が荒廃から立ち直った嘉永・安政期（一八四八～六〇）に歌会として運動化したという。また、明治中期以降になると、国家主義に収斂された「国歌」として再興されたともしている（鈴木「和歌の展開と村社会」）。村での和歌に言及した研究が少ない中で、鈴木の整理は一つの指針である。

「国歌」として再興された近代の和歌のイデオロギー性については、近年特に青柳隆志、阿毛久芳、小林幸夫、宮本誉士らによって近代の宮中歌会始や宮内省御歌所の成立などから裏付けられ、優れた研究が蓄積されている。一方で、それが地域社会に生きる「国民」といかに関わるのか、実態の解明には、より多くの研究が必要である。[1]

本章では幕末・維新期の多摩郡連光寺村を事例に、名主富澤家の日記を中心に富澤家や周辺での文芸の展開を追う。特に文芸の階層・段階性に留意し、その交流や文芸と思想、特に近代の政治思想との関係を追いたい。

富澤家の日記は、国文学研究資料館所蔵の「武蔵国多摩郡蓮光寺村富沢家文書」[2]に残り、万延元年（一八六〇）から明治二年（一八六九）までが翻刻・刊行されている（国文学研究資料館史料館編『農民の日記』）この「解題」及び同館の目録では、天保一四年（一八四三）から明治四一年（一九〇八）までの六六冊が「日記」として整理されている。[3] 同館所蔵の「富沢家文書」中には、この他に文化九年（一八一二）から天保一四年までの「日記」、「諸用控」、「公私用向書留」、「御用留」などと題された帳面があり、これらも日記の形態を採っている。[4] 一部には本章が対象とする文芸活動に関する記述も見られるため、本章ではこれらも含め「富沢家日記（以下、日記）」とし、分析の対象とする。

日記の内容・項目は年代によって異同あるが、特に天保末から文化活動に関する記事が増え、文芸活動にとどまらず、当該期の連光寺村周辺の様子について、概要を時系列で捉えることのできる貴重な史料である。

一　連光寺村名主富澤家と在村文化

（一）　富澤家について

由緒によると、富澤家は畠山重忠から一三代の畠山為政が富澤姓を名乗ったことに始まる。元は秩父にいたとされ、連光寺に定住するまでの経緯には諸説あるが、為政から三代孫の丹下政之の頃には連光寺周辺を領し、政之と嫡男修理政本が今川氏に従った。その後、桶狭間の合戦で政之は戦死し、政本は連光寺に戻って定住したという。慶長三年（一五九八）の検地にあたり、政本の子修理忠岐が案内役を務め、村方騒動のあった一時期を除き、明治まで代々連光寺村の名主を世襲した（富沢家文書一四九〇―三・『農民の日記』）。

本章の考察の中心となる幕末・明治期の当主は政恕（忠右衛門・準平）で、文政七年（一八二四）一一月に生まれ、天保九年（一八三八）三月、一五歳で名主見習役となった。その後、万延元年（一八六〇）三月に名主役、文久元年（一八六一）六月からは連光寺村が属した日野宿寄場組合の大惣代を務めた。維新後は神奈川県第三十二区々長や地券取調掛などを歴任、明治一二年（一八七九）からは二期連続で神奈川県々会議員となった。明治一四年（一八八一）二月に兎狩天覧のため明治天皇が連光寺に行幸すると、富澤宅は御小休所となり、息子の政賢と共に狩場案内などを務めた。富澤家はその後、三回の行幸時にも御小休所とされた。明治一五年（一八八二）に連光寺周辺が「御遊猟場（御猟場）」に指定されると、現地の責任者となり、御猟場制度の改定により、明治一六年（一八八三）五月に宮内省御用掛となった。明治二六年（一八九三）に息子政賢に家督を譲り、明治四〇年（一九〇七）八月、八四歳で死去した（『多摩市史』通史編一・二）。

富澤家の持ち高は明治三年（一八七〇）で田・畑・林畑合わせて七二石九斗九升余、山一町八反余であり、石高からは必ずしも「豪農」としては多くない。村内では材木商いで成功した富澤家の分家が村内・出作地合わせて一三三石余を所有しており、本家は分家に続く二位である（富沢家文書一七三九）。富澤本家でも幕末期の日記には上木売買の記事が多数あり、嘉永六年（一八五三）には府中の田中三四郎との松木売買だけでも計二一〇両を売り上げている（同前一五六）。また連光寺村の天保一四年（一八四三）の村明細帳（同前一四八六―二二）では、家数八二軒、人口四六〇名に対し、農間商人一四名、職人七名の存在が確認でき、明治元年（一八六八）作成の石高帳（同前一一二七）によると、持ち高が一石未満〜三石の家も珍しくない。「余業」の範囲にとどまらず、実態としては商人・

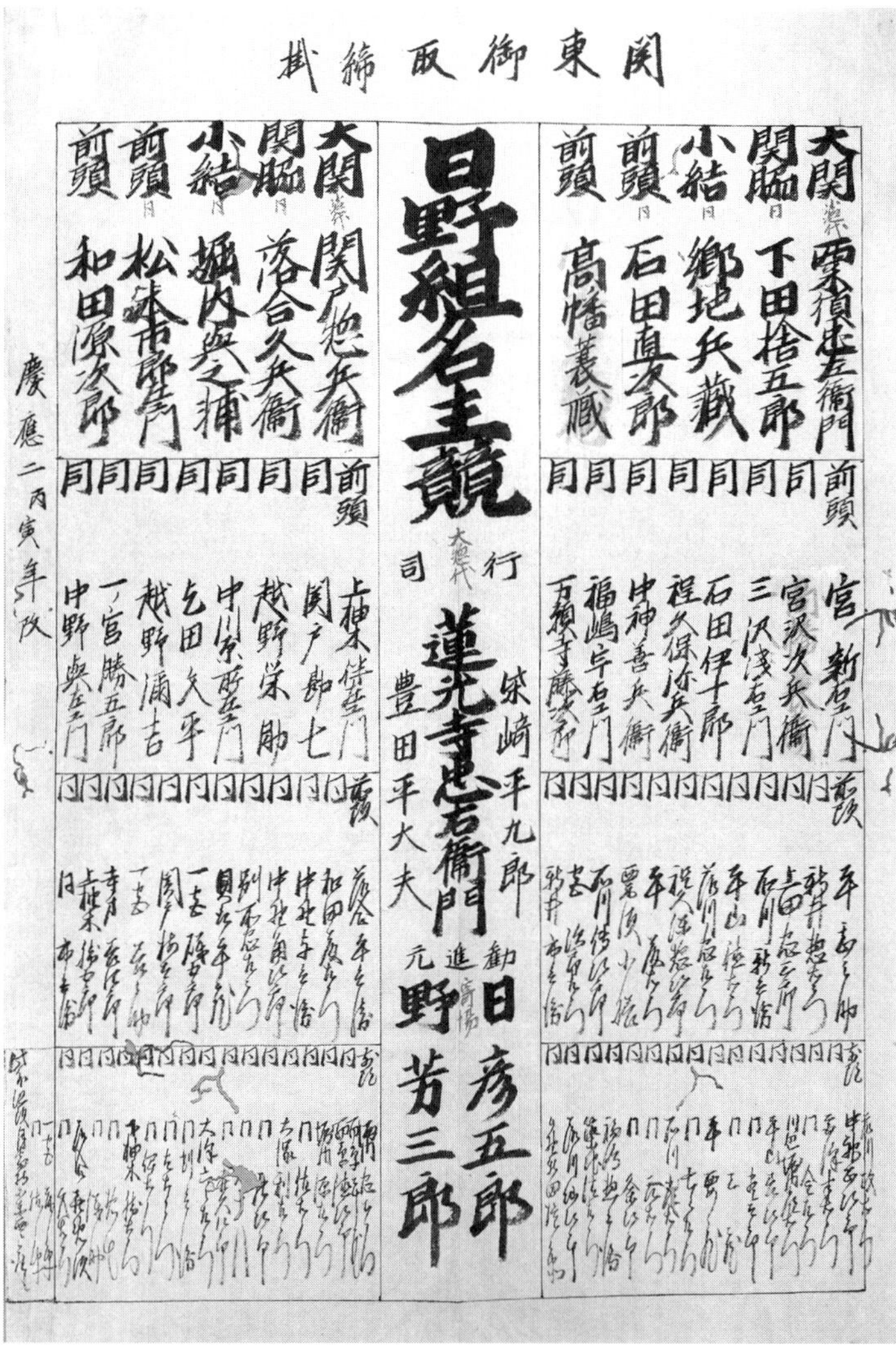

図1　「日野組名主競」国文学研究資料館所蔵「富沢家文書」九〇八

職人として生計を立てた家が数多く存在していたと考えられる。また、連光寺村の場合、享保期の新田開発により、村持ちの秣場であった山林が「林畑」として高入れされ、個人持ちとなった。この林畑がその後に質地となり、一部の家へ土地の集積が進められたことが、山林経営を行う家々が生まれた要因であった。そうした中に特に成功を収める「豪農」が生まれ、在村文化の先導者となったのである。

（二）　在村文化の牽引者たち

幕末期の政恕の文化人としての立場と政治的な立場を示す史料に、政恕の自校本「日野組八天狗伝」（富澤政宏家文書九一八四）と「玉川八仙伝（以下、八仙伝）」（同前九一八〇）がある。

前者は日野宿組合の惣代など当時の地域の代表的な人物を天狗に例え、得意とするところを「通力」として紹介したもので、文久元年（一八六一）末の作成と思われる。柴崎村名主鈴木平九郎は「天性闊達にして言語政事」、日野宿の佐藤彦五郎は「天性敏闊にして剣術と俳諧をもつて通力を得」、粟須村名主井上忠左衛門は「天性闊発にして弁才あり」、関戸村名主の井上惣兵衛は「天性剛気にして常に酒を好ミ」、川辺堀之内村名主の追沼捨五郎は「天性順和にして常に虚実の間に住」、郷地村名主紅林兵蔵は「天性自若物に拘らす専ら酒をこのむ」、落合村名主の寺沢久兵衛は「天性弁才あり」・「酒を嫌らひ茶を好む」とある。序は平喜庵一歩（鈴木平九郎）と春日庵盛車（佐藤彦五郎）による。砕けた内容であるから、宴席などで披露されたのであろう。これら当時の日野宿組合を代表する顔ぶれの中で、大惣代を務めたのが政恕であった。

「八仙伝」は万延元年（一八六〇）二月の作成で、周囲の代表的な文化人と得意とする文化や性格などを記して紹介したものである。またそれぞれが得意としたものに応じ、政恕が俳諧・和歌・漢詩を付した。

顔ぶれは内藤重喬（一七六二〜一八四三）・猿渡盛章（一七九〇〜一八六三）・相澤伴主（一七六八〜一八四九）・春亮

表1　富澤政恕と周囲の文化人生没年一覧

人物	生年	没年
内藤重喬	1762	1843
相澤伴主	1768	1849
春登上人	1773	1836
富澤昌徳	1778	1857
小川憲章	1788	1885
猿渡盛章	1790	1863
宝雪庵可尊	1799	1886
猿渡容盛	1811	1884
本田覚庵	1814カ	1865
富澤政恕	1824	1908

上人（生年不明~明治）・富澤昌徳（一七七八～一八五七）・小川憲章（一七八八～一八八五）・本田覚庵（一八一四～一八六五）・猿渡容盛（一八一一～一八八四）の八人で、このうち、三名が親類であるから、特に親しく師事した人物を挙げたものと推察される。これらは府中・関戸・連光寺の人物で、政恕は文化活動では公的な枠組みの日野宿組合と異なる交流圏に属していた。

昌徳（魯平）は政恕の父で、禹流比と号した。「八仙伝」には「雅志」があり「俳諧歌及俳句」を得意としたとある。『多摩市史』によれば、富澤家の文化活動は、魯平の時代に盛んになったという。

小川憲章（来助）は魯平の弟である。沢雉・山梁舎・槻の本・半閑堂と号し、俳諧を得意とした。小川姓は文政七年（一八二四）一一月に府中の質屋小川家の養子になったためである。府中俳壇を牽引した一人で、「八仙伝」には老子・荘子も学んだとある。八王子の女流俳人榎本星布（一七三二～一八一四）が、享和二年（一八〇二）に選集した『発句集』には来助が一〇句、魯平は四句が入集している（『多摩市史』通史編二）。

内藤重喬は魯平の伯父で、府中本宿村（現、府中市住吉町）の医者である。五惇・棟廼屋・久練堂と号し、「八仙伝」には国学・漢学を修め、詩歌を好んだとあり、多摩地域でも有数の文化人であった。政恕は俳諧を好む父や伯父のいる家で育ち、漢学を重喬に学んだ。

猿渡盛章・容盛親子は府中大国魂神社の神主で、何れも小山田与清に学び、国学者・歌人としても知られる幕末・明治期の多摩地域を代表する文化人である。政恕はそれぞれを「天性寛雅にして国学を好ミ和歌を能す」、「天性卓然国学を好ミ和歌を嗜む」と紹介している。政恕は特に和歌で容盛に師事した。

相澤伴主は連光寺村の西隣、関戸村（現、多摩市関戸）の名主である。袁中郎流の生花を学び、文政一〇年（一八二七）には武相一帯御で門人を集めた允中流を創設した（比留間「近世多摩の『花道』の盛衰」）。さまざまな文化に精通し、政恕も「雅量ありて多芸なり、殊に草木の花枝を挿すことを能」くしたと記している。伴主の父、五流（一七四六〜一八二二）も絵師として活躍し、またさまざまな文化を嗜んだ。天明五年（一七八五）刊の加舎白雄『春秋稿五篇』に五流と「武関戸古月」の名が見えるのが、現在確認されている多摩市域俳諧の嚆矢である（『多摩市史』資料編二）。

内藤重喬が記した「避暑漫筆」によると、多摩地域では明和・安永の頃（一七六四〜一七八〇）から財政的な余裕を持つ家が登場し、「操芝居を好ミ、或ハ歌舞伎を取立、あるいは人形浄るりを好ミ、多人数集メ興行」をする者が出現し始め、その筆頭に挙げられるのがこの相澤家であった（比留間「近世多摩の『花道』の盛衰」・『府中教育史』資料編一）。相澤親子は多摩市域における文化人の先駆け・代表例であり、周辺の在村文化の中心にいた。富澤家でも生花で師事し、俳諧などでも交流していた。

本田覚庵は下谷保村（現、国立市）の医者で、漢詩や書を得意とした文化人でもあった。政恕の婚礼時の媒酌人でもあり、政恕は覚庵宅に通って漢詩を学んだ。「八仙伝」で政恕は「天性闊発にして日々斗酒を嗜ミ殊に詩書を能す」と紹介し、「驚人雄辯酒三斗　乗興高談詩百篇　酔裡揮毫如妙義　少萬銭日費酒家眠」と漢詩を記している。これは杜甫の「飲中八仙歌」に李白について「李白一斗詩百篇　長安市上酒家眠」とあるを模したものである。覚庵の日記には、猿渡容盛・近藤勇・土方歳三や小野路村の小島鹿之介、当時の多摩地域を代表する漢詩人であった千人同心の川本衡山らがしばしば訪れている様子が記されており（くにたち中央図書館編『本田覚庵日記』）、覚庵もまた地域の文化人の中心人物であった。[5] 富澤家とは交流が深く、政恕の死後、墓誌を記したのは覚庵の息子定年である（富沢家文書二〇五〇-四一／明治四一年七月二九日）。

春亮は関戸村延命寺の学僧で、鳳山と号した。富澤家では政恕が生花で師事した。生花の他、和歌や琴なども行う多芸な人物であった。また、周辺の在村文化史上、春亮の師である春登上人（一七七三〜一八三六）を欠く事はできない。春登は時宗の本山清浄光寺（遊行寺）の高僧で、万葉仮名を分類した『万葉集字格』の著者として知られている。文化一〇年（一八一三）から文政九年（一八二六）の間、二回に分けて九年間、関戸に滞在した。この間、内藤重喬や猿渡盛章と『倭歌革運略図』を著し、相澤五流・伴主、本田覚庵ら周辺地域の文化人と交流した（『多摩市史』資料編二）。政恕の幼少期に関戸を離れたため、直接の交流は無いが、政恕が師事した人々に大きな影響を与えた。

この他、政恕の学問・文芸について、「富澤政恕歴伝」（富澤政宏家文書九二二〇）に以下の様にある。

七歳ノ頃ヨリ書ト数トヲ家庭ニ学ヒ、天保九年三月三日名主見習役ヲ命セラレル時ニ十五歳ナリ、爾来漢籍ヲ内藤重喬翁ニ学ヒ、翁没後佐藤一斎ニ学フ、詩文章ヲ小野湖山ニ正シ、国典及歌道ヲ前田夏蔭ニ学ヒ、剣法ヲ近藤邦武ニ受ク

ここには七歳の頃から家庭で読み書きそろばんを学び、名主見習い役となった天保九年（一八三八）三月の頃から漢籍・漢詩・古典・和歌を学んだとある。明治一二年（一八七九）四月作成の「南多摩郡連光寺村誌」（富沢家文書一四九〇-二）には、一斎には天保九年一月から、夏蔭には同一二年一月から学んだとある。加えて政恕が和歌で

用いた号の一つ「松蔭」は前田夏蔭から「蔭」の字を与えられたものとされ（『多摩市史』通史編二）、政恕の漢詩集『有声画集』には、湖山に贈った六言絶句が収録されている（『多摩市史』資料編三）。

名主見習役となった頃より学問を開始したと記されている点は、名主家が文化人を生んだ背景に、実学・教養として、学問・文化が必要とされる立場であるという意識が存在したことを示していよう。経済的余裕は文化活動を行う前提となるが、必ずしも富裕層の全員が文化人となるわけではない。政恕の場合、先代魯平は村方騒動の末に退任・隠居し、安政六年（一八五九）にはそれまで富澤本家が世襲してきた名主役を、分家宗次郎と一年交代で務めることになるなど、危機的状況を迎えていた。宗次郎が同年に死去したため、結局は政恕が一人で名主役を務めることになったが（岩橋「近世後期における村方騒動の史料論的考察」・渡辺「幕末維新期における村と地域」・『農民の日記』）、このような状況の中で就任した政恕の名主見習・名主への自覚は、ことさら強いものであったに違いない。

（三）「富澤家日記」に見る文芸活動の展開

富澤家の日記は、文化九年（一八一二）二月から明治四一年（一九〇八）までが残る。文芸に関する記事は文化九年二月一八日に魯平が内藤重喬の所に付評した紙を持参、狂句合に参加したとあるのが最初である。この年は他に七件の俳諧に関する記事があるが、参加の句合は何れも府中や関戸で催されたものであった。魯平は関戸や和田村（現、多摩市和田）から付評を頼まれているから、この頃既に、近隣で高い実力が知られる人物であった（富沢家文書二三七六）。

同年五月二二日には借用した「八代集」を返却したとある。八代集は「古今和歌集」から「新古今和歌集」までの勅撰集であるから、富澤家では魯平の代から和歌にも関心を寄せていたことがわかる。この後、日記は文化一〇年（一八一三）の「文化十酉日記」（同前二〇四四）が残るが、村内の公的な出来事に関する記述が多く、文芸に関する記述は七月二〇日に来助が府中本宿での句合に参加したとあるのみである。

再び日記に文芸の記述が登場するのは天保末からである。天保一三年（一八四二）の「御用留」（同前一五〇四―一二六）には、俳諧の宗匠宝雪庵蘭山と弥生庵草宇（のち宝雪庵可尊）が府中に滞在していたため記事が多い。可尊は少なくとも五月から一一月まで滞在して月並句合を催し、魯平や来助はこれに参加していた。蘭山や可尊が富澤宅を訪れることもあり、以降の日記にはたびたびの来訪が記されている。

魯平は天保一四年（一八四三）年二月一三日には四ツ谷で行われた可尊の月並句合に出席（同前一五〇四―一二七）、弘化二年（一八四五）三月に行われた宝雪庵襲名披露会にも、来助・田中三四郎（柏屋）と共に出席した（同前一二〇五〇―一二）。政恕とも親しく、日記では死去の二年前、明治一七年（一八八四）まで富澤家を訪れていた記録が確認できる（同前一二〇五〇―一七）。可尊は恋ヶ窪（現、国分寺市内）出身で蘭山に弟子入りして俳人となった人物で、恋ヶ窪には富澤家の始祖とされる畠山重忠に関する伝説が『平家物語』や『源平盛衰記』で伝わっており、両者の交流の背景にはこうした縁も関係したのであろう。

弘化三年（一八四六）から弘化四年（一八四七）は、魯平が村方騒動に関わる訴訟により一年の大半を江戸で過ごした。そのため、日記の筆記者は政恕である。魯平は江戸で別に日記を付けており、これには牛込の赤城神社に住む蘭山を訪ねたことが「赤城江行」などと記され、頻繁に蘭山・可尊の句合に参加していたことが分かる（同前一〇九三―一～一〇）。

魯平不在の連光寺では、政恕がその代理を果たした。弘化三年（一八四六）の日記には、政恕（白雉・松園）が句合で高い評価を得たという記事が三件、また分梅で開かれた句合の評者を務めた記事もある（同前一二〇四九―一三）。

弘化四年（一八四七）七月一八日に分梅光明院で開かれた奉額句合には七千句が出詠され、判者は宝雪庵可尊・南街堂、校合は来助、後見は魯平であった。政恕は付評で人位（第三席）、宝雪庵評の当日開巻兼題で中で天位（第

表2　弘化四年～明治五年「日記」の俳諧・和歌関係記述一覧

弘化4	1・28	赤城江行店借候様申語＊
	2・11	赤城江太郎吉・栄蔵同道行＊
	2・14	赤城江行＊
	2・22	明日藤次郎出府ニ付村入用勘定写帳并市谷八幡奉額句相添届遣ス
	3・15	分梅光明院催三十組出句、府中上園出開扉江参詣
	3・19	赤城江行＊
	4・28	宝雪庵江行＊
	5・2	亀の尾同道赤城へ行＊
	5・16	甲州白山社人礼ニ来ル求ニ寄而詩歌発句等認遣ス
	5・20	分梅より光明院催之巻届来ル
	5・23	分梅光明院催巻書写終候
	5・26	長沼桃船来ル右は同人催之一万句程集候処書人少ニ而困り入候間手伝呉候様頼ニ来
	5・25	亀の尾運座句合　月々五日ノ日興行初会＊
	6・1	赤城江行＊
	6・9	宝雪月並詠草出＊
	6・12	聖天堂奉額催之内荷風・起石・扇志評披巻之外、荷風評ハ槻の本、起石評ハ静雉、扇志評ハ旭雉、自分も荷風三才之内ニ而蛇の目傘取景有之夕方帰
	6・17	光明院聖天堂奉額催開出席兼題勝
	6・30	同朝大丸村其周来桃船催清書之巻廿冊同人江相渡候
	7・9	赤城ゟ宝内堂来、招月庵鮎狩用申来＊
	7・10	赤城江多仁同道草宇同道＊
	8・13	日野盛車より天王宮奉灯巻来ル
	8・14	日野宿之巻出点盛車方より使之もの来り候ニ付右巻江三才外五客迄景相添遣ス
	8・29	分梅江行光明院尊天花水供明九月朔執行相憑金弐朱奉納谷ケ貫出句もの沢雉方江相たのみ帰ル
	9・4	昨夜落川連より長尾青志祭礼奉灯秋混持句貰度趣廻巻到来ニ付うるひ分松園・俊雉共加入白蛙方江送ル
	9・19	昨日健蔵馬便りニ上総国市の川八幡宮奉額催、楼霞堂評勝利巻弐冊景物机毛せん共届来ル
	10・29	長沼催開巻江行
弘化5	1・24	同夜江戸糀町壱丁目亀の尾より使ニ而額面之巻千六百余章点取ニ来
	1・25	同昼後越堂ゟ之使帰ル、宝雪庵如月次同春帖入句等遣ス
	3・15	昼後宝雪庵越堂弐人入来、凡杖・笙風両人来ル、廿日両国柳橋河内や半次郎方ニ而判者披露致候ニ付賀章包持参頼ニ来ル
嘉永2	8・12	同日坂浜村吾一ゟ催巻取ニ人を遣ス
嘉永4	3・15	催府中於出丸開巻準平出会
嘉永5	9・1	白雉・崇仙・汶流其外石原宿祭礼開巻江行
	9・28	同夜誹連一同堅固
	9・29	春日宮神事、誹諧連中一同立会
	11・17	肥前小倉大江豊雄と申歌人尾州名木や在米斎と申詩人尋来ル
嘉永6	2・19	国分月葵より使来ル瑠璃殿額面入句取集都合七株遣す
	2・23	程ケ谷宿鍋屋と申隠宅ニ住居之俳人桂水より申もの尋来ル
	3・3	松園今日松連寺於清涼台詩歌連俳書画会興行、今日癸丑昔時擬晋蘭亭会群賢少長、来ル者ハ府中猿渡豊後・織田玉川・下巻山鹿島田盛常覚庵拙存鉄石其外可不数凡弐十余輩ニ及夜ニ入松園江引取深更ニ各帰ル拙存一泊
	3・19	稲毛江用事ニ而行松木楼開巻江廻ル
	3・25	府中猿渡氏歌会松園出席
	9・27	同夕方歌人拙存入来
	11・13	大日堂奉灯開巻
嘉永7	1・15	大日堂奉灯開巻
	6・18	由右衛門府中使、近江楼聯句一句出
安政2	6・15	大日堂句合開巻

	6・24	俳人槇水尋来ル
	7・15	大日堂句合開巻
	8・15	今日大日堂夘刻開巻
安政3	9・27	赤城宝雪苑江寄＊
	9・20	大沼田棗園聯句相認候
安政4	2・3	宝雪庵逗留、両吟誹諧之連歌半折出来
安政5	該当記事なし	
安政6	4・8	汶流催し誹諧扇面引三拾五番句合開巻、席上即点
万延元	閏3・3	白鳳・秀香・未仙外十四輩花見ニ而花の本発言祝詞之句詠夜ニ引取
	7・21	内藤恕平入来今日鎮牛と俳諧の連句
	9・21	上州俳人可乙遊歴ニ来リ
文久2	3・20	今日猿渡盛章七十之賀莚於松本楼書画会執行、松園出席
	8・15	今朝大岸帯刀府中ニ出向立ニ付和歌三首相認遣候事
文久3	5・20	今昼後別荘於養老所俳諧之連句、桐園・橘園・蘭園并ニ文水等来リ同夜迄興行
	6・1	俳諧之連句白鳳・未仙・秀達・文水出席、松園揃
	6・15	今日俳諧之連句弐巻出来
	7・15	会所之額面俳諧連句認大福寺棚経ニ
	7・16	秀香未仙来リ連句
	8・25	鎮守祭礼奉燈句合七百句余之巻持参
	8・26	奉燈句之巻
元治2	4・28	今日武蔵野賦玉川の文向ヶ岡記前表尊徳のうた三箴花本碑鳥諫雲煙書草案成
	5・28	俳諧ミとり集壱冊清書
	8・19	赤城宝雪庵入来泊リ連句興行
	閏5・13	三五七言之詩作成
	閏5・21	三五七言之詩作成
慶応2	5・15	詠新竹　節しけき世のよしあしにましらわて立放れたり軒の若竹
	5・25	正助使ニ而府中猿渡氏江和歌詠草為持遣ス
慶応3～明治元年	該当記述なし	
明治2	6・2	昼後より歌之会
	6・15	落合久兵衛并同人悴嫁同道ニ而来ニ家ニ而幽客蛙静・秀香・喜山稽古歌会致候
	11・20	産神参詣歌神画幅掛初
明治3	1・18	和歌初会花蔭玉蔭清蔭出席
	2・15	今日朝蔭花蔭清蔭月蔭等入来和歌会
	4・16	夕方京師より俳諧者来高西寺江下宿
	5・5	菖蒲之佳節小川老人より和歌到来（中略）花蔭清蔭来ル
	8・1	田面之祝秋七草之和歌撰上朝蔭入来花蔭清蔭月蔭等集会開巻夜ニ入
	8・9	今日月百首清書出来
	9・1	朝蔭花蔭并涼蔭逗留千代蔭月蔭等和歌会興行
明治4	4・26	郷侏開筵之賀詞集書記
	4・30	今日三沢浅右衛門倅喜久太郎内弟子ニ成泊
	6・16	奥州ゟ佐藤鷺山と申文人来ル
	8・10	侏莚詩歌集弐冊
明治5	1・18	今日人丸神影前和歌奉納仕候事
	1・29	春五題和歌会清書明太郎手伝
	2・25	二月分和歌会開巻
	9・27	奉納和歌開巻

※文末に＊があるものは魯平による筆記。

（国文学研究史料館所蔵富沢家文書一〇九三―六、二〇四九―五～二三、二〇五〇―一～五）より作成

一席）を獲得した（『多摩市史』資料編二、Ⅱ-一八）。同年八月一四日には日野宿の佐藤彦五郎（盛車）からも評者を依頼されており（富沢家文書二〇四九-四）、父が不在となったこの時期、政恕も地域俳壇の中心的な存在になっていた。

嘉永後期になると、連光寺村内で句合が行われた記事が登場する。いずれも一五日前後に「大日堂」を会場としているから、定期的に行われていた可能性が高い。「大日堂」は富澤家の敷地内にあった大日如来を祀った堂であろう。像は村内の高西寺が無住となっていた際、富澤家に安置されていたものである。

日記には記事がないが、嘉永五年（一八五二）三月に連光寺で専門の宗匠をなしに開かれた句合では、魯平の代理として選者に政恕の名がある（『多摩市史』資料編二、Ⅱ-一二）。父や親類と府中俳壇に参加していた政恕が、経験を積み連光寺村俳壇の中心人物となった様子が見える。

句合を開催するには、周辺に参加を募るネットワークの存在と、地元での俳諧の普及が前提となる。連光寺村では天保・弘化年間（一八三〇～四八）には、三五名の俳人が確認されている（『多摩市史』資料編二）。天保一四年（一八四三）の家数は八二軒、人口四六〇名であるから、名主・村役人などにとどまらず、広く俳諧が普及していた（岩橋「近世後期における歴史意識の形成過程」）。

嘉永五年（一八五二）九月二八日には、連光寺村春日神社の神事に「誹諧連中一同立会」とある（富沢家文書二〇四九-九）。文久三年（一八六三）八月二五日には同社の祭礼に七〇〇句余の奉燈句が持参されている（同前二〇四九-二〇）。春日神社は連光寺の四つの地区（本村・馬引沢・船郷・下河原）の内、富澤家が位置する本村の鎮守であるから、富澤家の「大日堂」での開催とは異なり、周囲の同意と参加を得られてこその活動である。

村内で俳諧が普及していた嘉永後期には、政恕個人の活動として和歌や漢詩に関する記事が登場し始める（表二参照）。前掲の履歴では、和歌や漢詩は名主見習役となった頃から学び始めたとあるから、この頃になって日記に登場し始めたのは、周辺との交流を伴う活動として本格化したためと考えられる。嘉永六年（一八五三）三月三日には、政恕（松園）が松連寺清涼台（現、百草園内日野市）で漢詩・和歌・俳諧・書画などの会を催した。日記には「今日癸丑昔時擬晋蘭亭会群賢少長」と記し、この会の盛会を東晋の書家王羲之の蘭亭になぞらえている。同月二五日には猿渡の催す歌会に出席した記事もある（同前二〇四九–二一）。

前後には俳人ばかりでなく、歌人・詩人他の来訪も記録されている。文久二年（一八六二）八月一五日には前日に訪ねて来た「八雲琴之名人」大岸帯刀にその感想を詠んだ和歌三首を持たせた（同前二〇四九–一九）。歌は紹介状の代わりであろう、在村文化の担い手は、しばしばこうした旅人の来訪をうけ、次の行き先を紹介した。

通常の日記に加え、政恕は元治元年（一八六四）一月から旗本天野氏に従って上京した際の様子を『旅硯九重日記』に残している。在京中は旧知の近藤勇や土方歳三など新選組の隊員と酒を酌み交わし、道中や京都の様子を詠んだ和歌六三首、俳諧（発句）三七句、漢詩六首、狂歌二首を記している（早川「資料紹介 富澤政恕著『旅硯九重日記』」、同「資料紹介 多摩市教育委員会保管富澤家文書『御上洛御供中詠める詩歌・発句等の書控帳』」）。政恕は遅くとも嘉永後半には漢詩や和歌でも十分な実力を身につけ、個人の活動としては和歌を中心としていた。

一方、俳諧では安政・万延期には俳諧の中でも連句に関する記述が目立つ。連句は複数の人物と順番に句を詠み合うもので、さまざまな規定があり、五・七・五で終わる発句に比べて難易度が格段に高い。政恕の連句については、慶応元年（一八六五）八月の可尊との連句集から、「芭蕉と猿蓑四歌仙を巻いた去来や凡兆、無村門高井几董に匹敵」と高く評価されている（大畑「宝雪庵可尊・扇山両吟歌仙」）。

周辺地域の文芸活動を主導した人々に師事しながら青年期を過ごした政恕の文芸は、幕末までに発句から連句・和歌・漢詩など、より高度とされる文芸へと歩みを進めた。

二　幕末維新期の文芸活動

（一）　桜の植樹と「向岡」

万延元年（一八六〇）二月、政恕が発起人となった連光寺村での桜の植樹は、幕末期の文芸活動の高まりを象徴している。植樹にあたり作成された「新吉野桜植付連名帳」（富沢家文書二〇九六）によると、山桜三〇〇本余が村内の「向岡」と呼ばれる丘陵に植樹され、本居宣長の和歌「敷島の大和心を人問はば朝日に匂ふ山桜花」、松尾芭蕉の発句「花咲きて七日鶴見る麓哉」を刻んだ石碑の建立構想も存在した。植樹の基点となった「庚申之境内」は「花廼本之社（以下「花之本社」）」とされ、庚申神である猿田彦大神に加え、新たに宣長と芭蕉が祀られた。

この植樹については岩橋清美が、「向岡」の由緒と、近世後期の知識人の「郷土意識」や「歴史意識」の高まりという視点から論じている。植樹が行われた「向岡」は、古歌に詠まれたとされる名所であった。「向岡」は本来、単に詠者から向かい側にある丘のことで、特定の場所を示す地名ではなかったが、小野小町の「むさしのの むかひの岡の草なれば根を尋ねてもあはれとぞ思ふ（新古今和歌集）」を論拠に、近世後期には文化人の間で武蔵国の中で「向岡」の場所を特定しようとする動きが生まれていた。「向岡」は、『新編武蔵風土記稿』や『武蔵野地名考』などの地誌にも古歌に詠まれた名所として記されている。関戸村の相沢伴主は地誌「関戸旧記」に「向岡」の場所を「当所西裏ノ山」と記しており、多摩地域の文化人らも古歌に登場する「向岡」が自らの郷土にあると意識・主張していた。政恕の植樹も「向岡」が連光寺から始まるとする郷土意識の現れ、主張であったのである（岩橋「近世後期における歴史意識の形成過程」）。

政恕は「連光寺」の村名の初出とされる「吾妻鑑」の治承五年（一一八一）四月二〇日の抜き書きを嘉永五年

（一八五二）春に作成するなど（富沢家文書二一七二）、郷土の歴史に高い関心を寄せていた。また、前述の通り、富澤家では文化年間（一八〇四～六）には小町の歌も含まれる「八代集」を借りるなど、古歌にも触れていた。

　さて、「向岡」の由緒となる小町の歌で詠まれた情景は「むかひの岡の草」であるが、桜が植樹されるなど「向岡」は桜の丘と理解されていた。『新編武蔵国風土記稿』に紹介される「向岡」の古歌には藤原知家の「朝ナ朝ナ余取ニヤハ見ル十寸鏡ノ向ヒノ岡ニ積ル白雪（続古今和歌集）」などがある（間宮士信等編・白井哲哉解説『新編武蔵国風土記稿』多摩郡一巻）。ここで詠まれた景観は「白雪」であり、この他も夕日・紅葉・郭公などを詠んだものである。田沢義章による地誌『武蔵野地名考』でも枕詞として「花」の他に「紅葉」や「郭公」などを挙げており、必ずしも桜の丘とはされていない。むしろその他の情景を詠んだ歌の方が多いのである。

　しかし「向岡」を桜の名所と捉えたのは、政恕だけではない。現在の文京区弥生町は、旧町名を向ヶ岡弥生といった。これは文政一一年（一八二八）三月一〇日、同所にあった水戸徳川の中屋敷に徳川斉昭が、この地の桜を詠んだ和歌と「向岡記」を記した石碑を建立したことに由来する。「向岡記」には「小野《おのの》小町《こまち》賀《が》宇《う》當《た》爾《に》武蔵野《むさしの》能《の》向岡《むかいのおか》登《と》與《よ》米《め》流《る》母《も》此《こ》處《こ》爾《に》也《や》安《あ》良《ら》牟《む》」とあり（戸川安宅編『史蹟名勝天然記念物保存協會報告』）、斉昭も桜を詠んでいない小町を例に、桜の丘を「向岡」と名付けている。また現在の福島県東白川郡塙町には寛政五年（一七九三）に代官寺西重次郎が救民事業の一環として整備した「公園」に垂れ桜や山桜などが植樹され、「向ヶ岡公園」とされており（『福島県史』二〇巻）、ここでも「向岡」は「桜の丘」のイメージである。

　これは柿本人麻呂の「出て見る向ひの岡の本繁く咲たる花は成らずは止まじ（万葉集）」の影響であろう。人麻呂は歌聖と呼ばれ、歌人の間では人麻呂の肖像を掲げて和歌を詠じる「人麻呂影供」が行われるなど、歌の神として崇拝されていた。加えて前述の歌は「向岡」が登場する最も古いものである。人麻呂の「向ひの岡」と小町の「むさしののむかひの岡」が、岩橋が指摘した通り、特定の場所を示す地名として同一視されたため、「武蔵国内の桜の丘」と理解されたのである。

さて、植樹の基点となった「庚申之境内」が、「花之本之社」として祀られたことも植樹・石碑構想の性格を考える上で重要である。「花本」は俳人に贈られる最高の号であり、芭蕉は一五〇年忌にあたる天保一四年（一八四三）に二条家から正式に「花本大明神」の号を授けられた。このため「花本」を冠して芭蕉を祀る祠や石碑が各地に存在し、東京深川の富岡八幡宮末社「花本社」はその代表的存在である。通常、歌や句に詠まれる「花」は桜と理解されたから、芭蕉を祀る「花之本社」は桜の植樹の基点にふさわしい風流な名であった。加えて、植樹の頃は一五〇年忌と神号授与を契機に芭蕉碑の建立が盛んとなった時期でもあり、芭蕉を祀ることは時流を汲み、俳諧が盛んな連光寺村で、周囲と共同で行うにふさわしい活動であったのである。

一方、宣長の歌は、「桜」の共通点に加え、政恕が学んだ和歌・国学の影響と考えられる。前述の通り、政恕は幕末期には猿渡の主催する歌会に出席するなど、活動を本格化していた。植樹以降の日記からは単に和歌だけでなく、平田篤胤の書籍がよく読まれていたことが分かる。

日記には、万延二年（一八六一）四月一五日に「玉襷」を素読したとあり（富沢家文書二〇四九―一八）、以降は文久二年九月二〇・二一日「来俗神道大意」、同年閏五月十四日「古道大意」を「再読」、同年同月一八・一九日の「霊能真柱」と続いている（同前二〇四九―一九）。和歌で師事した猿渡容盛も平田の影響を受けており、国学の開始はその影響であろう。平田篤胤の日記「気吹舎日記」には容盛は天保二年（一八三一）二月に初めて篤胤を訪ね、その後もたびたび訪れていたことが記録されている（国立歴史民俗博物館編『平田国学の再検討2』所収）。

しかし、あくまで名主家の当主が、周辺文化人との交流の中で和歌や国学を行ったのであって、村民一般も同様であるわけではない。日記やその他の史料に、幕末期に連光寺で村民と歌会を行った形跡はなく、慶応二年（一八六六）猿渡容盛が編纂した『類題新竹集』に連光寺村から入詠しているのは政恕だけである（府中市立郷土館編『類題新竹集』)。村内一般の文芸といえば、もっぱら俳諧であった。和歌と同様、上層に位置付けられる漢詩も同様であろう。

(二)　明治初期の和歌の隆盛と「向岡」

桜の植樹により地域の名勝となった「向岡」には、明治八年(一八七五)に詩歌の題材「向岡八景」が作られ、また明治一三年(一八八〇)には「愛春亭(八方亭・八角亭)」(富沢家文書二〇五〇-一三)という四阿が建設され、周囲が公園として整備され、文芸活動を行う場として定着した。しかし、明治期に行われた文芸は、幕末期に盛んだった俳諧ではなく、和歌へと一変した。その様子は明治以降に語られる植樹の説明に現れている。

明治一八年(一八八五)以降の作成である「向ノ岡記事」には「吾万延元年庚甲春桜樹三百六十五株ヲ此岡上ニ陪付茲ニ花ノ本社ヲ建築シ猿田毘古太神ヲ祀リ傍ラ柿本歌聖ト本居翁ノ神霊ヲ合祀ス」とあり、万延元年に花之本社に祀ったのは、柿本人麻呂と本居宣長とされてる(富澤政宏家文書九一-八九)。また、明治二二年(一八八九)以降の作成である新聞社への投書草稿にも、「万延元年ノ春桜樹千本ヲ此岡上之植傍ニ花ノ本社ヲ建テ猿田彦神及柿本歌聖本居翁ノ神霊ヲ祀ル」とあり(同前九一-九〇)、ここでも芭蕉ではなく人麻呂が祀られたと語られている。

この他にも明治以降に「向岡」の由緒や植樹の経緯が書かれた史料は多数存在するが、何れにも芭蕉は登場せず、代わって人麻呂が出現している。前述の通り、植樹当時には、宣長と芭蕉を祀ったとあり、石碑の構想もあった。植樹は村内の俳諧普及を背景に行われたと考えられ、芭蕉は「花本之社」に欠かせない存在であった。しかし、明治以降には俳聖芭蕉の存在は、歌聖人麻呂に代わっているのである。

人麻呂の存在を日記に探ると、明治二年一一月二一日に「歌神画幅掛初」(富沢家文書二〇五〇-二)とある。これは人麻呂の肖像を掛けて和歌を詠じる人麻呂影供を実施した記録である。以降は、おおむね一月一八日に「人丸神影前和歌奉納仕候事」（同前二〇五〇-五）などとある。日記には少なくとも明治九年（一八七六）までは肖像を掛けていたことが明記されており（同前二〇五〇-三〜九）、以降は肖像についての記述は無いが、明治二九年（一八九六）まで、「柿本祝詠披講」（同前二〇五〇-一三／明治一三年一月一八日）や「柿本歌聖祭日」（同前二〇五〇-二九／明治二九年一月一八日）などとして、政恕門下の新年最初の歌会の開催が記録されている。

人麻呂影倶同様、日記中に連光寺村民と歌会を催した記事が登場するのも明治二年（一八六九）が最初である（同前二〇五〇-二）。六月五日に「昼後より歌之会」とあり、同十五日には「稽古歌会」が催され、以降はそれまで俳諧で名前が見えた村民やその息子世代と歌会を催している。政恕は翌年八月には自分の和歌集「月百首」を清書（同前二〇五〇-三）、明治五年（一八七二）二月二五日には「二月分和歌会開巻」（同前二〇五〇-五）とあるから、この頃には月並歌会を開催していたと考えられる。

同年九月二七日には「奉納和歌開巻」とある。この日は連光寺本村の鎮守春日神社の祭礼日である。前述の通り、幕末には「句」が奉納されていたが、ここでは「和歌」が奉納されている。これ以降、日記が残る明治四一年（一九〇八）一一月一四日まで、春日神社に句が奉納された記述はない。政恕の俳諧に関わる記述自体も宝雪庵可尊などが尋ねて来た際や、外部から出句・評者を依頼された場合を除くとほとんど見られない。

富澤家に残る書籍も、近世に八％（一三冊）だった和歌関係の書籍が近代には一九％（一〇四冊）に増え、俳諧関係の書籍は一五％（二四冊）から一％（三冊）と著しく減少したことが確認されている（『多摩市史』通史編一）。芭蕉と人麻呂の交代は、政恕とその周辺の文芸活動が俳諧から和歌に転換したことの現れなのである。

この変化が、政恕個人ではなく歌会として周囲の村民に及んだことは重要である。明治二三年（一八九〇）には政恕の歌道の門人は五一名にのぼり（富澤政宏家文書九二〇七）、ごく限られた階層で行われていた近世までとは大きく変化している。この転換は、慶応・明治を境としていることを鑑みれば、「天皇親政」の復活が理由に考えられる。近年、明治初期・中期の歌壇は古今集を媒介にし、歌と天皇と国家とが結びつくことで活性化していたこと（小林「明治初期・中期における古今集の復活」）、また宮内省御歌所の成立は、和歌が天皇の下にあることを改めて宣言することであり、「和歌の公における復活」であったと指摘されている（小林「新題歌のイデオロギー」）。政恕の時代認識については次節にて触れるが、連光寺での俳諧から和歌への変化も、これと無関係ではなく、「天皇親政」の世の中に適い、古歌に詠まれた由緒に支えられる「向岡」という地域性などから選択されたと考えられる。これは次章で述べる政恕の思想や現状認識とも関わろう。

（三）　その後の文芸活動

維新後の和歌をめぐる状況の内、政恕ら在村の歌人と関わるものに、宮中歌会始への一般詠進の許可がある。明治期の歌会始は明治二年（一八六九）に改元後初めて京都御所にて開催され、明治七年（一八七四）に一般の詠進が認められた。明治一二年（一八七九）には詠進歌の内、特に優れたものが「選歌」として歌会始で披講されるようになり、明治一五年（一八八二）からは御製と選歌が新聞報道されるようになった（青柳「明治初年の歌会始」）。伝統的な和歌を行う者達にとって、宮中歌会始はその最高権威であり、「選歌」に選ばれることは最高の栄誉であった。富澤家では明治八年（一八七五）の詠進を皮切りに、門人とともに詠進を続けた。

近隣を中心とする俳諧の交流に対し、和歌は行う人数が少ないため、自ずと交流圏は広がることになるが、政恕の交流圏は出版・流通・郵便制度の整備に後押しされて飛躍的に広がった。明治一三年（一八八〇）の「向岡八景歌集」では、広く作品が募られ、詠進者一二八名、二五九首が収録されている（富澤政宏家一〇一七二）。詠進者には近衛忠熙・藤波教忠・鈴木重嶺・黒川真頼・有賀長隣・佐々木弘綱など当時の著名な歌人が名を連ねた。これは歌人・国学者として著名であり、平田国学のネットワーク内にいた猿渡容盛に政恕が師事したことや、桜の名所となっていた「向岡」の存在が大きい。「向岡八景歌集」と同じ明治一三年（一八八〇）の日記には「明日向岡へ大隈公来観之義伝聞ス」（富沢家文書二〇五〇－一三）などとあり、「向岡」が多摩地域外でも知られる桜の名所となっていた。

明治一四年（一八八一）には明治天皇の行幸を迎え、翌年には天皇の狩場である「御遊猟場（御猟場）」に指定されて政恕を始め指定区域内の有力者はその職員に任命された。桜の名所である「向岡」に天皇が訪れたことで、地域の名勝である「向岡」を詠む歌の題材には「行幸」が加わり、天皇行幸の事実は御猟場の存在に加えて文芸でも受け継がれていくことになる。連光寺に限らず、明治天皇の行幸は、各地の歌人たちにとって、それまで古歌の中にのみ登場する想像上の題材であった「行幸」を、実体験や郷里の題材として詠む由緒を残していったのである。明治一六年（一八八三）五月には御猟場制度の改定により、政恕は宮内省御用掛となった。これ以降、富澤家では年始に侍従への挨拶のため上京するのが通例となった。

明治一六年（一八八三）頃には、歌会始での撰歌・詠進歌集『勅題詠進歌集』の編者橘道守（一八五二～一九〇二）との交友を得る。道守は国学者橘守部の子冬照に学び、その養子となった人物である。明治期には椎本吟社を主宰し『明治歌集』や『共撰集』等を出版した。郵便制度や出版技術の向上から、この頃には東京で出版される歌集に全国の歌人の名が見える。政恕は椎本吟社に参加し、中央歌壇に参加し始めた。門人もこれに参加し、『勅題詠進歌集』の椎本吟社による私撰歌には政恕や門人の歌もたびたび選ばれた（橘道守編『新年勅題詠進歌集』第一～一三編）。

宮内省関係者や中央の歌壇で、著名な歌人と関係を得たことは、政恕をより和歌に傾倒させた。明治二八年（一八九五）一月の政恕の古稀祝賀歌会は、宮中歌会始の手順に則って行われ（『多摩市史』資料編三、№二七五）、同年出版の歌集『松の友垣』には各侍従に加えて御歌所関係者、女官などが名を連ね、序は小中村清矩と穂積（鈴木）重嶺が記している。日記の明治二六年（一八九三）一月二七日に「古稀祝歌募集広告画、橘方ヨリ到着ニ付配賦」（富沢家文書二〇五〇-二六）とあるから、橘道守発行の会誌に広告を掲載して全国に募られた。翌年四月三日には「本日松翁、勝伯・福羽議官・本居大教正・黒川博士尋問、祝歌取集」（同前二〇五〇-二七）とあり、政恕本人が訪ねて集めたものもあった。

明治後期、政恕は門人と共に結成されたばかりの大日本歌道奨励会に参加している。奨励会は明治三五年（一九〇二）一二月に結成され、宮内省御歌所の関係者らによる歌道の奨励、特に歌会始への詠進奨励と添削指導を行い、地方の歌壇を吸収しながら成長した組織で、「国民文学」としての和歌を奨励した中心的な団体であった。日記には富澤家で奨励会を通じて歌会始へ詠進していたこと、また政恕が奨励会に投稿した和歌が入選したことも記されている（富沢家文書二〇五〇-三七／明治三七年五月二八日）。

政恕は和歌の理論についても多数の自校本を残しており、生涯に渡って残した歌は数千首にのぼると言われている。伝統的な和歌の世界では明治期の南多摩を代表する優れた歌人・指導者の一人であった。

三　文芸と思想

（一）　漢詩と和歌

明治期の政恕は神奈川県会議員を務めるなど、地方名望家でもあった。多摩地域を事例とした文芸と政治思想・活動の関係については、自由民権運動家の「変革思想」と漢詩の表裏一体の関係性が指摘されている（色川『明治の文化』）。自由党の支持基盤となった町田市域の漢詩・儒学グループは、幕末に遠山雲如、明治初期に大沼枕山・平塚梅花などと交流・師事して小野路村名主小島家などを中心に形成され、ここに周辺の自由民権運動家も属していたのである（色川『新編明治精神史』・梅津「自由民権運動と漢詩文学」・渡辺・鶴巻『石阪昌孝とその時代』）。

政恕の場合、内藤重喬や本田覚庵などから漢詩を学び、また川本衡山とも交流し、漢詩も嗜む文芸の一つであった。和歌が国学の入口であれば、漢詩は儒学の入口であり、名主・大惣代を務める政恕にとって、漢詩は一定の素養が必要とされるものであった。

政恕は明治五年（一八七二）には漢詩集『有声画集』を編纂、明治一五～一六年発行の『武蔵野叢誌』の文芸欄にも漢詩を投稿している。同三〇年成稿の『有声画集　草稿』には、安政五年（一八五八）正月に川本衡山、翌年正月に内藤重喬と行った漢詩の連句が収録されているから、幕末には既に両者と連句を成立させる実力を持ち、明治後期まで漢詩は文芸活動の一つであった。

しかし、政恕は『有声画集』の序で自身の漢詩について、その位置を「吾ガ日本ハ神代ヨリシテ国風ノ詩歌有リテ以テ教ト為スニ足レリ、尚ホ加フルニ彼ヲ以テスレバ　文辞ヲ富マスト謂フベキナリ」（『多摩市史』資料編二、No.二七六）と、あくまで漢詩は「文辞ヲ富マス」ためのものであり、「教」を得るものは和歌だとしている。

和歌を「教」とした政恕の思想を示す資料に明治六年（一八七三）四月二日の『横浜日日新聞』に掲載された投書がある。

我日の本は神の御国にして天津日嗣のとこしなへふ君とおミとのけしめ正しき事、とつ国にためしなく、このみち正しきよりしておのつから人こころ直くひとこゝろ直たり、ゆへに君のおきてにそむくものハかならす其家その身を亡ほす事にそ有ける、さるに近頃とつ国々まひ来つるは是神はかりのなしたまふわさにこそあらめ、そハいかにとなれハいまた我国になきもろゝの業を我民にまねびえせしめ、吾国になりいつるくさゝのものをして価を尊くし国を富ましめ人をさとくせんとのわさにやあらんか、これハいま政事を執たまふ大おミたちをはしめ奉りつかさこの人々ちからを此事に尽さるゝ世にしあれハ、其民としてその掟そのおしへをかしこみ学び勤めすんハ有へからす、さるに年久しくこころに染れるならひをよきこととのみ思ひゐて、あらたまり替れる事をハあしさまに思ふものなきにしもあらす、是世の中のうつり行はあめつちのめくるとひとしきことはりをしらさるもの也、ふるきをたつねて新らしきをしるこそ知るといふへけれ、かく有かたき君のおしへをかしこみつとめハ、年ならすして国とみ家さかへ人みなさとくなり行て、まことに神の国の神の民ともほこるべき時至らん事遠きにあらて、返ゝもあたしこころを起し仇しことといふ事なかれ

人こゝろ直きによれや糸柳　君のおしへの風のまにゝ

むさし玉川　向ひか岡の里人　富澤松蔭投書

政恕は日本は「神の国」であり、維新後「大おミたち」よる政治の時代となったと時代を認識し、開国はさまざまな技術・学問を学ばせるための「神はかりのなしたまふわさ」であり、神の国の「民」はその教えに努め、さまざまなことを学ばなければならないとしている。これらは「五ヶ条誓文」の「旧来ノ陋習ヲ破リ天地ノ公道ニ基クヘシ」や「智識ヲ世界ニ求メ大ニ皇基ヲ振起スヘシ」を、和歌・国学を学ぶ政恕が言い換えたものともいえよう。最後には日本人を「糸柳」に例えた和歌が付されている。柳は賀茂真淵の「再奉答金吾君」などで、梅と対比されて「大和心」の表象とされたものである。儒教批判の中で、枝が細く折れやすい梅を前代の王朝を滅ぼしてきた中国に例え、枝がしなやかで折れにくい柳を日本（朝廷・天皇）や「直き心」を持つ日本人に例えたのである。

ただ、政恕は儒学など国学以外の思想を排斥する考えではない。明治四年（一八七一）に郷学校の開校を祝して作られた「和漢郷黌詩歌集　草稿」では「しきしまの大和心の花もみち　高麗唐土のみちもふみ見よ」と詠み、広く学ぶことを奨励している（『多摩市史』資料編二、№三二）。投書は政恕独自の思想というよりも、繰り返し読んだ平田

篤胤の『古道大意』の影響が強い。しかし、学ばれた思想が地域の実社会に向けて発信・実践されている点、またこれを和歌で語っている点には注目しなければならない。

（二）　国会早期開設運動と政恕

自由民権運動が盛んとなった時期、政恕は明治一二年（一八七九）新聞各紙に掲載された桜井静「国会開設懇請協議案」とこれに賛同を表明した岩手県会議長上田農夫の返答に対し、「国会論」と題した意見書を残している（『多摩市史』資料編三、№一一四）。文中に同年七月二三日の『横浜毎日新聞』で協議案を見たとあるから、投書するつもりで作成したものであろう。作成は掲載と遠くない時期と考えられる。

政恕は国会開設について、「国会ヲ開キ人民ノ公益ヲ計ラントスル其志ハ可ナリ」としながらも、今は時期尚早としている。その理由は「国会ノ体制ハ一朝一夕」ではできず、「県会スラ全国未タ満開ノ春ヲ融セサルニ、何ソ秋熟ノ結果（引用者注…国会開設）ヲ得ント欲スルヤ」とし、「民心悉ク開明ノ熟セルヨリ自ノツカラ国会ノ興ル」と、議会を支える国民の成長が先決だとする考えである。

時期尚早という判断の背景には、政恕が見聞きした周辺での村会や神奈川県会の実態が大きく影響していた。明治一二年七月に行われた連光寺村会に、県議会議員である政恕は傍聴者として参加した。この時の傍聴録には、議事進行や議員としての立場をわきまえない発言、銘々が勝手に発言して議場が荒れた場面などに強い不満を感じていた様子が見える。議長の椅子が倒れた際に議長と書記（富澤政賢・芳次郎）が冗談を交わして笑ったことを「甚タ体裁ヲ失フ」と記し、別の集中できない様子の議員にも怒りを露わにしている（『多摩市史』資料編二、№一〇〇）。

この他に別の村会の話として作成された風刺「草村会議傍聴珍聞」もある（『多摩市史』資料編二、№九九）。投書用に作成されたと考えられ、「惣村」を「草村」と書き、出席者をそこに棲む虫に例えたものである。文中では

「唯議事々々ト鳴、又蝉ニ似タル薄羽織ヲ着レトモ民権ノ権アル処ヲ知ラスシテ、唯ミン々々ト鳴アリ」と厳しい。この他、「草村を総括する小蝶（引用者注…戸長）」が容易に発言を許されない、審議討論の末に結局原案に全員が起立したなどとして、村会の現状を厳しく批判している。政恕は関戸外三ヶ村の合併村会に門下生や息子政賢を派遣して、その様子を訪ねているから（富沢家文書二〇五〇―一二）、ここでの出来事か、あるいは連光寺村も含め、何れも「開明」が不十分なことを訴え、風刺するために誇張したものであろう。何れにせよ、政恕が議会に対して非常に厳格な態度でいたことは間違いない。

議員として出席した神奈川県会についても、前述の漢詩集『有声画集』に「議場創業是今年　参政未如行政権　勿怪木花発処　何時結果見完全」や「県会大違実与名　満堂瓦斯虚分明」などとあり、「県会スラ全国未タ満開ノ春ヲ融セサル」状況を嘆いたものが収録されている。また、憲法発布を題材に「維新詔勅至茲全　憲法漸成衆議権　始覚二千年余夢　人民自治自由天」と詠み、「衆議権」と「自治自由」の誕生を喜び、また板垣退助を題に「寛謀奥羽是尤宜　更始維新開化時　国会建議先見処　自由言路遮雲遅」と言論の自由の無いことを嘆いた詩もある。政恕は国会・議会を重要視する立場から、維持・運用できるまでに国民が成長することを先決とし、時期尚早論を唱えたのである。

政恕はこの後、明治一四年（一八八一）の明治天皇行幸の後、連光寺村周辺に設置された「御遊猟場（御猟場）」の現地の責任者となり、これに専念するとして翌年五月に神奈川県会議員を二期目の途中で辞職した。御猟場制度の改定により明治一六年（一八八三）五月には宮内省御用掛となった。そのためか、政治的な思想・態度については表立って活動・表明することはなく、資料的に明らかにすることは困難である。

しかし、国会早期開設運動期の政恕は神奈川県会議員であり、議員の中でも年長者となっていたことから、周辺にも影響力を持つ存在であった。同年八月二三日には神奈川県会議員の長尾村の鈴木久弥（房政）から「桜井静君ヨリ国会開設之義ニ付協議案至来御座候而先生方江も参り候義遠察仕候、如何御回答被成候哉」と手紙を受け取っている（富澤政宏家文書四六五〇）。政恕の回答は不明だが、ごく近い時期であるから、「国会論」同様であろう。鈴木の他、神奈川県会議員では谷合弥七と特に親しく、県会のため横浜滞在中にはしばしば行動をともにしていた。

周辺での国会早期開設運動については、旧神奈川県域は運動に積極的に参加した相州地域と、同調しなかった武州地域に分かれ、政恕同様に時期尚早論を唱えたのは武州地域に多かったという（金井「武相地域における国会開設要求の動向と論理」）。初期の自由民権運動では、自由党系の南多摩郡と、自治改進党系の北多摩郡に大別することができる。こうした政治的態度の違いは、政治結社の組織的な動向に加え、漢詩を頂点とし、思想的には儒学に進んで行く漢詩の文化圏、府中の猿渡氏を中心に形成された和歌を頂点とし、国学に進む在村文芸の系統・交流の違いが、その根底にあったと考えられる。

おわりに

連光寺村とその周辺の文芸活動は、一八世紀末に一部の富裕層の間で俳諧を基礎に開始された。連光寺村では特に府中宿の先駆者に牽引され、名主富澤家を核に、遅くとも嘉永までには村内独自の月並句合が行われるまでに俳諧が普及した。俳諧が村内に普及した頃、名主家の当主政恕は俳諧よりも上層に位置付けられる和歌・漢詩を本格的に開始し、幕末期には特に国学を学ぶなど、思想の段階へと進んだ。維新後、政恕を中心とする村内の文芸活動が俳諧から和歌へと急激に転換していることは、「文芸」が単なる娯楽ではなく、思想と深く関わるものであり、地域の指導者層にとっては自らの思想を伝える手段であったことを示している。

政恕に限らず、幕末期に名主や組合物代などを務め、維新後も村や地域を指導する立場にあった者は、大きく変化する時代の中で、学び、自己を確立する必要に迫られたのである。その「教」を何に求めるかは、所属していた文化圏で最上級に位置付けられた文化に大きく左右され、政恕の属す府中の猿渡氏を中心とする文化圏では和歌から国学へと進んだ。民権運動に積極的に参加した近隣の小野路村周辺では、小島家を核・中継点とした漢詩を最上級に置く文化圏が形成されており、漢詩から儒学へと進んだのである。近世後期からの在村文芸の展開は、明治初期の政治的態度の根底を流れる要素となったのである。

「政治と文学」の視点は、「変革思想」へと向かった自由民権運動研究の中で提示され、深化されてきた。しかし、多摩地域の近代をより立体的に捉えようとする上で、豊富な知識と政治への関心を持ちながら、行動しないことを選択した「静」の人々への視線は、より一層必要なのではないだろうか。在村文芸に関わる史料は、等閑視されることも多いが、目立った史料を残さない「静」の人々を探る糸口なのである。

（1）　村名の漢字表記は、近世は「蓮光寺」と記され、明治以降は「連光寺」と記される。「武蔵国南多摩郡連光寺村誌」（富沢家文書一四九〇-一）によると、慶長三年（一五九八）の検地帳には「連光寺」と表記されたが、宝暦三年（一七五三）の地押帳には「蓮光寺」と表記されたため、以降は「蓮光寺」が公式の文書上での表記となり、明治六年（一八七三）六月、宝暦の地押帳は「誤記」として神奈川県に請願し「連光寺」の表記に戻ったという。本章では、史料中の表記を除き、「連光寺」に統一した。

（2）　富澤家の史料には、国文学研究史料館所蔵分と多摩市教育委員会保管分がある。本章では、所蔵機関によるそれぞれの呼称に従い、前者を「富沢家文書」、後者を「富澤政宏家文書」と表記した。

（3）　天保一四年（富沢家文書二〇四八）、天保一五年から慶応三年（同二〇四九-一～二四）、慶応四年から明治四一年（同二〇五〇-一～四一）が日記とある。富沢家文書中には、この他に文久三年（一八六三）の一〇月～一二月が別冊で残っている（同二〇四五）。富澤家の日記に関する研究には高木俊輔「幕末維新期の日記史料研究―武蔵国多摩郡連光寺村

「富沢家日記」の場合―」（『立正大学文学部研究紀要』第二〇号、二〇〇四年）があり、安政三年から明治三年までの一五年間について、政治的動向、富澤家の家政、また日記の筆記者などについて検討されている。

（4）文化九年（一八一二）二月「（公用私用日記）富澤儀助」（同二三七六）、「文化十酉日記」（同二〇四四）、文化一一年（一八一四）「諸用扣（留）」から天保一四年（一八四三）の「御用留」までの二八冊（富沢家文書一五〇四-一～二八）。御用留類の多くは、村方騒動の解決のために出府していた際に記されたもので、岩橋清美「近世後期における村方騒動の史料論的考察―武蔵国多摩郡蓮光寺村を事例として―」（多摩川流域史研究会編『近世多摩川流域の史的研究』一九九四年）に詳しい。

（5）本田覚庵・定年については菅野則子『江戸の村医者―本田覚庵・定年父子の日記にみる』（新日本出版社、二〇〇三年）に詳しい。

（6）「向岡記」碑は現在、東京大学本郷キャンパス内に移設・保存されている。この経緯については原祐一編著『「向岡記」碑保存修復報告書「向岡記」碑の研究』（原祐一、二〇〇八年）に詳しい。

引用・参考文献一覧（五十音順）

青柳隆志「明治初年の歌会始」『和歌文学研究』第八五号、二〇〇二年一二月
阿毛久芳「帝王の歌・臣民の歌―御歌所と歌会始」『〈和歌をひらく　第五巻〉帝国の和歌』岩波書店、二〇〇六年
色川大吉『明治の文化』岩波書店、一九七〇年
色川大吉『新編　明治精神史』中央公論社、一九七三年
岩橋清美「近世後期における歴史意識の形成過程―武蔵国多摩郡を中心として―」『関東近世史研究』第三四号、一九九三年九月
岩橋清美「近世後期における村方騒動の史料論的考察―武蔵国多摩郡蓮光寺村を事例として―」多摩川流域史研究会編『近世多摩川流域の史的研究』一九九四年

岩橋清美『近世日本の歴史意識と情報空間』名著出版、二〇一〇年
梅津敬「自由民権運動と漢詩文学」『町田市史史料集』第八集、一九七三年
大畑健治「宝雪庵可尊・扇山両吟歌仙」『多摩のあゆみ』第七一号、一九九三年五月
金井隆典「武相地域における国会開設要求の動向と論理」『自由民権』二一号、二〇〇八年三月
くにたち中央図書館編『〈国立地域史料叢書第十二集〉本田覚庵日記』くにたち中央図書館、一九八九年
国文学研究資料館史料館編『〈史料叢書〉農民の日記』名著出版、二〇〇一年
国立歴史民俗博物館『〈国立歴史民俗博物館研究報告第128集〉平田国学の再検討2』国立歴史民俗博物館、二〇〇六年
小林幸夫「明治初期・中期における古今集の復活」『古今集新古今集の方法』笠間書院、二〇〇四年
小林幸夫「新題歌のイデオロギー」『〈和歌をひらく　第五巻〉帝国の和歌』岩波書店、二〇〇六年
杉　仁「多摩の在村文化—俳諧農民を中心に—」『多摩のあゆみ』第七一号、一九九三年五月
杉　仁『近世の地域と在村文化—技術と商品と風雅の交流』吉川弘文館、二〇〇一年
杉　仁『近世の在村文化と書物出版』吉川弘文館、二〇一〇年
鈴木秀幸「和歌の展開と村社会」木村礎編『大原幽学とその周辺』八木書店、一九八一年
多田仁一「化政・天保期の在村俳人像—武州多摩郡玉石亭梅里について—」『多摩のあゆみ』第七一号、一九九三年五月
多摩市史編集委員会編『多摩市史』資料編一～三、一九九五～一九九八年
多摩市史編集委員会編『〈多摩市史叢書13〉相沢五流』一九九八年
多摩市史編集委員会編『多摩市史』通史編一～二、一九九七～一九九九年
地方史研究協議会編『地方文化の伝統と創造』雄山閣出版、一九七六年
戸川安宅編『史蹟名勝天然記念物保存協會報告　第壹回』史蹟名勝天然記念物保存協會、一九一一年
芳賀登『〈芳賀登著作選集　第一巻〉地方史の思想—地方文化の基盤』雄山閣出版、一九九九年
早川愛子「資料紹介　富澤政恕著『旅硯九重日記』」『ふるさと多摩』第二号、一九八九年

早川愛子「資料紹介　多摩市教育委員会保管富澤家文書『御上洛御供中詠める詩歌・発句等の書控帳』」『パルテノン多摩博物館部門研究紀要』第八号、二〇〇四年
パルテノン多摩編『＜展示図録＞校歌の風景～うたわれる郷土多摩～』多摩市文化振興財団、二〇〇八年
パルテノン多摩編『＜展示図録＞多摩のどうぶつ物語～ほ乳類が見た地域の歴史～』公益財団法人多摩市文化振興財団、二〇一〇年
原祐一編著『「向岡記」碑保存修復報告書「向岡記」碑の研究』原祐一、二〇〇八年
比留間一郎「近世多摩の『花道』の盛衰─袁中郎流、允中流の場合─」『民衆文化の源流』一九八〇年
福島県『福島県史』二〇巻文化1、一九七二年
府中市立郷土館編『類題新竹集』府中市教育委員会、一九八六年
府中市教育委員会編『府中市教育史』資料編一、一九九八年
渡辺将大・鶴巻孝雄『石阪昌孝とその時代　豪農民権家の栄光と悲惨の生涯』町田ジャーナル社、一九九七年
渡辺尚志「幕末維新期における村と地域」『史料館研究紀要』二四号、一九九三年三月

第四章　大岳山をめぐる言説とイメージの歴史的変遷

西村敏也

はじめに

歴史研究とはどのように行うのか。近代歴史学は、実証史学の歩みといっても過言ではあるまい。実証史学は、文献史料（古文書・記録など）に史料批判を加え、史料や記述を厳密に読み解き、事実を記していくことにある。しかし、近年、偽書研究（佐藤弘夫・山本英二など）が盛んになるなど、従来、外的史料批判ではじき出されてきた史料によって、新たな歴史を記述する試みも行われるようになった。積極的な文献史料以外の史料の利用と方法論の再検討も行われ、歴史学の可能性を拡大するかのように社会史（参照、リュシアン＝フェーブル・マルク＝ブロックなど）や新しい文化史（参照、カルロ＝ギンズブルグなど）の立場も登場してきている。

そもそも、歴史学は、時間軸に沿って人間の営みを描き出すことを目的にしているが、時間に対する捉え方も再考されるようになってきた（参照、内山節・広井良典など）。時間は、大きく直線時間と円環時間に分けられるが、直線時間も一つではなく、人間の置かれている状況・認識によってその長短や、概念に差異がある。直線時間は、大きく分けると、早く流れる時間とゆるやかに流れる時間がある。従来、歴史学は早く流れる時間に注目し、それにともなう事象に注目してきた傾向にあるが、民俗学は、民俗と呼ばれるゆるやかに流れる時間とそれにともなう事象に注目してきた傾向にある。実は、民俗はゆるやかに流れる時間にともなう事象であり、その民俗がいつの時点で変化したかを特定することができない場合も多い（変化に影響を及ぼした事象の確定などはできるが）。例えば、私たちのライフヒストリーで考えてみても、ゆるやかな時間の流れの中で、いつの時点から自分の性格が変わったと、特定することはできないであろう（性格を変えるきっかけとなった出来事は特定できる場合もあるが、性格が変わった日とは断定できない）。さて、一方で円環時間は、年中行事・農事暦など一年のサイクルの動きの時間であり、それが繰り返されるような時間のことであり、これにともなった事象が展開している。これも、もっぱら民俗学が対象としてきた事象である。ちなみに、個人は円環時間というライフサイクルを内在している存在であり、そのような人間が直線時間の歴史の上に生きているという考え方もできよう。

歴史学は、時間軸に沿って人間の営みを描くことを目的としている限り、実は、民俗学が対象としてきた事象も含めて考察していかねばなるまい。歴史学は、このように様々な時間の重層・組み合わせが存在していることを認識し、その上で作業を進めていく必要があろう。

さて、本章の研究対象は、山岳信仰・狼信仰の拠点とされてきた大岳山（現・東京都西多摩郡檜原村）である。本章の課題は、大岳山をめぐる言説を文献・民俗誌・伝承資料など広く集め、大岳山がどのように記述され語られてきたのか、また、それによって大岳山はどのようにイメージされてきたのか、様々な時間の流れの中に大岳山が存在していることを意識しながら、大岳山の歴史を描き出すことにある。

一　大岳山は、現在どのように記述されているのか

現在の大岳山を窺い知ることができる言説としては、パンフレット・自治体史・ガイドブックなどの記述を挙げ

ることができよう。これらの言説は、それ以前に記述された、もしくは語られた言説を参照し編さんした記述である。もちろん、参照したであろう言説も何らかの言説を参照したものであり、古くからこのような営為の連続が存在したことは確かであろう。ここでは、二つの現在の言説を取り上げてみたい。

大嶽神社は、標高一二六六メートルの大嶽山の山ふところに抱かれるように祀られている。山頂の本殿は、集落から遠い山中なので、その遙拝所として山麓の白倉の地に社殿が建てられていて、吉野家が累代神職に当たっている。御祭神は「大国主命」「少彦名命」「日本武尊」「広国押武金日尊」「源家康朝臣」の五柱が祀られている。大嶽神社の創始年代は不詳である。天平一九年（七四七）に、大和吉野山より「広国押武金日尊」を勧請し、合祀したとあるので、この時よりさらに遡ることはあきらかである。日本武尊が東征（東方の敵を征伐すること）の折この地に立ち寄り、尊を敬慕する住民が大嶽山上に社を建て、国家鎮護の社としたのが起りであるといわれている。村内でも一番古い神社であり、少し下って徳川の治世になって社領一五石を寄附し、慶安二年（一六四九）に朱印状（神社として幕府に認められた書き物）を付与されている。もともと大嶽山は山そのものに神が宿る霊山として信仰の対象とあり、また、修験の場としても人々から信仰されてきたものと思われる。大嶽神社の守り神はお犬様（狼）で、四月の例祭日にはお札が氏子の家々へ配られ、今でも家の守り神（盗難除等）として、玄関先などに張られている。当日は神輿渡御もある。現在は「講」はなくなっているが、かつては「大嶽講」が各地に設けられ、祭日には参詣者で大変にぎわった。大嶽山にまつわる伝説として、暮沼（白倉）に住んでいた力持ちの鬼源兵衛は、大嶽山を参拝する人々のためにと、参道にある各丁目石を一人で山の上までかつぎ上げ、設置したといい伝えられている。山の社の境内にも鬼源兵衛にまつわる「ゆるぎ石」といわれる大岩が今も残っている。深閑とした境内には杉檜の巨木が立ち並び、古社にふさわしい空間を作り上げている。樹齢数百年の大檜は村の名木に指定されている。」（檜原村文化財専門委員会編『檜原の神社』檜原村教育委員会、二〇〇七年）

東京都の西、埼玉・山梨・神奈川の県境に広がる秩父多摩国立公園に属し、奥多摩三山のひとつである大岳山へは奥多摩湖から鋸山経由、御嶽山からの縦走、そして秋川から登る馬頭刈尾根の三本があるが、ケーブルカーで御嶽山に登り、大岳山を往復するコースがいちばん楽で利用者も多い。大岳山も御前山も御嶽山と同じ信仰の山であり、山頂手前に広国押武金日命を祭神とする大岳神社がある。山頂からは南側の展望が開け、富士山を初めとしたパノラマが楽しめる。登山時期としては七月～九月を除けば通年楽しめる。（『決定版　日本二百名山上巻登山ガイド』山と渓谷社、二〇〇七年）

前者は、檜原村文化材専門委員会によって編まれた書物に記述されているものであり、大岳神社を中心とした大岳山に関しての記述がなされている。この中には古代から現在までをイメージするための情報が詰め込まれている。これによって、大岳山が、古くから信仰の盛んな山であったことがイメージできよう。しかし、この記述を目にする一般の人は少数であるのが正直なところである。

後者は、ガイドブックに記述されている大岳山であるが、これ以外のガイドブックにも同様に記述されていることが多い。記述は信仰についてはわずかしか触れられておらず、管見の限りその他ガイドブックも同様であった。この記述から、私たちは大岳山をどのようにイメージすることであろう。比較的登山しやすい、それでいて富士山を初めとするパノラマが楽しめる山ということであろうか。一般の人、特に大岳山の存在する地域に属さない外部の人は、この記述を目にして大岳山をイメージすることであろう。すなわち、大岳山に訪れようとして、書店で、まず手にして読まれるであろう記述は後者なのであり、なおかつ、これは全国という広範囲の書店・図書館に陳列されるものであり、世の多くの人が抱く大岳山という山のイメージを創る言説となっているのである。前者・後者どちらの記述も大岳山をイメージさせる言説であるものの、前者は内部から発せられた言説、後者は外部から発せられた言説であり、世のほとんどの人は後者の外部から発せられた言説から、大岳山をイメージすると考えられる。まずはこのことを示しておきたい。

二　大岳山は、現在どのように語られているのか

大岳山という山岳と大岳神社に対する知を得るため、筆者は平成二二年（二〇一〇）一一月五日、大岳神社の吉野高明宮司に聞き取りを行い、記述を試みた。この言説から、現在大岳山で信仰が展開されている様子を窺い知ることができる。第一章で示した言説は、古の文献を参考に記述されたものであるのに対し、これは、現在、内部から発せられ語られている言説を記述したものであり、現在の記憶の発露ともいえよう。なお、主観を持つ筆者が聞き記したものであるから、その点に関しては注意すべきであるが、後に検証を加えるであろうことを前提に、その史料としての意義を強調しておきたい。その内容を提示し、そこに他の文献を引用しつつ、現在、展開している大岳山とその信仰について記述したい。

［大岳神社の歴史］

現在の大岳神社は遙拝所・里宮であり、本社は大岳山山頂に鎮座している。ここより山頂までは四キロの道程である。距離は四キロであるが、急勾配のため登りがきつく、二時間半程の時間がかかるため距離以上のも

図1　大岳神社の遙拝所・里宮

のを感じる。現在、神職は頻繁に山頂へ登り、本社の管理を行っている。さて、大岳山は、西暦一一一年に日本武尊が創建した。その後、天平一九年（七四七）に蔵王権現が祀られ、オイヌサマ信仰が始まったが、同時期に御岳山、三峰山にも蔵王権現が祀られた。里宮は、二回ほどの大火事に遭っている。江戸時代の初期と嘉永三年（一八五〇）である。そのため、古文書・旧記類が焼失され、遺されたのは系図と箱、鉄瓶のみである。さて、武蔵御岳山・武州三峰山・大岳山が蔵王三山といわれているが、御岳山はケーブルカー、三峰山はロープウェーができたことにより、特に戦後は多くの人が参拝するようになった。それに比べ、江戸時代までは大岳山への信仰は非常に盛んであったが、寂れてしまった。例えば、大岳神社は江戸幕府より崇敬を受けており、二回程朱印状を交付されているが、この朱印状を受け取るにあたり江戸城まで馬で取りに行ったといわれている。現在の神職（吉野高明氏）は五三代目である。もとは橘姓であり、江戸時代に吉野姓に改めた。もとは公家の流れを汲む一族であったといわれており、吉野家の紋は菊であった。また、江戸時代にこの地域から吉野一族で、新田開発のため現在の武蔵野市境のほうへ移った人たちがいた。昔は武蔵境の駅のまわりに吉野一族の土地があったという。現在でも、武蔵野市在住の移住した吉野一族の子孫が、数年に一度バスを借りて二五人程度で、墓参りと菩提寺に訪れている。墓地は、大岳山への道中にある。菩提寺は、宝造寺である。近世は神職も仏式であり宝造寺には位牌も遺されている。春から夏頃が多く、伺いたいという連絡が入る。訪れた際には、里宮の社務所でお茶などを飲んで休憩していく。大岳神社の氏子は、中里・白倉・大澤の三集落である。近世には決まった氏子はなく、よって近代以後に氏子となったものと思われる。氏子は、古くは八〇軒、少し前までは七〇軒、現在は六三軒となっている。

他の文献には記されていないものの、神社の創建は西暦一一一年と語られている。新田開発の語りは、享保期（一七一六〜三六）の武蔵野の新田開発に檜原からも多くの移住者が出たという先行研究（方山迪夫『戸倉新田とその出百姓』多摩文化社、一九五九年）に符号するものであり、吉野家と親族関係にあった人々が多く移住したことが窺える。現在に至るまで先祖祭祀を通じて檜原と関係を保っている状況も窺え、このことから、望郷の念の存在と彼等のアイデンティティの確認作業がおこなわれていることが知り得よう。

［大岳神社と狼信仰］

大岳神社ではオイヌサマの札を出している。神職家に版木があって、それで吉野氏が刷っている。毎年四〇〇〜五〇〇枚を刷っている。版木は、明治時代から使っているもので、大部薄くなってきたものの、まだしばらくは大丈夫そうであるが、いずれは彫直しの必要があろう。その他、木札も出している。木を紙で包んだも

図2　木札

ので、その内側にはオイヌサマの図柄を描いた紙が貼られている。木札を受ける人にはお札を一枚つける。講や氏子で、お札が大量に必要な人からは、木札の志の外にお札の枚数分を頂いている。このお札を受けた人は、玄関などの門口に貼るという。その御利益は、五穀豊穣・家内安全であるが、最近はあらゆることが叶うといわれている。氏子には春の例大祭で配札される。ほとんどの氏子がお札だけを受けるが、氏子の中には木札を受ける人もいる。そういった人は木札を神棚に祀っているという。お札に描かれたオイヌサマは蔵王権現の使者だといわれている。檜原には、江戸時代に実際に狼が住んでいたというが、その狼とオイヌサマは別物であるという。また、オイヌサマの像は、本社、そして里宮に奉納されている。

現在、大岳神社で発行されている狼のお札は、蔵王権現の版木で刷られたものではなく、明治時代の版木を使って刷られている。お札には、武蔵御嶽山の護符と相似

図 3　門口に貼られているお札

した黒い狼一体の図像が描かれている。吉野作楽家には狼が描き込まれている蔵王権現の版木が遺されているが、近世には狼は蔵王権現の使いであると認識されていたことがわかる。木札に関しては、他の神社では御眷属に相当するものであろう。秩父の三峰神社では「御眷属札」と称しているものだが、秩父の若御子神社では板を紙でくるんでおり、その中に「大口真神」と記した紙が挟み込まれている。そこに狼の存在が想定されている（拙著『武州三峰山の歴史民俗学的研究』岩田書院、二〇〇九年）のであり、大岳山の木札も同様といえよう。それに対し、大岳山でお札と称しているものは、秩父の神社で付札と呼んでいるものに相当する。

［大岳神社と講］

明治時代の神職であった吉野讃岐は、國學院大學の一期生である（当時は皇典講究所であった）。その吉野讃岐の下に大野氏という神職がおり、大岳神社に奉仕していた。大野氏は「お札箱」を背負って、お札売りのために八王子や様々な場所を廻った。この頃、神社から講の結成を呼びかけたといわれている。戦前は、講は五〇くらいあったというが、現在は一〇ほどになった。武蔵小金井に三講、八王子に二講、飯能やあきる野にも講がある。武蔵小金井の緑町と貫井に大岳神社がある。緑町は講元の敷地にあり、貫井は元講元の大澤一族の敷地にある。大澤氏が亡くなったため講元が代わったが神社はそのまま遺された。講の中には二人で構成された講もある。例えば八王子の戸吹の講である。小さな講を含め、すべての講のある地域からは、大岳山を望むことができるという。大岳山は、江戸時代は、江戸湾に入る船の目標にされたともいわれ、遠方からも眺めることができる山であった。

昔は、講の人は本社まで登拝したが、そのために一里毎に道標が建てられ、これを目印とした。昔、講で登拝者は歩いてここまでやって来て、道中三泊程したといわれている。昔は、登拝者はまず御嶽山から登り、大岳山の本社へお参りしてから里宮へ下り、里宮で直会をして一泊してから帰山したという。帰山すると、地元で直会やオヒマチをしてその場でお札を配ったという。講は、代参講であり四、五人がやってきた。現在も、四月～五月頃、代参者四、五人（一、二人で来る講もある）が登拝してくる。講では、明治時代からの講の台帳を持って来るが、そこには代参者の名前が記されており、神社ではそこに印を押す。一講に対して、木札一枚と講員分のお札を授けるが、代参者は、直会の後、宿泊しないでそのまま帰山する。帰山すると講では、地元で直会をして、その場でお札を配るという。また、講とは別に、個人登拝者が現在も二〇～三〇人程度いるという。

すべての講のある地域から、大岳山を遙拝できるとある。大岳山は、かなり広範囲からでも眺めることができるといわれ、古くはヤマアテとして房総の漁師が利用してきたという。他にも高い山があるにも関わらず、その形状が特異であったこと故にヤマアテにされたという（宮内敏雄『奥多摩』文松堂書店、一九四四年）。また、語りから明治時代に信仰の教化が行われていたことがわかる。宮司以外の神職が「お札箱」を背負い、お札売りと称して教化活動をしていたのである。近世の時代に展開していた講は、神仏分離の際に一旦は解散されたと考えられているが、講復活の運動により新たな講が結成されるに至ったのであろう。そのターゲットとなった地域は、①檜原村の近隣である檜原・八王子・五日市・あきる野、②吉野家と関係のある武蔵野周辺、③飯能・所沢の埼玉・東京の県境の地域であった。特に、②に関しては、新田開発のために移住した人々が居住する地域であり、檜原との関係性が現在まで続いていることを考慮するに、信仰を受容し易い、教化の効果が上がりやすい地域であったといえよう。前近代の講は一旦消滅したものの、以前存在した地域を頼りに、重点的に講結成の教化活動を展開したと考えられる。

さて、これらの言説から、特に大岳山の狼信仰（以降、オイヌサマ信仰と同義として進める）の問題に注目してみると、狼という象徴は、大岳山の信仰そのものといえる。次に、この大岳山の狼信仰を支えていると考えられる二つの言説に触れておこう。一つはヤマトタケルの伝承であり、もう一つは檜原村に広がる狼に関する言説である。前者に関しては、御嶽山や秩父の山々には、狼信仰の正当性を示すためヤマトタケル東征伝説を盛り込んだ由緒が伝承されている。『日本書紀』を下地に創造されたと考えられるもので、ほとんどが近世に記述されたものと考えられている。しかし、ここ大岳山には近世の由緒は現存しない。これは里宮が嘉永三年（一八五〇）に火災に遭っている故とも言えるが、そもそも近代になりヤマトタケルが祭神として祀られ出すのであり、近世にはそのような由緒は存在していなかったことが考えられる。「日本武尊を合祀す、其所以は尊東征甲斐に入らせ給ふの時、登臨国状を御観望あらせ給ひし旧跡なるを以てなり。」（『東京府西多摩郡史蹟名勝誌』東京府西多摩郡役所、一九二三年）のように、ヤマトタケルが東征の折り、大岳山に登り国見をしたという伝承が、近代の記述で初めて確認でき、また管見の限りでは「尊の御前に白煙が立ちのぼり、その中から白と黒と二匹の狼が現れ、尊の道案内をしたといわれ」

（市川敏「大嶽神社と大口真神（御神狗様）について」〈『檜原村史研究　二』一九七五年〉）と、近年の記述の中で、初めてヤマトタケルと狼の接点を示した伝承を確認できるのである。実は、非常に新しい言説であることが指摘できるのである。

次に後者の檜原村に広がる狼に関する言説に関してであるが、これは狼をめぐる民俗知であり、狼を身近に感じそれに敬いの気持ちを抱いたことによって伝承されてきた言説であると考えられる。『民話と文学』二七号（民話と文学の会、一九九五年）には、檜原で採録できた狼の伝承として「山で狼からのがれた話」「狼を撃退したおばあさん」「狼の恩返し」「狼がのり移った話」が収録されている。また、小泉輝三『檜原・ふるさとの覚書』（武蔵野郷土史刊行会、一九八〇年）には、狐憑きの患者が出た場合、狼の頭骨を借りて来て憑きもの落としをしたという話や、それに修験が関与していたことも記されている。このような言説は檜原にかかわらず、奥多摩・秩父に広く伝承していたものであるが、檜原では濃密に分布している。特に狼の乳を飲んだ人の話は狼研究者や人々の興味を引いたようで、狼をめぐる民俗として様々な文献に記されている（甲野勇『東京の秘境』校倉書房、一九八二年）。また、檜原村人里の飯綱社に納められていたそれまで蛇の骨とされていたもの（収納される箱には明治一〇年〈一八七七〉年南秋川河原で採集と記録されている）が、狼の骨として認定されたことも注目された。小泉輝三『檜原・歴史と伝説』（武蔵野郷土史刊行会、一九七七年）には「村に変事が起こるときには必ず夜陰に御犬様が啼いて警戒を促すといわれている」という記述もある。これらの言説は、狼が日常に溶け込んでいたことを示すものであり、同時にこれらの言説によって、大岳山の狼信仰の言説がスムーズに展開するような土壌づくりが、行われたと考えられるのである。

さて、聞き取りによって得られた言説を読み解くに、大岳山は古くより現在まで、信仰の山として繁栄してきた様子が窺えた。この言説には、大岳山の過去から現在までをイメージするための情報が盛り込まれている。しかし、これはあくまで、内部から発信された言説であり、外部には以外と知られていないのが事実であろう。これは、あくまで、内部で保持されているイメージなのである。

三　大岳山のイメージの歴史的変遷

次に、各時代において、大岳山はどのように記述されてきたのかを見ておこう。「むさしねの、をみねみかくし、わすれゆく、きみかなかけて、あをねしなくる」（「武蔵嶺」『万葉集』一四巻）これは武蔵から防人として旅立つ人が詠んだ歌であり、大岳山容の見え隠れが故郷や故郷の人を思い出させては泣きたくなるという意である。古代の大岳山の言説を探してみたが、これ以外見出すことは不可能で、中世まで下ってみてもオリジナルな言説を見い出すことは難しい。故に近世の言説の中で古代・中世をイメージするしかあり得ないのである。もちろん近世に創造される際に、記録されなくとも、元なる言説が存在していたことは想定されるものの、記述された言説という意味では、近世になって初めて登場してきたと考えざるを得ない。

例えば、近世に記述された古代の事例としては「ここに五六歩の平地ありて奥院をたつ、相伝へて羣仙会衆の地なりと云ふ、尋常の人たやすく至ることを許さず、もしたまたま登らんと請ふものあれば、潔斎の後これをゆるすとぞ」（『新編武蔵風土記稿』文化二年〈一八二八〉）というように大岳山は神仙の会するところと表現されるような、人を簡単に寄せ付けない山岳であったという記述、「縁起に云所は当山蔵王権現の造立を考ふるに、聖武天皇の御宇、天平十九年丁亥にあたり、武蔵国檜原の城主宿邊少々橘高安なるもの宿願のことありて、大和国吉野山の神影を写し祀れり」（『新編武蔵風土記稿』）とあるようにかなり古くから蔵王権現信仰の「場」であったというような記述を挙げることができる。中世に関しては「或云この山往古は御嶽山の奥院たりしに、天正年中社領の御朱印を附せられしとき、両社に分ち賜ひしにより、各一社をなせりと、最おぼつかなき説なり」（『新編武蔵風土記稿』）と大岳山が武蔵御嶽山と密接な関係にあったという記述、「神職四人あり。麓に住する吉野中務と本社の神司とし、外三家は中務より分かれたるとぞ。各々吉野氏なり」（『武蔵名勝図絵』文政六年〈一八二三〉）や「神主一人吉野氏　祢宜三人　皆吉野氏」（『武蔵志』享和三年〈一八〇三〉）というように神主は一人で、その社家から分家した祢宜三人が存在したという、現在の社家一家の体制ではなかったことがわかる記述、などがある。このように、現在の私たちは、近世の記述から、大岳山の古代・中世をイメージするしかないのである。

一方、近世の記述は、当時の様子をリアルタイムで描き出している。例えば、一五石の御朱印地に関する記述は、様々な文献に記載されているし（『吉野作楽家文書』、「寛文七年水帳」〈『岡部金英雄家文書』〉、『新編武蔵風土記稿』）、近世の神主の支配関係にしても阿伎留神社神職が「五日市村有竹右京の触下」（『新編武蔵風土記稿』）であることや、神主家が徳川へ対し「慶安二年秋八月社領十五石の御朱印を賜はり、明る（ママ）十三年江城擁護の御祈祷をつとむべき旨を被り、今に至るまで一萬度の祓を修行すといへり」（『新編武蔵風土記稿』）というように江戸城に御祈祷のために登城していること、などが記述されている。また、「朱印状」「神道裁許状」などの、古文書も記述されるようになる。ただ、信仰の具体像、特に狼信仰に関しては「拝殿（中略）前に古色なる石狗石灯籠などあり」（『新編武蔵風土記稿』）という狼像に関する記述しか窺えず（現存しており、宝暦九年〈一七五九〉の銘がある）、信仰に直接関与した人以外は、あまり知ることがなかった事象と考えられる。ただ、地誌類に宗教施設が麓から山上まで多く建ち並んでいたことが描かれていることから、狼信仰はともかくも信仰登山が実際に盛んであったことは、イメージされていたのではあるまいか。

次に、近代以後の言説に関して考えてみたい。実は、近代になると、多くの人が大岳山をイメージし、多くの言説が生まれてくるのである。特に、近代になると、新たな外部からの言説が発信され、大岳山の信仰の山というイメージが覆されてくるようになる。もちろん郷土史や自治体史など内部からの言説も近代以降発信されていくものの、この言説は外の世界では定着せず、ある意味、内なる世界で自己完結していくようになる。

大正九年（一九二〇）の田部重治「数馬の一夜」（『新編　山と渓谷』岩波書店、一九九三年）の発表以降、檜原が対外的に広く知られるようになっていった。このように、近代になり本格的に、外部からの言説が発信され、それによって大岳山がイメージされるようになってくるのである。近代以降も、大岳山の信仰は展開するものの、大岳山同様の狼信仰の山である武蔵御嶽山の発展と比較すると、衰退に陥ってくる。その要因は、交通（青梅街道の整備・青梅線の開通）の発達による御嶽山登拝者の増加による、相対的な減少である。近世まで、徒歩による登拝が一般的であったものが、交通の発達により、大岳山は不便な地域にあるという位置付けがなされてくる。交通の不便な檜原は、東京の秘境（平家の落人伝説も展開しているような）として位置付けられていくのである。このようにして、同じ御利益なら御嶽山へと、大岳山への登拝者は減少していった。一方で近代登山の文化は、このようなイメージの「場」を格好の登山エリアとして位置付けていくのである。実は、近代登山は、山岳を信仰の「場」からスポーツやレジャーという「場」に書き換える作業を進めていった。信仰の山である大岳山も登山の山として、人々がイメージするようになってくるのである。

さて、近代登山は、次のような段階を経て発達していった。近世に、谷文晁『日本名山図絵』（文化九年〈一八一二〉）に代表されるような、山岳を客観視するという自然観察のまなざしが生まれ、近代以降その流れは科学のまなざしへ移行し、そして志賀重昂の『日本風景論』（一八九四年）として結実する（参照、遠藤英樹・堀野正人『「観光のまなざし」の展廻―越境する観光学』春風社、二〇〇四年）。また、積極的に日本の山岳を踏破した英国人宣教師ウォルター・ウェストンが、明治二九年（一八九六）に『日本アルプス登山と探検』を発表し、日本の山岳を世界へ紹介する。日本国内では、志賀やウェストンに刺激された人々がこぞって近代登山を開始した。岡野金次郎・小島烏水が槍ヶ岳登山に成功すると、近代登山の拠り所として、明治三八年（一九〇五）に日本山岳会が設立され、日本の近代登山文化を支えていくことになった。明治三九年（一九〇六）に創刊された日本山岳会会誌『山岳』には、会員の報告・紀行・評論・写真・スケッチ・地形図が掲載され、会員の中には山岳に関する地誌・植物・歴史研究・登山理念をテーマに著書として刊行する者も多く現れた。また、木暮理太郎・田部重治は、明治四二年（一九〇九）頃から秩父・奥多摩の山々を開拓していったが、その後、木暮・田部などを名誉会員として迎えて、大正八年（一九一九）に「霧の旅会」が結成された。同会は低山登山（一泊二日で行けるような山岳への登山）の先駆けとなり、会報「霧の旅」も創刊された。同会はアルピニズムと比較され静観派と呼ばれ、登山の大衆化に大きな役割を果たした。このように近代登山の流れは、東京近郊にある大岳山も登山の「場」としてその射程に入れ、以後多くの登山客が訪れる「場」となっていくのである。そして、山岳書などを中心とした近代登山の言説が、大岳山は登山の「場」であるというイメージを、定着させていくのである（参照、『目で見る日本登山史』山と渓谷社、二〇〇五年）。

例えば、「即奥津宮ナリ郡内随一ノ高峯トシテ北ニハ遙ニ（中略）雄大ノ観人ヲシテ奮起セシム」（『東京府西多摩郡誌』一九一四年）、「近年高山植物の採集等探検に登山するもの益増加す」（『東京府西多摩郡史蹟名勝誌』）とあるように、大岳山が信仰登山以外の目的で登山する「場」になっていった様子が窺える。次の記述は、高橋源一郎によって大正一四年（一九二五）に大岳山に登山した時の様子が記されたものであるが、その時の様子が生々しく伝わってくる。「社前に至れば、先年登山の時、渋茶を振舞ってくれた社守りの翁媼夫婦は稲荷ずしか何かをこしらえておった。村の人々は幾人か座敷に上がって坐っておった。神社の参詣を終わって今ここに小休しているのである。予もここに腰うちかけて先年の礼などを述べ、またお茶をもらい、菓子などを買って食べた。（中略）この山中の雄大なることを賞賛した。遂に吉野君と予と相謀って、この峰頭を極め奥の院に参拝することにした。（中略）しかしここの富士は、それ等に比べ遜色なきどころか、最も偉大なる眺めの如くにも思われる。××氏は「祝砲を放ちましょう」ということを頻りにいった。予は元旦早々に生物殺しの道具を弄ばるは面白くないと思ったけれども、まさか「よしなさい」ともいえぬので「どうぞ」といわざるを得なかった。××氏は大空に向かって一発した。猟犬はこれを勢を得て走り出した。我等は揃うて万才を叫んだ。」（『多摩の山と水〈下〉』八潮書店、一九八一年）山頂で展開されたことは、とても信仰の地での出来事とは思えないものである。また、大町桂月は「寂寞無人の山とは思の外、一人の老婆の休憩所を設けて茶を侑むるものあるに、たちよりて、しばし休息す。われすでに御嶽に渓壑の奇をさぐりここに天梯に寄りて、遊観の目をほしいままにす。」（『関東の名水』秀英舎、一九〇九年）と記述し、また高橋源一郎が「此山敢へて他の連山に比し高いといふわけではなけれど、眺望の勝に至っては東京近郊に此山に及ぶ山は余り多くはないであらう。」（『武蔵野歴史地理』第十篇、有峰書店、一九二八年）と記述しているように、大岳山を登山する人々は、揃ってその景観を称えており、それを山岳書に著し多くの人々が、その景観の優れている様を知ることになるのである。特に、富士を眺められるというくだりは、人々の心を揺るがしたことであろう。また、近世には「これ本社の立る処なり、ここも老杉雑木尤茂れり」（『新編武蔵風土記稿』）の状態であったものが、昭和に入ると陸地測量部測量のため山頂の木々が刈られ、その眺望を良くしたという（『武蔵野歴史地理』）。そして、特に「霧の旅会」の活動によって、庶民の低山ブームに対応した「場」として人気を博して行くようになるのである。その後、梅沢親光「御前山」（『山岳』第八年第一号、一九一三年）を端緒に、奥多摩に関した山岳書・ガイドブック（田島勝太郎『奥多摩』一九三五、真鍋健一『日原を繞る山と谷』朋友堂、一九四二年など）が数多く刊行されていく。そして、様々なガイドブックに、御嶽山から登り、山稜線を進み、鍋割山を経て大岳山へ出てその眺望を楽しむというコースが、歩きやすさからもお勧めで、大岳山の遙拝所から登る旧表参道（「旧」と記されていることは参詣道が風化していることを現していよう）で下るのが良いと、記述されるようになるのである。皮肉にも、青梅線（昭和四年〈一九二九〉に青梅電気鉄道が御嶽駅まで延伸開業）・バス（昭和三年〈一九二八〉に青梅電気鉄道関連会社の奥多摩振興が営業開始）・御嶽山ケーブルカー（昭和一〇年〈一九三五〉開業）を利用して、一気に御嶽山へ登った人々は、御嶽山へ参拝し、その信仰に畏こみ山中の無事を祈り、その後に近代登山の「場」としての大岳山へ向かうということになったのである。そして、その傾向は戦後益々強くなる。昭和二五年（一九五〇）に大岳山のあるエリアが「秩父多摩国立公園」（二〇〇〇年「秩父多摩甲斐国立公園」に名称変更）に指定された。また、登山家深田久弥によって奥多摩の山々が、日本百名山（『日本百名山』新潮社、一九六四年）に選定され、その後日本山岳会のメンバーによって日本三百名山（昭和五三年〈一九七八〉にも選定されると、大岳山登山のための詳細なルートが掲載されたガイドブックが多く刊行されるようになった。その後、深田久弥を支持する「深田クラブ」の会員が、日本二百名山（平成元年〈一九八九〉の一つに大岳山を選ぶと、登山の「場」としての大岳山の意味合いは、益々強まっていくのである。これら外部から発せられた言説によって、大岳山の信仰の山というイメージは覆され、近代登山の「場」としてのイメージが定着していくのである。

おわりに

第一章では、現在、内部・外部から発信されている言説を紹介した。そして、外部から発信された言説によって、私たちは大岳山をイメージしていることを指摘した。第二章では、内部から発信された伝承を筆者が記述し、他の文献と突き合わせることによって、実際に展開している現在の大岳山の信仰の様子を描き出した。実際に現在でも大岳山は信仰の山として展開しているわけだが、外部にはあまり知られていないのが実情であり、あくまで内部が保持している大岳山のイメージであることを示した。第三章では、様々な言説から大岳山がどのようにイメージされてきたか、その変遷を辿ってみた。まず、古代・中世は、近世に記述されたもので、それを読んでイメージされたのが古代・中世の大岳山なのである。近世には、リアルタイムに記述され、それに基づき大岳山のイメージ形成がなされるようになってくる。その時点では、ある程度信仰の山としてのイメージも、存在していたことであろう。ところが、近代になると、大きな外部からの檜原という地域へのまなざしが登場してきて、大岳山のイメージが発信されるようになってくるのである。そして、近代登山ブームとそれに伴う山岳書という言説により、大岳山は登山の「場」としてイメージされていくことになる。つまり、信仰の「場」としてのイメージは近代登山により覆されていくのである。ただ、衰退しつつも実際に現在も信仰の山として展開していることも確かである。さて、外部の人に問うた時、大岳山といえば、山岳信仰・狼信仰の山であるとどれだけの人が答えるであろうか。実際に内側から発せられた言説に接触してみると、大岳山は現在でも信仰の山であるとイメージできるものの、それに触れていない人々が、イメージすることができようか。やはり近代登山の「場」と答えるのではあるまいか。このように大岳山は、様々な言説によってイメージされてきた歴史があった。さて、大岳山の歴史とは、どのようなものであるのか。それは、事実として展開してきたものと、言説によってイメージされてきたもの、双方から構成されていると結論づけたい。

第Ⅱ部　近世多摩の地域と社会

第五章　家康・秀忠・家光と多摩地域の将軍家鷹場

岡崎寛徳

はじめに

平成二二年（二〇一〇）五月、近世の多摩地域に関する記事が新聞紙上に掲載された。JR府中本町駅前で、「府中御殿」と思われる遺構が発見されたというものである。「東京新聞」の同月一四日朝刊には、その見出しに「家康の「府中御殿」遺構か」、「鷹狩りなどの休憩所に使用」と記されている。発掘調査によって陶磁器や鉄釘、また多くの穴が見付かり、これまで不明であった「府中御殿」の建設地ではないかとされた。同年一一月には出土した三葉葵の鬼瓦が公開され、翌年には『古代国司館と家康御殿』（府中市郷土の森博物館）という報告書もまとめられた。

家康は鷹狩を頻繁に行った人物である。東海地域を領有していた時代は三河吉良・西尾や遠江浜松・中泉などで鷹狩を行い、関東に移ってからは関東各地で実施している。これらの時代は史料的制約から不明な点も多いが、隠居した後の大御所時代については「当代記」や「駿府記」から鷹狩実施場所を知ることができる（『当代記・駿府記』）。拠点としていた駿府近辺や東海地域、また関東各地でも繰り返し行っていたのである。関東地域に限って見れば、北は武蔵忍、東は上総東金、南は相模中原といった地域などであるが、家康は江戸西方の多摩地域も訪れていた。

こうした本拠の駿府や江戸を離れ、宿泊を要する地域で行う鷹狩は、三代将軍家光までのことであった。家綱以降の将軍は、江戸近郊の地域に限定した日帰りの鷹狩を継続したが、将軍自ら来訪することはない場所も、将軍家鷹場として存在・機能し続けていたことは特徴的である。それは多摩地域を含む武蔵や、相模・下総・上総といった広範囲にまたがる地域であった。

しかし、一面的・広域的な将軍家鷹場は、すべてが同一の性質・機能を有していたわけではないだろう。その中には、中心的な鷹狩の目的地があったのではないか。そして、その目的地へ至るまでに通過する中継地があり、同時にそれらを後背から支える地域が存在したと思われる。

本章では、近世前期における多摩地域の将軍家鷹場の中で、どこが重要拠点であり、そこはどのような役割を担っていたのかを考えてみたい。具体的には、家康と府中、秀忠と八王子、そして家光と牟礼・井之頭の関係を取り上げることとする。

一　徳川家康と府中御殿

周知のごとく、東海地域の戦国大名であった家康は、豊臣秀吉による天下統一の過程で、関東地域へ所領が移されることとなった。そして、拠点を江戸に定め、秀吉没後の政争を経て、慶長八年（一六〇三）に将軍に就任する。その在位期間は二年程で、息子の秀忠に将軍職を譲ってからは「大御所」として権勢を振るい続けた。慶長一二年以降、家康は旧領でもあった駿府に移り、元和二年（一六一六）に死去するまでの間、時に応じて江戸や京・大坂へと移動した。

最初に取り上げるのは、「道中宿付」と呼ばれる史料である。一三通の現存が確認され、家康の自筆と見なされる。いずれも月日と地名が列挙されており、それは家康の宿泊日・場所の予定を示している。書き記した場所は駿府や江戸など各々異なると推定されるが、共通している点もある。どの「道中宿付」も、駿府を出発して関東巡回後に駿府へ戻るという行程について、一部または全部の往復予定が記されているのである。

その巡回の主目的は何か。鷹狩の実施であった。

現存「道中宿付」一三通について、徳川義宣氏が『新修徳川家康文書の研究』第二輯で翻刻・紹介し、その内の一二通を『徳川家康真蹟集』で図版掲載している（もう一通の図版は『宇和島伊達家伝来品図録』に収録）。それによると、慶長一四年が一通、一五年が二通、一七年が四通、一八年が一通、元和元年が五通を数える。

本章では、多摩地域に関係する四通（慶長一五年一通、一七年一通、元和元年二通）について述べることにしたい。いずれも武蔵の「府中」と記載されている。

その前に、慶長一三年の「当代記」に以下の記述がある。

九月十二日、大御所清須江御成あつて、彼国置目等可下知給由、自去比度々曰しか、俄今日関東へ御下、江戸江は無御出、直に方々鷹野し給、将軍自江戸武蔵の府中へ出合、遂面上給、

尾張清洲に滞在していた家康は、以前から計画していた関東下向を実施することとした。その際に江戸へは寄らず、「直に方々鷹野」をするというもので、鷹狩目的の関東下向であった。江戸城の主である将軍秀忠は、自ら「武蔵の府中」へ出向き、そこで家康との対面を果たした。慶長一三年に家康が関東で鷹狩を行い、その道中で武蔵府中に立ち寄り、そこへ秀忠も参じたことが明らかである。

さて、慶長一五年一〇月から一二月までの行動予定を記した「道中宿付」（徳川記念財団所蔵）によると、家康は一〇月一二日に駿府を出発する計画を立てた。同日に善徳寺（現富士市）、一三日に三島、一四日に小田原と東海道を東へ向かい、一五日の相模中原（現平塚市）から進路を北とし、一六日「府中」、一七日川越と進み、川越に暫く滞在した後、二三日に忍（現行田市）、二八日岩槻、二九日越谷、一一月六日浦和、そして一一日の江戸到着を予定した。この「道中宿付」はさらに続き、江戸に十日ほど滞在した後、二〇日稲毛（現川崎市）、二二日神奈川、二三日藤沢、二五日中原へと至り、二九日小田原、一二月一日三島、三日善徳寺、四日に駿府へ戻るという計画であった。

すなわち、慶長一三年同様、家康は駿府から直接江戸に向かおうとはしていない。武蔵の西北地域を巡回してから江戸に至る順路で、その道中に「府中」があったのである。

それでは、こうした予定に対して、家康は実際にどのような行動を取ったのであろうか。「当代記」で確認しよう。

慶長一五年一〇月一四日、「大御所東へ下給、今日清水」とあり、「道中宿付」の予定より二日後れて駿府を発ち、その日は清水で宿泊している。善徳寺到着は翌一五日のことで、路次において菱喰を鉄炮で捕らえ、それを藤堂高虎に与えたという。この善徳寺に暫く逗留した家康は、一九日に三島へ至り、二一日には「大御所鷹野場至武州□□着給」とある。そこには江戸から将軍秀忠が家康に対面するために訪れ、秀忠はそこから江戸へ帰ったが、「大御所は自是方々有鷹野」と記され、関東各地で鷹狩を行っている。

肝心な地名が判明しない（数種の写本も空欄）が、「武州府中」の可能性が高いと思われる。三島が一九日だとすると、二〇日に小田原、二一日は中原到着が順当である。しかし、中原は相模であり、武蔵に入っているとなると、距離から見て府中もしくは稲毛（小杉）あたりしかない。家康が道中で宿泊する場合、小田原のような城郭が既設されているところか、中原のような御殿が造営されているところを選択している。府中にも稲毛にも御殿が置かれており、両者とも可能性が残る。しかし、家康の目的は川越などでの鷹狩であり、「道中宿付」も中原から府中を経て川越・忍へと向かう予定を立てている。「武州府中」と考える方が妥当であろう。

次に、慶長一六年の「道中宿付」は発見されていないが、「駿府記」によると、家康は同年にも関東へ下向し、府中に滞在したことがわかる。

十三日、今朝自忍至川越給、将軍家自鴻巣令出向給、有御対面、此時自将軍家、大御所近侍衆本多上野介、安藤帯刀、永井右近、松平右衛門佐、後藤少三郎、長谷川左兵衛、各黄金御馬御服等賜之云々、今夜増上寺国師、及成瀬隼人正、土井大炊助自新田帰参、申云、於彼地義重義貞之菩提所、昔之旧跡有之云々、是以御気色快然云々、

十四日、御着于武州府中、将軍家今日還御于江戸云々、

十五日、今日宰相殿御疱瘡容易之由、自駿府施薬院宗伯及宗哲法印言上之、是以有御喜悦、而途中緩々可有御鷹野之由被仰出、則令赴稲毛給云々、

一一月一三日、家康は忍から川越に到着した。そこへ鴻巣に滞在していた秀忠も訪れ、家康との対面を果たし、家康側近の本多正純・安藤直次・永井直勝・松平正綱・後藤光次・長谷川藤広へ下賜品を与えた。さらに、上野国新田に向かっていた増上寺源誉や成瀬正成・土井利勝が家康の元に戻り、新田に先祖新田義重・義貞の菩提所や旧跡が残存していることを報告したところ、家康は「御気色快然」であったという。

翌一四日、家康は川越から「武州府中」に到着、秀忠は江戸へと戻っていった。

一五日には徳川義直の疱瘡が快方になったという朗報が家康の耳に届いた。「御喜悦」の家康は、府中から「途中緩々」と鷹狩を行い、稲毛に向かった。府中と稲毛の間、すなわち多摩川沿いのどこかで鷹を放ったようである。

家康は慶長一六年も府中に訪れたのである。その後、稲毛から神奈川・藤沢・中原・小田原・三島・今泉（善徳寺）を経て駿府に戻るが、本多正純以下の側近も駿府まで同行したと考えられる。家康に従う多くの家臣も府中に宿泊したのであり、府中御殿もそれに対応できる規模の施設であったのだろう。逆にいえば、相応の御殿があるからこそ、府中宿泊を選択したのである。

二　府中宿泊中止

次に慶長一七年（一六一二）一〇月から一一月の「道中宿付」（名古屋東照宮旧蔵）である。家康は一〇月三〇日に駿府を発ち清水へ至り、翌閏一〇月一日善徳寺、三日三島、四日小田原、五日中原、七日「武府中」、八日川越、一三日忍、二五日岩槻、二六日越谷、一一月五日葛西、七日江戸、そして一七日稲毛という計画を立てた。同年も慶長一五年と類似した行動予定であったことがわかる。駿府から東海道を東へと進むが、江戸へは直行せず、中原から北上し、府中を経て川越・忍・越谷などに滞在してから江戸に至る順路である。府中宿泊も予定に入っていた。

しかし、別の慶長一七年「道中宿付」（金井次郎氏旧蔵）では、様相が異なる。閏一〇月五日の中原到着予定までは変わらないが、その後は八日藤沢、九日神奈川、一〇日江戸とあり、府中は記されていない。

それでは、実際の動向を「当代記」で確認しよう。家康は「腫物」があったため予定より遅れて閏一〇月二日に駿府を出発し、路次で鷹狩を実施しながら一二日に江戸へ到着した。そして、二〇日に再び鷹狩を行うため江戸を離れ、一か月後の一一月二六日に江戸へ戻った。その間、家康が忍、秀忠が鴻巣で鷹狩を行ったが、その他の滞在先はわからない。

おそらく慶長一七年の場合、家康は府中に来ていない。駿府にいた当初は府中経由も計画したが、出発前に直接江戸へ向かう順路に変更した。その変更前後の「道中宿付」双方が現存しているわけで、実際は変更後、すなわち府中を経由しない順路が選択されたのである。最初は府中経由で川越・忍方面へ向かう予定であったが、家康は江戸到着後に忍などで鷹狩を行った。その後、再び江戸に戻るが、江戸と忍の往復でも府中には立ち寄っていないだろう。

この年、家康は一二月二日に江戸を出発し、一五日には駿府に帰城している。その帰路も遠回りとなる府中には立ち寄らなかったと考えられる。

元和元年（一六一五）は、大坂合戦が終結し、豊臣家が滅亡した年である。同年五月八日に秀頼を自害に追い込んだ家康は、八月四日に京を出発し、二三日に駿府へ戻った。そして、九月二九日に駿府を発ち、一〇月一〇日に江戸到着。江戸出発は一二月四日で、一六日に駿府へ帰っている。関東に二か月ほど滞在したわけだが、翌年四月に生涯を閉じることになるため、これが最後の関東巡回となった。

同年の「道中宿付」二通に、「府中」の地名を見ることができる。

その一通（水戸彰考館所蔵）によれば、九月二九日清水、一〇月一日善徳寺、四日三島、六日小田原、八日中原、一一日「府中」、一二日蕨、一七日川越、二三日忍、一一月二日岩槻、三日越谷、一二日葛西、そして一五日に江戸へ至るという予定である。もう一通（松平宗紀氏所蔵）には、九月二九日清水、一〇月一日善徳寺、三日三島、四日小田原、六日中原、八日「府中」、九日川越、一四日忍という予定が記されている。

いずれも中原の翌日に府中宿泊が予定され、次に向かう予定地は川越（前者は蕨経由）であった。川越では数日間の滞在が計画されていたこともわかる。

実際の行動はどのようであったのか。「駿府記」によると以下の通りであった。

九月二九日に駿府を出発して清水、一〇月一日善徳寺、三日三島、四日小田原、五日中原、八日藤沢、九日神奈川、一〇日江戸城到着。二一日江戸を出発して戸田、二五日川越、三〇日忍、一一月九日岩槻、一〇日越谷、一五日葛西、一六日千葉、一七日東金、二五日船橋、二六日葛西、二七日に江戸到着。一二月四日江戸を出発して稲毛、六日中原、一三日小田原、一四日三島、一五日善徳寺、一六日駿府に到着した。

すなわち、駿府からの往路において、家康は中原まで当初の予定通り進んだが、そこから府中経由で川越へ向かうことはなかった。中原から東海道を進み、江戸に暫く滞在してから川越・忍・越谷、さらに上総東金へと足を運んだのである。駿府への復路でも、府中には立ち寄っていない。

以上のように、家康は駿府から関東へ鷹狩に赴いた際に府中宿泊を計画・実施することがあった。慶長一三・一五（推定）・一六年には実際に宿泊したが、慶長一七年と元和元年の場合は、当初は宿泊予定であったが実施されなかった。

その差は何か。家康の鷹狩目的地がどこか、そこに至るための中継地がどこであったか、ということが鍵である。府中が多摩地域の重要な拠点として認識されていたことは間違いないだろう。そこに府中御殿が設置されていたことが何よりの証左となる。

しかし、決して府中が家康の最終的な鷹狩目的地というわけではない。府中滞在は一泊程度に過ぎず、翌日には別の場所へと移動している。

慶長一六年は川越から府中、その翌日には稲毛という移動である。その途中で鷹狩を行っているが、長期滞在はしていない。稲毛も一泊のみで、家康は神奈川へ向かう。

慶長一七年と元和元年の場合は、結果的には中止となったが、府中宿泊も計画に上がっていた。中止の理由は府中地域に問題があったためではない。両年ともに、駿府出発前の家康にとっての目的地は川越であり、また忍であった。駿府から江戸を経由しないで川越に直接到着するためには、小田原から中原に至り、中原から府中を経て川越へ向かうのが迅速かつ安全な順路であったのだろう。府中は駿府から川越に行くために重要な拠点であり、その中核施設として府中御殿が機能していたと考えられる。同じ拠点であっても、川越や忍は目的地として位置づけられるが、府中の場合はそこに至る重要な中継地と見るべきであろう。

家康時代においては武蔵の川越や忍が最重要視された鷹狩目的地であり、関東ではこれらに武蔵越谷や相模中原・上総東金を加えることができる。東海地域においては駿河の善徳寺（今泉）と田中、さらに遠江中泉と三河吉良を挙げておきたい。武蔵の府中や稲毛（小杉）・岩槻、相模の藤沢や小田原、下総千葉や伊豆三島などは、近辺で鷹狩を行うことはあっても、あくまで目的地へ至るまでの中継地に過ぎない。ここで中継地として挙げた地域より、目的地として挙げた地域の方が家康の滞在期間は明らかに長い。

それでも、府中が多摩地域における重要拠点であったという位置づけは揺るがない。『武蔵名勝図会』によると、府中「御殿跡地」について、「山々を眺望する佳景の勝地なり」、また「この地は上古官庁の跡なり。六所社伝にも国造の旧地なり」とある。府中御殿が建てられていた場所は、高台に位置する景勝地（図1・2）であり、かつては地域行政の中心地であった。

さらに同書は、江戸城築城中の家康が、府中や川越で狩猟を行うための「旅館を造営すべし、府中は古えより府庁の地と兼ねて聞召されければ、その旧地へ営むべき旨の台命あり。その頃太閤奥州下向ありしかば、帰陣の前に造畢すべしとて、近郷近里の大匠へ御下知ありて、不日にして御殿造畢す」という状況であったと記す。府中御殿

図1　「武蔵府中国府台勝概一覧図」（部分）府中御殿御旧跡

図2　「武蔵名勝図会」御殿跡地

は狩猟のための宿泊施設として建設され、そこが由緒ある場所という理由で選ばれ、加えて奥州に向かっていた豊臣秀吉が武蔵に戻ってきた際に間に合うようにと御殿造営が急がれたとされる。秀吉は奥州への往路は江戸を通過し、帰路は川越経由で府中「新営の御殿」に宿泊したともいう（『武徳編年集成』）。天正一八年（一五九〇）のことである。

『新編武蔵風土記稿』には、「旧跡の故にや、東照宮この地に御殿を造営ありて、遊猟の草舎などなしたまひき」と見える。

また、『家忠日記』によれば、天正一九年一月一四日条に「中納言殿武州府中迄御出陣候て、殿様江戸より御越候由候」と記されている。秀吉の甥にあたる秀次が、奥州への出兵のため武蔵府中に滞陣し、そこへ家康が江戸から駆け付けた。これが確実視し得る家康の府中初来訪であろう。

なお、府中御殿について、家康との関係において重要なことがもう一点ある。久能山に葬られていた家康の遺骸を日光に移送した際、府中御殿も通過しているのである。元和三年（一六一七）三月一五日に久能山を出発し、善徳寺で一泊、三島と小田原で各二泊、中原で一泊後、府中御殿には同月二一・二二日を過ごし、川越で四泊した後に忍へ至っている。生前の鷹狩巡回順路と同一である。その後、忍で一泊、佐野で一泊、鹿沼で六泊し、四月四日に日光へ到着した。

三　徳川秀忠と八王子鷹部屋

次に秀忠についてであるが、「当代記」によると慶長一五年七月六日に府中で「河狩」を行っている。しかし、自身が多摩地域で鷹狩などを行った形跡はないようである。

そのような中で、秀忠は旗本竹本光政に八王子を中心とした鷹場を与えた。『寛政重修諸家譜』にも光政を始めとする竹本家当主の系譜が記されているが、より詳しい記述のある「諸家系譜」（国立公文書館内閣文庫所蔵）を取り上げることにしよう。

竹本光政は天正一二年（一五八四）、一〇歳で家康に召し出され、幼少の秀忠に附属する小性となった。その秀忠に対して「度々手荒キ義」をしたようで、家康の「御叱りを蒙」ることもあったという。関東入国後、光政は相模国大住郡岡田村・下落合村に五十石が与えられ、岡田村内に居住した。のちに「武州八王子町之仕置」すなわち代官職に任じられると、八王子に移住し、同地に屋敷も与えられた。

一方、「常々鷹を好居廻シ能仕候」と、光政は鷹の扱いが得意であるという面も持ち合わせていた。そこで、秀忠は「忍・川越」で鷹狩をする際、光政へ「御側ニ而御奉公」することを命じた。さらに、「八王子辺」に光政自身の鷹場をも与えたのである。その範囲は、「東者日野玉川切、西者郡内境切、南者津久井川切、北者伊奈平井村切」であった（ただし、実態の伴う範囲かどうかは疑問が残る）。

それだけではない。光政の所持する鷹が狩猟成果を挙げる状況を目の当たりにした秀忠は、「御秘蔵之御鷹」を光政に預けることとした。そして、その鷹の𪀚が必要なことから、元和元年（一六一五）に「八王子ニ新規ニ御鷹へや」を設置し、光政を「御𪀚飼」に任じている。「御𪀚飼」は鷹部屋を管理する役人で、直属の「餌指」を召し抱えることも許可された。また、没後は八王子の大善寺に葬られている。明暦元年（一六五五）に八三歳で死去するまで、光政は七〇年以上にわたり将軍家に仕えたのである。

光政は少禄の旗本に過ぎなかったが、幼少期から秀忠の側近くで仕えていたことと、鷹に関する優れた技能を有していたことにより、鷹場を与えられるなどの厚遇を得た。最初から八王子に鷹場があったのではなく、光政が代官として八王子に赴任した後に鷹場として与えられたのである。

秀忠を含め、将軍が八王子に来訪したことはなく、専用の御殿なども設置されなかったと見られる。あくまで秀忠自身の鷹狩目的地は忍や川越（家康生前は鴻巣が多い）で、そこでの鷹狩が実施される際、光政は秀忠の元に八王子から駆け付け、「八王子辺」の鷹場で飼い慣らした鷹を持参したのである。八王子の鷹部屋および鷹場は、将軍が鷹狩を行う忍・川越を後背から支える地域としての役割を担っていたと位置づけられる。八王子以外には、武蔵鉢形（現埼玉県寄居町）や常陸下妻・下野佐野・伊豆三島などに鷹部屋が設置されていたが、それらの地域で将軍自ら鷹狩を行うことは滅多になく、後背地域として存在・機能していたと考えられる。

そうした状況下で、光政自身の屋敷や鷹部屋が中核機能を有したのであろう。それは八王子のどこか。『新編武蔵風土記稿』によると、八王子の「八日市宿」に「御鷹部屋跡」という項目を見ることができる。かつて鷹部屋は「念仏堂の側」にあり、「上野原宿天神森の東に餌指屋鋪の跡」もあるという。「念仏堂」は「上野原の地先」で、「浄土宗瀧山大善寺にて支配」されていた。現在の八王子市上野町に「念仏堂」は現存していないが、当時の面影を残す「時の鐘」が残されている。その隣接地に鷹部屋および餌指屋敷が存在していたのである。甲州街道に近いが一歩離れた場所であり、鷹を飼育し、かつ近郷へ向かうのに適すると思われる。

さて、光政の子望政も孫望任も、八王子に住し、「御鷹飼」に任じられた。「諸家系譜」によると、望政は明暦元年に父の家督を継ぎ、寛文七年（一六六七）に死去するまで「御鷹飼」をつとめた。鷹匠頭「加藤伊織組」に属していたという。

望任も「加藤伊織組」所属の「御鷹飼」であった。この望任時代に、竹本家にとっても八王子鷹部屋にとっても、大きな変化が訪れた。家綱政権下での鷹部屋拡張と、綱吉政権下における鷹部屋廃止である。

八王子鷹部屋は「七放鷹弐十軒・繋鷹拾軒」という規模であった。それを管轄したのが望任で、その鷹の管理は極めて順調に進んでいた。武蔵鉢形にも鷹部屋一〇軒が置かれていたが、すべて八王子に移設することとなった。

図３　大善寺の竹本光政（左）・望政（右）墓碑

図４　大善寺所蔵釣り鐘

合計四〇軒を任されたのである。

しかし、延宝八年（一六八〇）に綱吉が将軍に就任すると、状況が一変する。天和三年（一六八三）、八王子鷹部屋の廃止が決められたのである。「御掛飼」無用となった望任は、「小普請入」が命じられた。前年には鴻巣の鷹部屋も廃止されているため八王子だけではないが、光政・望政・望任と三代続いた竹本家の八王子「御掛飼」は終わりを迎えた。

また、『寛政重修諸家譜』には正岑の項に「小石川の光圓寺に葬る。後葬地とす」とあり、正岑以降の葬地が判明するが、それ以前の光政・望政・望任については記されていない。

一方、「諸家系譜」によると、三名の葬地も法名とともに明記されている。光政は「法名高岳院英誉性山、武州八王子大善寺葬」、望政は「号正慈院浄誉英忠、葬同上」、そして望任は「号良心院善誉念光、小石川光圓寺葬」とある。光圓寺に葬られているのは望任以降で、光政・望政の二人は八王子の大善寺だとされる。

そこで筆者は、大善寺を訪れ、墓碑の調査を行った。同寺によると、それらしき墓碑はあるが、定かではないという事前回答であった。しかし、「諸家系譜」記述の法名と一致する、両名の墓碑が現存していることを確認できた（図3）。風化が進んでいるものの、光政墓碑と思われるものには「高岳院」、望政墓碑と思われるものには「浄誉英忠」などの文字がたしかに彫られているのである。

さらに大善寺には、寛永三年銘の鐘が現存しており、そこに「大旦那　竹本権右衛門尉」という文字が刻まれている（図4）ことも付記しておきたい。

四　徳川家光と牟礼・井之頭

三代将軍家光の場合、将軍就任当初は川越で鷹狩を行うことが多かったが、次第に葛西・高田・品川・目黒などの江戸近郊に限定されるようになる。その中で、家光は多摩地域東部の「牟礼」に訪れている。牟礼は現在の三鷹市に属するが、ここでの「牟礼」は「牟礼野」や「牟礼筋」を指し、井之頭などを含む広域として考えていく。

まず『江戸幕府日記』（姫路酒井家本）によると、家光は寛永二年（一六二五）一一月三〇日に「牟礼」で鹿狩を行った。次に示したのは寛永一一年四月一九日の『江戸幕府日記』である。

一、今朝寅刻、牟礼筋へ鶉為御鷹野　出御、
還御之節、於石神井庄御狩被仰付、御物数、
鶉弐百四十九、雉十、
鹿十九、内三者子也、生捕之、
申ノ下刻　還御、　御機嫌不斜、二丸通入御也、即刻御黒書院へ　出御、大炊頭・讃岐守被召出、今日之
御仕合之旨被　仰聞之候、

家光は鶉捕獲を目的とした鷹狩のために「牟礼筋」へ足を運び、その帰路、「石神井庄」で鹿狩を実施している。鶉・雉および鹿という、この時の獲物も判明する。翌二〇日の日記によれば、捕獲した鶉や鹿を諸大名に分け与えていることもわかる。家光にとって大規模な狩猟および下賜行為であった。しかも、「御機嫌不斜」と、家光を満

足させるものとなっていた。

また、寛永一五年四月二日にも、「辰刻牟礼筋江御鷹野ニ被為　成、未后刻ニ之丸江還御」というように、家光は「牟礼筋」で鷹狩を行った（『江戸幕府日記』）。この時も日帰りで、その日の内に御三家へ獲物の鶉を下賜した。さらに、「牟礼ニ而今日せこの仕様応　御気色」と、参加した勢子の動きが家光の気に入るものであった。そこで家光は、小十人組頭と徒頭に対して「御褒美御服」を与えている。

以上のように、家光は「牟礼筋」で鷹狩を行い、そこで鶉を捕獲した。では、なぜ「牟礼筋」が選ばれたのか。地理的要因および季節と獲物、これに尽きると思われる。

江戸城を寅刻（午前四時頃）出発、申下刻（午後五時頃）の帰城が寛永一一年時であった。同一五年の時は辰刻（午前八時頃）に江戸城を出て、未后刻（午後三時頃）に戻っている。一日行程で狩猟を行うのに適した距離にあったのが、「牟礼筋」だったのである。

家光は鷹狩を行うにあたり、短時間・短距離で済ませる際は葛西や高田などを選び、宿泊を伴う長時間・長距離の場合は川越を選択した。牟礼は、いわばその中間に位置づけられる。鷹狩が幾度か行われた板橋や練馬なども、牟礼と同じような特色を持つ地域であったと考えられる。

寛永一一年の場合、江戸城に戻った家光は、土井大炊頭利勝や酒井讃岐守忠勝を召し寄せ、「今日之御仕合」すなわち狩猟状況・成果を二人に語り聞かせている。つまり、土井と酒井は家光に同行してはいない。寛永一五年は酒井忠勝が「留守居」すなわち江戸城の留守番を命じられている。

家光が宿泊を伴う鷹狩で川越に赴いた際は、土井などの重臣層も同行している。重臣層の同行は少なく、側近層の同行があったのが、中距離地域における狩猟の特色の一つと考えられる。

さらに地理的要因には、狩場の自然環境も重要な点であろう。

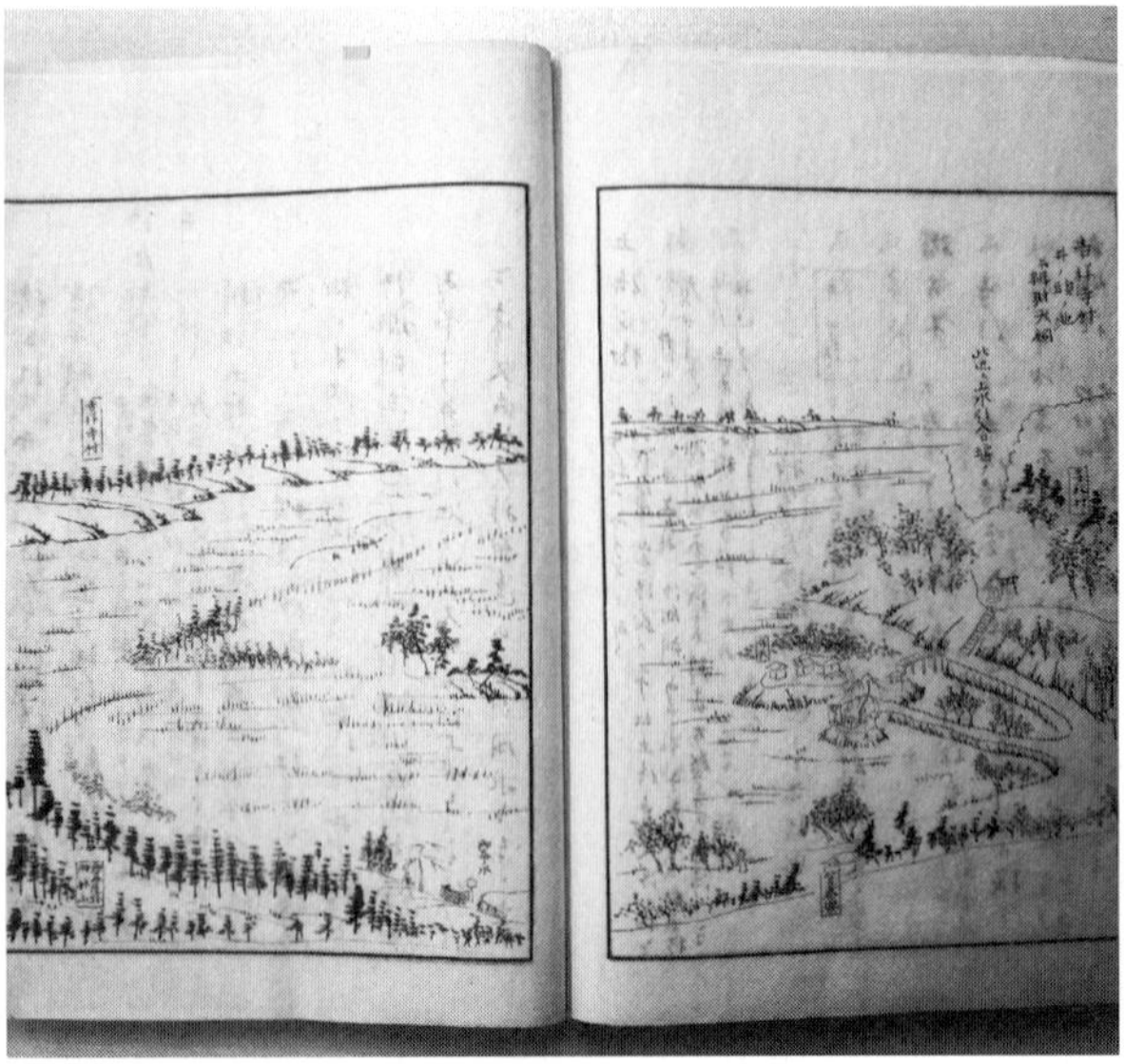

図5　「武蔵名勝図会」吉祥寺村

寛永一五年時、家光は「せこの仕様」を褒めたが、大人数の幕臣を引き連れての演習的狩猟が牟礼では可能だったのである。そして、狩場では何より獲物となる動物が生息していなければならない。狩猟成果が上がらなくとも良い、と家光やその周囲が認識していたわけではないだろう。成果を目的とした狩猟なのである。

鷹狩は主に秋から冬に行われる。鶴や雁などの渡り鳥が対象の獲物だからである。ところが、家光が牟礼で鷹狩を行ったのはいずれも四月で、獲物は鶉が中心であった。鶉を獲ることを目的として、それが生息する牟礼に訪れたのである。一方、川越などでの鷹狩は冬が中心で、これは鶴などの捕獲が目的であった。

また、牟礼から家光は日帰りで江戸城に戻っている。しかし、どこかで必ず休息は取っていたであろう。その場所は、「御殿山」と呼ばれるところ（現武蔵野市）と考えられる。

『武蔵名勝図会』には「御殿跡地」として、「吉祥寺村にあり。井の頭池の西にて、少し高き所なり。往古寛永、正保の頃は時々御放鷹ありし」とある。府中御殿同様に景勝地で、「高き所」に御殿が設置されていた。同書の絵図では、「御茶屋跡　御林山」の地点を指す（図5の左下）。牟礼と井之頭は地続きで、井之頭の池や林も「牟礼筋」の範囲と想定し得るのではないだろうか。

江戸城からの距離と、獲物となる動物の生息環境、こうした点から牟礼・井之頭が鷹狩を行う場所として選択されたと考えておきたい。

おわりに

多摩地域の広範囲に設定された将軍家鷹場ではあるが、その中には中核となる拠点があった。一つが府中であり、一つが八王子であり、もう一つが牟礼・井之頭であった。

家康は府中御殿を設置し、幾度か足を運んだ。しかし、それは主に小田原方面から川越方面へと向かうための道筋であり、鷹狩・鷹場という意味では川越に至るための重要な中継地であった。

秀忠は八王子に直接来訪した訳ではないが、信頼する家臣の竹本光政に八王子の鷹場・鷹部屋を任せ、川越などで鷹狩を行う際に後背から支える地域という役割を持たせた。

家光は牟礼を鷹狩目的地として訪れた。その際は井之頭の御殿山を拠点としたと考えられる。

同じ将軍家鷹場であっても、府中と八王子と牟礼・井之頭は、いずれも多摩地域の中で中心的な場所であったが、それぞれの存在意義は異なっていた。

本章では家康・秀忠・家光時代における将軍家鷹場について、多摩地域に限定して述べてきた。その後の府中・八王子・井之頭の鷹場はどうなったのか。

まず府中について、府中御殿は正保三年（一六四六）に火災で焼失し、享保九年（一七二四）から開墾されて陸田になったという（『新編武蔵風土記稿』・『武蔵名勝図会』）。

鷹場については、上杉景勝が元和元年（一六一五）一一月二〇日に「府中領并八王寺筋」を幕府から与えられている（『大日本史料　上杉家文書』）。また、家光の弟忠長が甲府藩主時代の元和九年一二月五日、武蔵府中で鷹狩を実施した（『史料綜覧』）。景勝や忠長の「府中」がどこを指すのかは不明だが、府中近辺は大名家の鷹場として機能していたようである。

なお、寛永期以降、多摩地域北部は尾張徳川家が鷹場として拝領している。

また、家綱時代になると、府中は甲府藩主徳川綱重の鷹場となる。綱重は家綱の弟で、当時館林藩主の綱吉はその弟にあたる。家綱は綱重・綱吉に鷹場を与えた。綱重は「府中」、綱吉は「練馬」で、両者ともそれぞれの鷹場で鷹狩を実際に行っている。

綱重に府中鷹場が与えられたのは寛文三年（一六六三）七月二二日で、寛文五・八・九・一一年と、この鷹場に少なくとも四回赴いていることがわかる。しかし、寛文八年は「鷹場府中」とあるのに対し、同五・九年の場合は「鷹場石原」と記されている（『寛文年録』）。「石原」は現調布市内で、この「府中」は広域の「府中領」を指すのであろう。

内閣文庫所蔵「甲府日記」に「石原御殿」の記述があり、綱重は「石原御殿」で休息・宿泊したと考えられる（『調布市史』）。家康が利用していた「府中御殿」ではなく、より江戸に近い新設の「石原御殿」を選択したのである。綱吉の場合は、かつて家光が立ち寄った「石神（井）御殿」（『江戸幕府日記』寛永二一年三月二二日条）であろうか。

次に、八王子鷹部屋は天和三年（一六八三）に廃止されてから約四〇年後、幕府が享保七年二月に再建を指示した。『御触書寛保集成』（一一二五号文書）に、「今度八王子ニ出来候御鷹部屋、四方三里宛之内ハ鳩より以下之鳥殺生停止候間、其段彼御代官より御領・私領え相触候様可被申渡候」と記されている。この再建八王子鷹部屋の実態は不明で、はたしてどの程度機能していたのか疑問が残る。

もし機能していたとすれば、それはどのような役割を担っていたのであろうか。

拙著『鷹と将軍』でも紹介した、享保期の鷹匠同心中山善大夫の日記（宮内庁書陵部所蔵）は、当該期の鷹匠（同心）の動向を知ることができる史料である。その鷹場巡回先を追跡していくと、下倉田村（現横浜市戸塚区）に鷹部屋が置かれており、鷹匠らが何度も足を運んでいる。そして、そこに数日滞在することもあり、多方面へ移動する際の起点ともしている。

八王子鷹部屋の場合も、下倉田村鷹部屋に類似した機能を持っていたのではないか。江戸から多摩地域へ向かった鷹匠一行が休息する場所であり、そこから東西南北へ足を伸ばしていく。八王子で鷹狩を行ったというよりも、そこに江戸西方の拠点としての役割を持たせようとしていたと考えられる。

最後に井之頭について、御殿山近辺は幕府直轄の「御林」として存続した。ところが、鷹狩とは無関係になったわけではない。鷹の放鳥場という、独特な役割を担うことになったのである。

ここでいう放鳥とは、鷹狩と同義語の放鷹とは意味が異なる。生きている鷹を自然に返すという行為で、放生の一つである。将軍綱吉は、鷹狩を縮小・廃止する際に鷹を自然の山々へ放鳥したが、その場所は秩父山中や伊豆諸島などであった。

享保期以降は綱吉時代のような大掛かりな鷹の放鳥が見られなくなるが、放鳥行為自体は継続されている。老齢となった鷹を手放すのであり、井之頭がその放鳥場として選ばれた。

井之頭の場合、放鳥場としての機能がどの程度継続していたのかはわからないが、鷹匠同心中山善大夫の日記によると享保一六年、若年寄水野忠成の日記（東京大学史料編纂所所蔵）によると文化八年（一八一一）、そして吉祥寺村名主家の史料（『武蔵野市史』）によると弘化三年（一八四六）の放鳥を確認することができる。井之頭は家光時代と異なる形で鷹と関わることになったのである。

第六章　綱吉政権期における犬預け政策と村

桜井昭男

はじめに

江戸幕府の第五代将軍徳川綱吉が行った、いわゆる「生類憐み政策」の研究については多くの蓄積がある（根崎光男『生類憐みの世界』、二〇〇六年四月、同成社）。その中でも中野（現東京都中野区）その他での犬小屋の設置に関する話はつとに有名で、様々な場面で言及されている。しかし、犬小屋設置という史実の中でも、特に多摩地域の村々で犬を預かっていた問題については、いまだ十分なことはわかっていないのが現状である。

研究史を振り返ると、最初に多摩地域における犬の管理の問題を取り上げたのは大舘右喜氏であった。大舘氏は、幕府が武蔵国荏原郡上野毛村（現東京都世田谷区）や同国入間郡上中下北野村・町谷村・上下勝楽寺村（現埼玉県所沢市）・上藤沢村（同入間市）といった村々に野犬を預け、「養育を命じ」たことを指摘した（大舘右喜「生類憐愍政策の展開」、『所沢市史研究』第三号所収、一九七九年三月）。この問題に関する大舘氏の評価は、江戸近郊の村々が幕府に犬の養育を押しつけられ、大変苦労したというものであった。

大舘氏の見解は基本的にその後も受け継がれ、塚本学氏もその著書の中でこの犬預け政策に触れた際、大舘氏の研究を引用する形で「武州入間郡狭山丘陵地域の村では収容力を超えた犬を預けさせられて、その負担は後年にも及んだ」（塚本学『徳川綱吉』一四六頁、一九九八年二月、吉川弘文館）と述べている。また、白橋聖子氏と大石学氏も「中野村をはじめとする江戸周辺の村々は、こののち、実際に、犬を預かり、飼育するという負担を負わされたのである」（白橋聖子・大石学「生類憐み令と中野犬小屋」九五頁、東京学芸大学近世史研究会『近世史研究』第四号所収、一九九〇年六月）とし、根崎光男氏も「この村預り犬養育制度は、中野犬小屋を補完する機能を有し、犬小屋の犬を周辺村落に預けることにより多くの犬を保護するためのものであった」、あるいは「幕府は犬小屋の拡張を終了した段階で、犬小屋に収容されていた犬を積極的に江戸周辺農村に預けつつ、その後犬小屋を縮小していった」（根崎前掲書一三五〜一三六頁）と述べている。

しかし、もし幕府が村に強制的に犬の「養育を命じ」たとするならば、幕府は犬を預ける村をどのようにして決めたのであろうか。現段階で犬を預かったことが確認できる村数は決して多いものではないことを考えると、幕府が一律に村に犬を押しつけたわけではなかったことがうかがえる。また、後述するように、幕府が犬を預けた村はある特定の地域にかたまっており、その理由もいまだ解明されたとはいえない状況にある。こういった点を考えていくと、この問題は幕府の方針の問題として、すなわち幕府の側の問題として究明する一方で、犬を預かった村の側の問題としても考えてみることが必要に思えてくる。

さらに、先行研究によれば、宝永六年（一七〇九）正月に将軍綱吉が死去し、第六代将軍徳川家宣によって「生類憐み政策」が撤回されると、村への犬預け政策も廃止されたが、それにともなって村に支給されていた養育金の返還を迫られ、村はその返済に長年にわたって苦しんだとされているが（大舘前掲論文一四三〜一四六頁）、単純に考えてみても、犬の養育のために使用した養育金をなぜ返還しなければならなかったのだろうか、という素朴な疑問が生じてくる。この養育金返還問題についても、その内実は十分に解明されてはいないのである。

以上のような疑問点を踏まえ、本章では犬を村に預けるという幕府の政策について、あらためて検討を加えていきたい。

一　犬預け政策の開始

村に犬を預けるという政策の要因は、「幕府は野犬を養育するために江戸郊外の大久保・中野等に犬の廬舎を増築したが、府内外の厖大な野犬、すなわち民衆の放棄する犬の増加は、廬舎の収容規模をはるかに越えるものであった。幕府はそれら野犬を近郊村落に預けて養育を命じ処置せんとした」（大舘前掲論文一四一頁）とあるように、基本的にそれまで犬を収容していた犬小屋の収容能力が限界に達したためであった。

中野の犬小屋への犬の収容は元禄八年（一六九五）一一月一三日から始まったが（大舘前掲論文一三九頁）、すぐに一〇万匹の犬が集まってしまったため、まもなく幕府は犬小屋がある中野村にも集まった犬を預けることとした。宝永六年（一七〇九）六月の「御犬養育金返上請取帳」という史料（首都大学東京附属図書館所蔵堀江家文書№B―一七五）に「拾年以前卯之年より段々御犬御預り申」とあることから、中野村では元禄一二年（一六九九）から犬を預かることになったようである。

なお、犬を預かった者には「御犬養育金」として、毎年春と冬の二度に分けて、犬一匹につき合計金二分が支給されることになっていた。先に引用した堀江家の史料には、「養育金壱ヶ年弐分宛被下置数年申請、尤御金春壱分・冬壱分両度御渡被成、勿論去春申請候御金ハ去子十月より当丑ノ三月迄、同暮ニ申請候御金ハ当丑之四月より同九月迄之積り御取越被下請取申候」とあるように、春に支給される分はその年の一〇月から翌年三月までの費用に充て、冬に支給される分は翌年四月から九月までの費用に充てることになっており、この「御犬養育金」が常に前倒しで支払われるという特徴をもっていたことがわかる。

また、犬を預かることになった村からは、以下のような項目が含まれた請書が提出された（『武蔵村山市史』資料編近世三二頁〜三三頁、二〇〇〇年三月、武蔵村山市）。


一犬を養育することで、百姓の務めに支障をきたすことはないこと。

一病犬があれば大切に介抱し、すぐに申し出て役所の指図に従うこと。

一犬同士が喧嘩をしたらすぐに引き離すこと。もし引き離せないときは水をかけて離れさせること。喧嘩で怪我をしたらしっかり手当を施すこと。

一通行中の者が犬に何かをしかけてきたら、預かっている犬であることを告げ、それでも不届きの仕業に及んだ場合は捕まえること。

一狼には十分注意を払い、現れたらすぐに追い払うこと。もし犬が狼に襲われて怪我をしたらしっかり手当をし、すぐに報告すること。もし死んでしまった場合はそのままにしてすぐに報告すること。犬が病気になったり怪我をした場合は名主や年寄がいなくても、兼ねて申し合わせているようにすぐに飛脚をつかって報告すること。

一犬が急に死んでしまった時は、犬の毛の色や預かり主の名前、死んだ時刻などを書いてすぐに飛脚をつかって報告すること。

一預かっている犬を見失ってしまった時は近所を探し歩き、それで見つからない時はさらに一〇日間しっかりと探すこと。それでも見つからない時は、犬の毛の色や預かり主の名前を書いて報告し、その後も探索は継続すること。もし代わりの犬を預けてから探している犬が見つかった時はすぐに報告すること。

一犬養育金の受け渡しはきちんと行うこと。中野犬小屋の役人へ付け届などはしないこと。また、役人が家に泊まる場合も役人側が宿泊費を支払い、百姓側から決まり以外の出銭はしないこと。

一時期を定めず突然に中野役人が廻村をして預けている犬の確認をするので、預かり主は村にいて役人の指図を受けること。

一犬養育金を受け取る時は名主・年寄のほか平百姓二人が付き添い印鑑を押して受け取ること。

一犬養育金を受け取ったらすぐに村に戻って預かり主に割り渡すこと。そのまま江戸に出て逗留などしないように。もしよんどころない事情で江戸に出る時は会所に届け出ること。

一万一犬の養育が困難になってしまった場合はすぐに報告すること。

一子犬が産まれた場合は大切に育て、すぐに報告すること。

一預かり犬以外の犬が村にやって来て死んでしまった場合は、一般の条目にのっとって対応すること。

一預かっている犬を勝手に他村に預けたりしないこと。もし犬を大切にしなかった場合や自分勝手なことをした場合は厳しく処分する。


ここに揚げた史料は残念ながら「後欠」であるため、全体で何ヶ条の請書なのかは明らかではないが、かなり詳細にわたって犬の養育について規定している様子をうかがうことができる。

二　犬を預かった村々

では、このように犬を預かった村の範囲は、実際にどのような広がりをもっていたのであろうか。実はこの点についてはいまだ十分な解明がなされてはいないが、今のところ確認できる範囲で述べるならば、以下の通りである。

①中野村（東京都中野区）

元禄一二年（一六九九）から犬を預かる。宝永五年（一七〇八）には一七三匹の犬を預かっていた（堀江家文書№B—一七五）。

②上野毛村（東京都世田谷区）

元禄一六年に犬一匹に対して年間二分の養育料が与えられていた（『新修世田谷区史』八四八頁、一九六二年一〇月、世田谷区）。

③北野村（埼玉県所沢市）

宝永元年（一七〇四）に三〇名が九三匹の犬を預かっており、四年後には一六二名が六五一匹を預かるまでになっている（『所沢市史』上六一四頁〜六一五頁、一九九一年九月、所沢市）。

④勝楽寺村（埼玉県所沢市）

六九八匹の犬を預かっていた（同右六一五頁）。

⑤下保谷村（東京都西東京市）

宝永二年（一七〇五）一二月から翌年八月の予定で、預かっている犬を狼から守るため幕府から鉄砲を借用し、村人が順番に時間を決めて弾を込めない「おどし鉄砲」を撃つことにしている（『保谷市史』史料編1近世（1）一八二頁、一九八六年二月、保谷市史編さん委員会）。

⑥中藤村（東京都武蔵村山市）

中藤村では「犬名主」と「犬年寄」を置いて犬の管理をしていた。また、下保谷村同様中藤村でも犬を狼から守るために鉄砲の拝借を願っている（『武蔵村山市史』資料編近世二九頁〜三〇頁、三六頁〜三七頁、六四頁）。

また、この他三ヶ島村・堀口村・菩提木村・下糀谷村・上下堀之内村（以上埼玉県所沢市）、上藤沢村（埼玉県入間市）、上芋久保村（東京都東大和市）などでも犬を預かっていたことが確認される（同右六四頁〜六五頁）。

もともと幕府が中野村に犬を預けるにあたっては、「中野御囲御役人様方より以御相対御犬拾年以前卯之年より段々御犬御預り申」（堀江家文書№Ｂ—一七五）とあるように、「中野御囲御役人」と中野村が「相対」、すなわち双方の直接の交渉によって犬が預けられた経緯があった。おそらく幕府は、犬小屋に収容しきれなくなった犬を預ける対象として犬小屋が所在する村であった中野村を選び、双方の合意によって犬預け政策が実施されたことがうかがえるのである。

この政策はさらに広範囲に展開していくことになるのであるが、その際も、幕府は中野村の場合と同様な手続きによって犬を預ける村を決定していったものと思われる。その具体的な手順等については史料がなく明らかにすることはできないが、結果的に犬が預けられた村を見てみると、上野毛村を除きすべて中野村以西の青梅街道の利用に割合い便利な村であったことがわかる。このことは何を意味しているのであろうか。

犬小屋は最初喜多見村（東京都世田谷区）に設置された後、大久保と四谷（ともに東京都新宿区）に建設され、さらに中野に犬小屋が造られていったという経緯を見ると、徐々に江戸市中に犬小屋を建設することが難しくなっていったことがうかがわれる。犬小屋の設置が、もともと江戸市中における人口増加とともに犬も増加し、そのために「犬害」が深刻化するという、いわば都市問題として存在していたという事情（根崎前掲書一一一頁、一一八頁）を踏まえるならば、新たに中野犬小屋から犬を移すとなれば、中野村より東側の村ということはあり得ず、その候補は中野村より西側の、より江戸から離れた村ということにならざるを得ない。また、犬を移動させるにはそれなりの移動ルート、すなわち交通網が必要となってくる。中野村には青梅街道が通っているので、当然この道を利用して犬の移動がなされることになる。

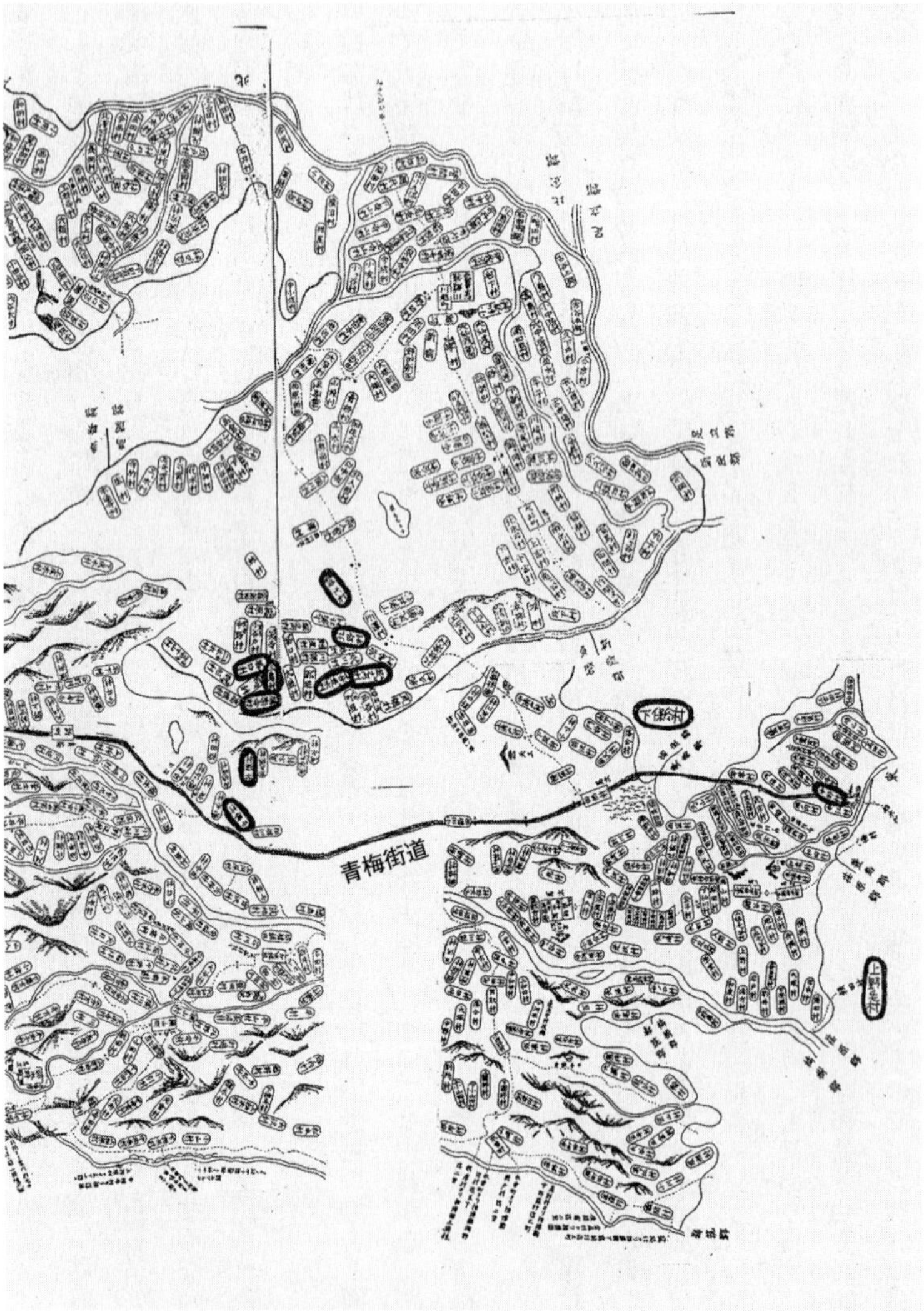

図 1　犬を預っていた村々（太枠の村々）
（『新編武蔵風土記稿』（雄山閣）所載の図を加工）

しかし、青梅街道を利用して中野村より西側の村々に犬を預けるとすると、当時武蔵野台地はまだ広大な荒野が広がっており、中野村以西の青梅街道の状況は、明暦二年（一六五六）に岸村（現武蔵村山市）の小川九郎兵衛が新田開発に着手し小川村の成立を見るまで、田無村（現東京都西東京市）から箱根ヶ崎村（現東京都瑞穂町）まで村がないという状況であった。

このため、犬を預けることができた村は、基本的に青梅街道を通り田無村、小川村、そして箱根ヶ崎村からの便がよい村ということにならざるを得ない。実際にこれまで犬を預かったことが確認される村は、上野毛村を除いてまさしくこの条件をそれなりに満たしている村であった（図1）。

三　村の対応

それでは次に、犬を預かることになった村の側の論理について検討することにする。すなわち、なぜ村は犬を預かることになったのかという問題である。これまでの理解によれば、幕府は中野犬小屋の収容限度を超えてしまった状況で、近隣の村は犬を預けさせられるという「負担」を強いられたという方向でこの問題を理解している。確かに犬を預かるということは、預かった犬に対して責任を負うということを意味していたわけであるが、実際はどうであったろうか。

ここでは、とりあえず次の史料を紹介しておこう（『武蔵村山市史』資料編近世三一頁〜三二頁）。

史料一　　指上申証文之事

一御犬御預被下置候様ニ奉願、御預被遊養育金被下候ニ付、村中之潤ニ罷成難有仕合ニ奉存候、御犬ニ付何ニ

而も百姓之障りニ罷成候儀少も無御座候事

（後略）

この史料は、年代不詳だが、元禄年間（一六八八～一七〇四）に中藤村が犬を預かった際の請書である。ここで述べられていることは、まず犬を預かることを村が願い出ていること、そして願い出る理由が「村之潤」、すなわち貴重な現金収入であるということである。

一般に請書の場合、幕府あるいは領主からの命令であっても、形式として村から願い出るという形をとることは一般的といえるが、この場合は必ずしもそうとはいい切れない点がある。この点について、中藤村の事例から考えてみることにする。

中藤村では元禄一三年（一七〇〇）九月に百姓三一名が犬を預かっていたことが確認される（同右二九頁～三〇頁）。しかし、二年後に犬の養育金をめぐって村内で争いが勃発する。

史料二　（武蔵村山市乙幡泉家文書№一一〇二四）(1)

乍恐口上書以申上候

中藤村御預ケ御犬之金子出入御座候ト百姓申上候ニ付、御預り之御犬御召上可被遊之旨御廻状被下候ニ付、惣百姓ニ申渡し候へハ、拙者方江出入無之と申候百姓共御そしやうニ罷出候、右之通り御じびニ御預ケ被遊被下候ハヽ、難有奉存候

元禄十五年

午ノ五月日

中藤村

名主　市郎右衛門㊞

中野
　御奉行所

史料三（武蔵村山市乙幡泉家文書№一一二二八）

　乍恐以口上書御訴訟申上［　］

一御廻状奉致拝見候へハ、［　　］犬并御養育金共ニ差上申候様ニと仰被付候ニ付驚入、何共皆々尽迷惑ニ奉存候間、哀願は御慈悲ニ御願被遊被下候ハヽ、偏ニ難有奉存候、以上

（元禄十五年）
午ノ五月日　　武州山口領上中藤村
　　　　　　　四郎右衛門㊞
　　　　　　　太兵衛㊞
　　　　　　　七左衛門㊞

　ここでの争論の具体的な内容は不明であるが、この二つの史料からうかがわれるのは、争論を理由として中野奉行所が中藤村に預けている犬を引き上げるといっていることに対して、村の側が慌てて争論を否定するとともに、犬の引き上げを撤回してくれるよう願い出ていることである。犬の飼育が幕府の強制であれば、中野奉行所と村とのこのようなやり取りはあり得ず、村としては犬を引き上げられることはどうしても避けなければならないことであったことがうかがわれるが、その理由は何であろうか。

先に示した**史料一**に戻ると、この史料が示していることは、まず犬を預かることを村が願っていることと、そして犬を預かることが「村中之潤」になっているということであった。先に中野村が「相対」によって犬を預かっていたという史料を紹介したが、中藤村の場合はむしろ村側の積極的な意思によって犬を預かっていたことになる。そしてその理由はもちろん「養育金」という現金収入による「村中之潤」である。ちなみに、この争論にかかわって、「御犬之義ハ願候村方［　］向寄能候間、北野村へ預ヶ可申候間、其心得可被致候、少も背違被申間敷候」（武蔵村山市乙幡泉家文書№一〇一三四）と、中野犬小屋の役人は中藤村に預けている犬を北野村に預け替える意図をもっていたことが確認される。実際に北野村で犬を預かるのは元禄一六年（一七〇三）からとされており（大舘右喜『幕藩制社会形成過程の研究』三七五頁、一九八七年五月、校倉書房）、この争論に対する中藤村への制裁として、中藤村に預けられていた犬が北野村に預け替えされたことがうかがえる。ただし、二年後の宝永二年（一七〇五）に中藤村が犬を預かった際の請書があることから（『武蔵村山市史』資料編近世四七頁～四八頁）、中藤村は再び犬を預かるべく願い出たようである。

このような村の事情を前節の検討結果とかかわらせていくと、村が犬を預かる流れがほの見えてくる。すなわち、幕府は中野犬小屋の犬が増えすぎたことから、犬を村に預けるという政策をとるが(2)、その手順は、まず地元である中野村に「相対」によって犬を預け、さらに中野村以西、特に青梅街道を通り武蔵野の荒野を越えた地域に対して犬の養育を要請し、それに応じた村が犬を預かることになったのではないかということである。

史料四(3)（『入間市史』近世史料編（一九八六年一二月、入間市）（一六頁））

指上ヶ申一札之事

一今度中野御犬在々江御預ヶ被成候由、我等共組子之内壱人ニ而茂御犬願候者無御座、若左様成願仕候者有之を
脇より御聞被成候ハヽ、何分之曲事ニ茂御申付可被成候、其時少茂御うらみ申上間敷候、為其加判仕指上ヶ
申候、為後日仍而如件
元禄拾三年卯ノ四月十四日

組頭　次郎兵衛㊞
同断　茂右衛門㊞
同断　重右衛門
同断　杢左衛門
同断　佐左衛門
同断　権左衛門
同断　次右衛門㊞
同断

（後欠）

この史料は武州入間郡中野村の史料であるが、ここでは自分の「組子」のうちで犬を預かりたいと願い出る者はいないということを届け出ている。中野村の領主は旗本土屋氏であるので、ここでは領主が村人に犬を預かることを禁止していたことが確認される。その理由は、当然のことながら、村人が犬を預かることによって農業が疎かになり、年貢の収入が減少することを恐れたためである。またこの史料から、犬を預かることが他ならぬ村側の意思によって行われていたこともうかがわれる。村にとって犬を預かることは貴重な現金収入を得ることを意味しており、近隣の村々が犬を預かっている状況を見るにつけ、自分たちも犬を預かりたいと望む人々が増えていったこと

を示している。前掲の中藤村が犬を預かった際の請書（『武蔵村山市史』資料編近世三一頁〜三二頁）にも「御犬ニ付何ニ而も百姓之障りニ罷成候儀少も無御座候」とあるが、領主はまさにこのような状況に危機感を募らせていたのである。

四　養育金の返済をめぐって

「潤」のために犬を預かった村であったが、その状況が一変したのは宝永六年（一七〇九）であった。この年の正月一〇日に徳川綱吉が死去すると、跡を継いだ第六代将軍徳川家宣はさっそく生類憐み政策を転換したのである。当然のことながら中野の犬小屋も廃止され、それとともに村への犬預け政策も停止されることとなった。ところで先に、犬を預かった村には「御犬養育金」が支給されていたことを述べたが、この宝永六年正月段階で、犬を預かっていた村はすでにその頭数に応じてその年の九月までの「御犬養育金」を受け取っていたことになる。このため、これらの村は、この先納されていた養育金の返納を命じられたのである。

大舘氏はこの養育金の返納について、「先般以来受け取っていた「御犬養育金」の返納命令」と述べ、「養育金は規定された犬の食糧費等で、すでに雲散霧消していたであろう」と述べているが（大舘右喜『幕藩制社会形成過程の研究』三七八頁〜三七九頁）、この理解は正確ではない。中野村では宝永六年六月から一〇月にかけて養育金を返納しているが、これは「当丑ノ正月中御囲相止申候ニ付、御囲内之御犬分散被仰付、依之私共御預り御犬之義も其積り被思召、当丑年分御取越金ニ御座候ニ付、二月より九月迄之分此金壱疋ニ付壱分五匁宛急度返上被仰付」（堀江家文書№B—一七五）とあることからも、犬の村預け政策が停止されて以降から宝永六年九月までの先納分の返納命令とすべきである。すなわち、建て前上この分の養育金はまだ使われていないことになるため、幕府としては当然

表1　中・下北野村犬養育金返上表

年　月　日	内　　容	出　　典
宝永6年4月17日	1疋ニ付銀20匁ずつ	近藤泰一家文書 A9-4
宝永6年6月21日		近藤泰一家文書 A9-5
宝永6年6月24日	犬養育金返上納／金5両／雨宮勘兵衛手代差出	近藤泰一家文書 A9-6
宝永6年6月24日	養育金返上納／金5両／雨宮勘兵衛手代差出	北田武平家文書 A9-2
宝永6年7月18日	養育金返上納／金5両／雨宮勘兵衛手代差出	近藤泰一家文書 A9-7
宝永6年8月6日	養育金返上納／金5両／雨宮勘兵衛手代差出	近藤泰一家文書 A9-8
宝永6年8月6日	養育金返上納／金5両／雨宮勘兵衛手代差出	北田武平家文書 A9-1
(宝永6年)8月27日	養育金返上納／金4両／雨宮勘兵衛手代差出	近藤泰一家文書 A9-17
(宝永6年)9月18日	養育金返上納／金3両／雨宮勘兵衛手代差出	近藤泰一家文書 A9-18
(宝永6年)10月10日	養育金返上納／金2両／雨宮勘兵衛手代差出	近藤泰一家文書 A9-19
(宝永6年)11月朔日	養育金返上納／金1両／雨宮勘兵衛手代差出	近藤泰一家文書 A9-20
(宝永6年)11月21日	養育金返上納／金1両／雨宮勘兵衛手代差出	近藤泰一家文書 A9-21
宝永8年2月11日	養育金返納／金1両／雨宮勘兵衛手代差出	北田武平家文書 A9-3
宝永8年3月2日	養育金返上納残金／53両2分10匁中25両3分	近藤泰一家文書 A9-9
宝永8年3月10日	養育金返上納／金2分／雨宮勘兵衛手代差出	近藤泰一家文書 A9-11
享保2年8月26日	養育金之内返納／金1両1分／会田伊右衛門	北田武平家文書 A9-5
享保4年3月6日	犬養育金ニ相渡候内返納／乾字金20両余	近藤泰一家文書 A9-12
享保4年3月29日	犬養育金ニ相渡り候内返納／乾字金28両2分／会田伊右衛門	北田武平家文書 A9-9
享保4年4月8日	養育金ニ相渡り候内返納/乾字金20両/会田伊右衛門	北田武平家文書 A9-9
享保4年4月17日	養育金ニ相渡り候内返納／乾字金5両／会田伊右衛門	北田武平家文書 A9-9
享保4年4月28日	養育金ニ相渡り候内返納／乾字金26両3分／会田伊右衛門	北田武平家文書 A9-9
享保4年5月24日	養育金ニ相渡り候内返上納／乾字金20両3分／会田伊右衛門	北田武平家文書 A9-6
享保4年6月26日	犬養育金之内返納／乾字金7両／会田伊右衛門	北田武平家文書 A9-9
享保4年7月23日	養育金ニ請取候内返納／乾字金6両／会田伊右衛門	北田武平家文書 A9-9
享保4年12月朔日	養育金ニ相渡り候内返納／乾字金5両2分銀5匁／会田伊右衛門	北田武平家文書 A9-8
享保4年12月朔日	犬養育金ニ相渡り候内返上納／乾字金15両／会田伊右衛門	北田武平家文書 A9-9

※北田家（下北野村）・近藤家（中北野村）

の返納請求であったが、内実として「村中之潤」となっていた養育金は、村においてすでに様々な形で消費されていたようで、返済は滞りがちであった。

しかし、養育金の返済の話はそうは単純にはすまなかった。表1は、中北野村と下北野村が返納した犬養育金のリストである（所沢市生涯学習推進センター所蔵）。史料的に確認できる範囲のものであるので、必ずしも実態を正確に示しているものとはいえないが、宝永六年（一七〇九）四月一七日を始めとして同年中に一二通、二年後の宝永八年（一七一一）に三通、さらにそれから六年後の享保二年（一七一七）一通、その二年後の享保四年（一七一九）に一〇通の証文が存在している。宝永六年から享保四年まで一一年にわたって犬養育金を返済していることになる。また中藤村の場合は、表2にあるように、宝永六年に三通の証文が確認されるが、その後二五年後の享保一九年（一七三四）に突如として犬養育金の返済が復活し、それは宝暦六年（一七五六）まで実に四七年間続くのである。

おわりに

犬養育金の返納がこれだけ長く続いたのは、通説では一度に返済しきれない分を延々と分納しているためと理解されているが、宝永六年二月から九月の先納分の返済だけならば、これほどの期間を本当に必要としたであろうか。先述のように、中野村ではその年の一〇月までに犬養育金の返納を終えていることがうかがわれるのである。[4]ここで、中・下北野村および中藤村が返済しなければならなかった総額が確定できないので、実際この間にいくら返済し、さらにどの程度の残金があったのか、その詳細を明らかにできないが、それにしても中藤村の五〇年に及ばんとする返納期間は尋常ではない。

表２　中藤村犬養育金返上表

年　月　日	内　　容	出　　典
宝永６年９月25日	養育上納金／金１両	乙幡家文書12911
宝永６年10月15日	養育返上納金／金２分２朱	乙幡家文書12912
宝永６年11月５日	養育返上納金／金１両３分２朱	乙幡家文書12913
享保19年８月28日	養育返納金／金２分／羽生源太右衛門・西山弥五兵衛	乙幡家文書10917
享保19年９月11日	養育返納金／金１分／鈴木平十郎代羽生源太右衛門・西山弥五兵衛	乙幡家文書10918
享保21年３月	犬返納金	乙幡家文書12917
元文３年４月２日	養育返納金／永250文／柴村藤右衛門	乙幡家文書12918
元文４年10月７日	養育金去午年返納分／永□27文１分／柴村藤右衛門手代松浦□助	乙幡家文書10523
元文５年６月17日	養育返納金／金１分／柴村藤右衛門	乙幡家文書10861
寛保元年７月６日	養育返納金／金１分／柴村藤右衛門	乙幡家文書10524
(寛保2年カ)6月9日	養育返納金	乙幡家文書10088
延享２年９月	養育返納金／金１分／伊奈半左衛門内江川郷助・牛尾友八	乙幡家文書12920
延享３年９月３日	養育金拝借／金１分／江川郷助・牛尾友八	乙幡家文書10922
延享３年９月	養育拝借金／金１分／江川郷助・牛尾友八	乙幡家文書10923
延享４年８月	養育金拝借／金１分／江川郷助・牛尾友八	乙幡家文書13012
寛延元年８月	養育拝借金／金１分／江川郷助・牛尾友八	乙幡家文書10862
寛延３年７月	養育拝借金／金１分／建部半蔵・永田佐吉	乙幡家文書11248
寛延４年４月	養育拝借金／金１分／建部半蔵・永田佐吉	乙幡家文書12922
宝暦２年11月	養育拝借返納／金１分／石塚午治	乙幡家文書11247
宝暦３年11月29日	養育拝借酉年返納／金１分／石塚午治	乙幡家文書13414
宝暦５年５月11日	養育貸附金／金１分／石塚八郎太夫	乙幡家文書11249
宝暦６年６月24日	養育金／金１分／石塚八郎太夫	乙幡家文書11250
宝暦６年11月６日	養育貸附金／金１分永64文６分／小森伝左衛門・石塚八郎太夫	乙幡家文書11251

例えば、表2によれば、養育金の返納は宝永期には「養育上納金」「養育返上納金」などと記載されていたが、延享期に入ると「養育拝借金」あるいは「養育貸附金」と表現されるようになる。養育金は当然のことながら幕府から犬を預かった百姓が、犬の養育のために幕府から受け取るものであるから、場合によってそれを「返上」することはあっても、「拝借」するものではなく、ましてや「貸附」けられるものではなかった筈であるが、

時代とともに養育金に対する捉え方あるいは意味あいが変化している様子がうかがえるのである。

先述したように、享保期に入って犬養育金の返納が活発化したことをふまえると、享保期以降に養育金の返納問題に何らかの変化があったことがうかがわれるのであるが、これが享保期における武蔵野の新田開発など幕政の問題とどのように関わるのか、あるいは関わらないのか、今のところこの問題に関してはこれ以上言及することはできないので、今後の課題としておきたい。

（1）乙幡泉家文書は、武蔵村山市立歴史民俗資料館に収蔵されている。

（2）中野村に犬を預けるにあたっては、それ以前に喜多見村に犬が預けられていたことが前例になったという（根崎前掲書一三五頁）。

（3）本史料は原本で確認の上間違いを訂正している。

（4）宝永六年八月の日付の史料に、「右別帳之通私共御預り御犬養育金、当丑之二月より同九月迄之御取越ニ付、御金壱疋ニ付弐拾目宛返上納被為仰付、依之無滞返上納仕候」（堀江家文書No.B—一七六）との文言が確認される。

第七章　近世後期における多摩の質屋渡世

落合　功

はじめに

農村における金融活動は、土地を質入れする質地金融と、無尽・頼母子など相互扶助を意図した金融活動、物品を質入れする質屋金融の大きく三つ存在した。質地金融の場合、自身の所持地を譲渡する可能性があり、個々の経済基盤を揺るがすものとして重要な意味があった。もちろん、近世村落の場合、村役人（村内の上層農民）が質地を請け入れることが多く、土地を質入れすること自体で、質流れを意味するものではなかった。

無尽や頼母子は、特定の目的のために、金銭を出し合うものである。しばしば見られるのは成人したときの伊勢参りなどに際し、村内の人々からお金を出し合うことがあった。また、くじ引きなどで、まとまったお金を獲得することができるような場合もあった。ただ、その場合、金銭が必要な時にまとまったお金を得られるとは限らない。また、目的外の金銭使用が難しいこともあったのである。それに対し、質屋の場合、手持ちの物を質入れすることで、容易に換金することができた。保証人（請人）を必要としたが、容易に利用できる金融機関であったのである。とりわけ、質屋は近世後期の貨幣経済の浸透にともない、農村では重要な役割を果たしていた。

このように農村に存在する質屋は地元に密着した金融機関として存在するとともに、質屋金融が活発に活動することで社会問題を招くこともあった。本章では、近世後期に多摩に展開した質屋渡世について明らかにすることで、地元に密着した金融機関の意味、質屋金融が活動することで如何なる社会問題を招いたのか、この点について紹介していきたい。(本章は拙著「質屋渡世の展開」「武州騒動の主体層について」『近世の地域経済と商品流通』二〇〇七年、岩田書院、の成果を踏まえたものである。あわせて参照されたい。)

一　質屋渡世の展開

農村に展開する質屋渡世は、農間渡世として位置づけられ、多摩地域各地に点在して存在している。質屋渡世を設定するためには、村役人や改革組合村の許可を必要としており、各地に林立することなく、それぞれの村に限定して質屋が存在した。逆に言えば、質屋は各地に点在しており、農村において必要不可欠な組織でもあった。

次に本章で対象とする熊川村の次郎兵衛家の質屋渡世について紹介しよう。その前に、熊川村の概要を紹介しておきたい(天保一四年「村方明細帳下書」『福生市史資料編』)。熊川村は村高五三二石の村で村内の人口は男性一〇五名、女性九八名で、僧侶が一名いた。家数は四〇軒程度だった。また、熊川村は、江川太郎左衛門支配所・長塩隼人知行・田沢鋳太郎知行と三給支配の村であった(「武蔵国多摩郡」『旧高旧領取調帳』一九六九年、近藤出版社)。このうち、本章で取り上げる次郎兵衛家は農間渡世として質屋渡世を営むとともに、長塩知行下で組頭役を勤めている。

熊川村は五穀生産を中心とした純農村地帯で、近郊の市場は八王子宿が二里、五日市村が三里、青梅村が三里と離れており、熊川村の人々はそれらの市場、あるいは江戸で物を売ったり買ったりしていた。多摩地域の特徴である養蚕も行われており、農間渡世としては男性は駄賃稼ぎを、女性は青梅嶋の黒八丈を織っていた。あと、熊川村は、福生村などとともに拝島村寄場組合の一つとして構成されている。

それでは「質物帳」の概要について紹介しよう。この「質物帳」は万延二年（一八六一）正月から明治二二年（一八八九）までの二九年間に質物の出し入れがなされたものである。この間、のべ一六〇四回もの質物の出し入れがなされている。ただ、この「質物帳」によれば、文久元年（一八六一）から明治八年（一八七五）の一五年間に質物の出し入れの大半を見ることができる。なお、明治七年（一八七四）二月までの一四七七軒の質入れ回数の内、質流れしたものは二二回と、わずか二パーセントにも満たない件数だった。

表1　質屋利用者利用別回数（文久元年～明治6年）

質入れ人名前	回数	地域
新蔵	157	内出
半兵衛	125	内出
幸七	114	南
利助	93	村
平六	82	内出
仙吉	79	内出
龍蔵院	78	内出
久次郎	65	南
兼吉	59	村
庄八	55	村
十右衛門	53	村
与兵衛	48	内出
郡次郎	38	村
半定	38	内出
槇太郎	36	村
里次郎	29	村
仲次郎	22	村
惣五郎	22	村
作右衛門	19	村
半平	18	内出
房右衛門	15	村
林右衛門	13	内出
信蔵	13	内出
源五郎	13	内出
市五郎	12	村
宮本	11	村
又右衛門	10	村
四郎右衛門	9	南
作次郎	9	村
藤四郎	9	内出
亀三郎	8	南
丑太郎	8	南
弥三郎	7	村
権右衛門	7	内出
常八	7	南
忠右衛門	7	内出
惣右衛門	6	南
久吉	6	内出
政次郎	5	村
久五郎	5	南
長次郎	5	南
林蔵	5	内出
留次郎	5	村
直次郎	4	牛浜
喜兵衛	4	村
留吉	4	村
新八	3	村
重太郎	3	不明
梅太郎	3	内出
七右衛門	3	南
松太郎	3	不明
半治郎	2	村
八右衛門	2	村
忠八	2	不明
杢右衛門	2	不明
政五郎	2	内出
留蔵	2	南
太兵衛	1	南
徳右衛門	1	内出
藤蔵	1	南
与定	1	不明
熊次郎	1	不明
友右衛門	1	村
半蔵	1	不明
又吉	1	内出
文左衛門	1	村
吉五郎	1	不明
弥十郎	1	内出
太平	1	不明
源太郎	1	内出

次に利用者について紹介しよう。表1を参照しよう。同表は、文久元年（一八六一）から明治六年（一八七三）までの一三年間で、次郎兵衛家の質屋の利用状況を示したものである。熊川村は三給の村だったので、それにあわせた形で「村」「内出」「南」「牛浜」が存在していた。つまり、質屋取引の範囲はほとんどが熊川村であった。熊川村は四〇軒程度の家数であったことを考えれば、熊川村のほとんどの家が次郎兵衛家の質屋を利用していたことになる。

「質物帳」を一枚括ると、質物の取引について以下のような注意事項が記されてある。

史料1

熊川村
農間渡世
次郎兵衛

質物取引之儀

御趣意之旨堅相守質品悪敷相尋、①置主証人之両判取置時々相改印形請可申、若シ別帳仕立置無判之質物取候者者、其筋江申上候筈ニ候

②寺社什物其外鎗鉄砲長脇差香銀之具幷ニ村持之品、質物ニ決而取申間敷候、農具炊具等是又猥ニ取申間敷候、無余儀筋者、村役人差図請可申候

③住所不慥もの名前不存者幷ニ部や住奉公人等之品勿論、其人之体不相当之者相断可申候

水火盗難之品物、置主質代金者質屋、鼠喰虫喰腐者置主之損与可心得候

④一質物利足　金壱両ニ付一ケ月八拾文

金弐朱ニ付　同拾文
銭百文ニ付　同弐文

右之利足ヲ以取引可致候、⑤質物月数之義者、八ケ月ニ限り流質ニ相成候義、前々より之掟ニ候得共、遅延利上無之共自愛ヲ以、月数茂延置候処、去ル卯年中最寄組申合、不書利安と定候上者、以来十二月限り不取置相流筈之旨、兼而置主江相断可申候
右之通り相心得正路渡世可致候、以上

同史料を参照すると三つの点が判明する。

一つは質物の身元保証である。傍線①「置主証人之両判取置時々相改印形請可申、若シ別帳仕立置無判之質物取候者者、其筋江申上候筈ニ候」と、質入れする人だけではなく、証人を含めて質入れすることを指示している。質入れ品の中には盗品などが含まれることがあり、それを防ぐことが求められていたのである。この点は傍線③でも同様なことを示している。「住所不慥もの名前不存者幷ニ部や住奉公人等之品勿論、其人之体不相当之者相断可申候」と、名前が不明なものなど所在が不明なものは質物として預かることを禁じている。だから、三月末日には、「拝嶋村寄場役人甚五右衛門、砂川村惣代孫右衛門、福生村惣代十兵衛」の確認の記載がなされていた。これは、質屋渡世に対する監査業務は、一村単位の村役人に委ねるのではなく、より広域的な改革組合村に委ねられていたことを示している。実際、質屋渡世に対する取り決め、渡世軒数などについては改革組合村を単位に議定書などを作成していることからも明らかであろう。

もう一つの点は質品を限定している点である。傍線②の「寺社什物其外鎗鉄砲長脇差香銀之具幷ニ村持之品、質物ニ決而取申間敷候、農具炊具等是又猥ニ取申間敷候、無余儀筋者、村役人差図請可申候」である。すなわち村用

品などの共同利用の物品や農具、炊具などのように、質物に出すことで生活の崩壊を招きかねない物に対しては質品として受け入れることを認めていない。つまり、あくまでも生活に必要なものは質品の対象としていなかったのである。

それでは果たして質入れするものとはどのようなものなのだろうか。具体的に見ていくと、衣料が圧倒的に多い。文久二年（一八六二）を例にすると質草の九七％が衣料である。その特徴を紹介すると、ⓐ質草の大部分が絹物であり、その大部分がハレ着で外出着である。ⓑ種類は女物が多い。ⓒ質草は立縞や万筋に代表される織物が多い。ⓓ半天や綿入れが多い。ⓔ「川和縞」「黒八丈」「八丈」「大島」「縮羅」「弁慶縞」など当時流行していたと考えられる織物が出回っている（保坂和子「質草からみた幕末農村の衣生活」女性民俗学研究会『女性と経験』一三、一九八八年）。

衣料以外の質品は蚊帳であり、また糸などもあった。着物の場合年間を通して質物の取引がなされるが、蚊帳などの場合は、仕入れ時期が八月～一〇月に集中し、逆に質出しは五月六月に集中している。蚊帳は、夏場に蚊の侵入を防ぐために各家に取り付けたものである。この蚊帳の必要な時期（五～六月頃）に質出しするようにし、不要となる八月から一〇月にかけて質入れしたのである。特に質流れになったという事例もない。つまり、蚊帳などを質入れする場合、金銭的に不自由であることから換金を目的とするのではなく、むしろ、蚊帳が不要になった段階で、必要な時期まで質屋に預けておくことを目的としていたのである。それに対して、糸の場合、質入れ時期は六月から九月に集中しているものの、質出し時期は異なっている。これは、恐らく糸買い商との関係で、早急に換金できる質屋に質物として預けていたものと考えられる。そして、糸買い商人が来訪し、適当な値段で購入する段階になると、質屋から質出しを行ない、売られたものと考えられる。

また、史料中⑤の「質物月数之義者、八ケ月ニ限り流質ニ相成候義、前々より之掟ニ候得共、遅延利上無之共自愛ヲ以、月数茂延置候処、去ル卯年中最寄組申合不書利安と定候上者、以来一二月限り不取置相流筈之旨、兼而置主江相断可申候」と記載されているように、原則として八か月で質流れとしているが、遅延の利上げも無いことから、一二か月で質流れにすることが記載されている。ただ、現実的には質流れの件数が少なかった。村民が質屋に質物として預ける理由は、村民が困窮していたがために質入れし、物品を換金することではなく、むしろ質屋への管理保管を意図していたのである。

そして三番目は金利である。④の「一質物利足　金壱両ニ付一ケ月八拾文、金弐朱ニ付同拾文、銭百文ニ付同弐文」と記載されているように、月およそ二％の金利であることがわかる。この金利は当時にとっては一般的なレベルであるが金利が定められてあることで、物価上昇を抑える意味を持たせている。

以上のことから近世後期に農村で展開した質屋渡世についてまとめておこう。

近世後期から幕末にかけて農村に展開した質屋渡世は、ほとんどが村民が利用していた。周辺の村々からはほとんど質物を受け入れず、村民のために存在していたのである。金利も低利であるだけでなく、質流れすることはほとんど無かった。むしろ、蚊帳や着物など季節のもので不要になったものを保管先としたり、多摩地域の農村地帯で広く農間余業として展開していた糸や織物についても多く質入れがなされ、当面の換金場所になっていた。その意味では、質入れは、村民の困窮による換金が目的というわけではなかったのである。

二　質屋渡世がもたらす社会問題

近世後期に展開する質屋は村内において必要不可欠な存在となるが、近世後期から幕末にかけて、様々な社会問題を招いている。まず第一は、前項でも指摘した盗品などが質入れされる例である。

興味深い事例を紹介しよう。質屋とともに盗品が換金される場所として古着屋がある。この古着屋仲間の行事が取り締まりを願い出た史料である。これによると、古着屋として名前を偽って古着を売ることがあった。そして、それを知らずに盗品の古着を購入した人が、実際に盗まれた人から咎められたという話がある。また、大疵があった衣類を糊づけしたり、縫い直したりして新品のようにして売って迷惑をかけるようなことがあった（天保六年「多摩郡古着屋仲間取締方につき願書」『日野市史史料集　近世二』一九七九年）。

同様なことが質屋でもあった。熊川村に隣接する福生村でも半左衛門が営業していた質屋に藤吉が鍬三挺を質入れした物に対して、間違いないものと、無判の状態で質物として鍬を預かっていた。ところが、「右之品ハ不正之品之由被仰聞奉存候……」と、盗品であることが発覚している。

古着屋の一件が起きた日野宿組合では、天保八年（一八三七）三月、質屋と古着屋仲間が議定書を取り交わしている。史料2を参照しよう（天保八年三月「質屋・古着屋仲間議定帳」『日野市史史料集　近世2』一九七九年）。

史料2

定書

当組合内村々質屋・古着屋之儀、是迄勝手儘渡世仕来候処、去申年以来凶歳ニ而出所不正之品も間々有之趣ニ付、此度村々一統申合渡世人仲間取究左之通相定候事

一御公儀様御法度之儀堅相守可申事

一紛失もの御取調有之節者、寄場惣代方より仲間行事へ御達可被成次第、行事より早々組合内不洩様触通穿鑿行届候様取計、不正之品も有之候ハヽ、其段可申出事

一出所不正之品者不及申、質品成丈出所相糺可取置筈、古着之儀流質之外相対買申品も御座候哉ニ付、是以出所

得と相糺買入可申筈
一質物帳之儀者年々惣代方之改を受可申事
一古着買入帳者此度取究候上者、組合惣代より帳面相仕立、壱人壱冊ツヽ相渡候筈
右之通、一統相続取究候上者堅相守、万一仲間内ニ而盗物等質物ニ取候歟買取候者及露顕引合等ニ相成候節者、其当人ニ而引受可申、然ル上者向後勝手次第渡世致間敷筈、若新規渡世望有之ものハ小組惣代江申出、相談之上名前差出し其上渡世可致筈

天保八年酉年三月

質屋仲間五拾七人

質屋、古着屋について、これまでは特に規制も無く営業がなされていたものの、「出所不正之品」が質物に含まれることがあるとして、それを防止するために定書を作成したことがわかるだろう。ちなみに、こうした内容と同じ取り決めは拝島村組合でも作成されている（天保一三年「農間質物并古着古鉄渡世之者共江被仰渡御請証文」田村半十郎家文書）。とりわけ、本定書が作成される時期は、天保の飢饉ということで、不明な品物を換金する例が頻発したことがうかがえる。

同史料を参照すると、「紛失もの御取調有之節者、寄場惣代方より仲間行事へ御達可被成次第、行事より早々組合内不洩様触通穿鑿行届候様取計」と、紛失物があった場合は、寄場惣代→仲間行事→組合内の質屋仲間というルートで連絡をすることが紹介されている。この連絡を通して盗品や紛失物の質入れを未然に防止することを意図したのである。

続いて、「出所不正之品者不及申、質品成丈出所相糺可取置筈、古着之儀流質之外相対買申品も御座候哉ニ付、

是以出所得と相糺買入可申筈」と、不正な品物だけでなく、質品になるものは出所を明確にしておくように取り決めている。とりわけ古着屋の場合は、質流れ品だけでなく、その場で売買することもあるので、特に出所を明確にするように述べている。

そして、「質物帳之儀者年々惣代方之改を受可申事」と、質物帳については、毎年惣代の改めを受けることとしている。古着屋の場合も同様に「古着買入帳」を作成するようにしている。

そして、「万一仲間内ニ而盗物等質物ニ取候歟、買取候者及露顕引合等ニ相成候節者、其当人ニ而引受可申、然ル上者向後勝手次第渡世致間敷筈、若新規渡世望有之ものハ小組惣代江申出、相談之上名前差出し其上渡世可致筈」と、万一盗品を質物として受け取ったり買い取ったりした場合は、営業停止の処分になるということを明記し、同時に新規に営業を開始する場合は、小組惣代を通じて相談の上、認められた段階で、名前を明示することで渡世が認められたのである。

熊川村の次郎兵衛家の「質物帳」を参照しても、年度末（三月）には、質物帳を確認した旨の署名がなされていることは先に指摘したとおりである。また、出所を明確にする上でも、質入れ人だけでなく、保証人としての置主を設けているのも、そうした理由によるだろう。

質屋、古着屋、古鉄屋などは、こういう盗品など不正な品が質入れ品として換金される場であったのである。とりわけ、近世後期になり、貨幣経済が浸透し、頻繁に人々が往来する中、関東取締出役などが厳しく取り締まりを強化するようになっているし、改革組合村を組織する中で広域的な掌握を行うとともに、営業設置には許認可が求められ、組合や仲間組織に加入することが求められたのである。もちろん、毎年質物帳の検査が行われているということは、先に指摘した通りである。

もう一つは容易な換金場所であることから、安易に質入れし、返金ができなくなる結果として、さらに質入れを増やしてしまうケースである。表2を参照してみよう。表2は次郎兵衛家の質屋を最も多く利用した新蔵を例に、質入れ金の累積金額を紹介したものだが、質入れが頻繁に行われる中で、次第に質金が累積していく様子がわかるだろう。新蔵は、天保期（一八三〇～四四）に虎次郎の長男として生まれている。天保一四年（一八四三）の「宗門人別書上帳」によると、六人家族であった。石高は高二石八斗五升三合二勺であった。石高だけで判断するのは安易だが零細な経営であることがわかるだろう。その一五年後の安政五年（一八五八）三月に作成された「宗門人別書上帳」を参照すると、父親であった虎次郎の名前は無く、二三歳の新蔵が名請けしている。この間に虎次郎が死去し、新蔵が相続したのだろう（「内出英雄家文書」）。

「質物帳」の中から新蔵の質入れの様子を追いかけてみよう。万延二年（一八六一）八月一四日の新蔵の質入れを例にしてみよう。①「かうし単物2・縮立縞単物1・黒八丈女帯1」の一両が請け戻された、②「かうし単物女1・みじん夏羽織1・小紋半てん1」の二分が請け戻された、③「川和立嶋半てん1」の三朱が請け戻されている、その一方で④「染糸七〇目」を二分、「木綿切八尺・しけ三〇目」を三朱で質入れしたのである。つまり、万

表2　新蔵における累積質入れ額

		累積質入額
文久元年	3月	2分3朱
	6月	1両0分2朱
	9月	4両0分0朱
	12月	2両3分2朱
文久2年	3月	3両2分2朱
	6月	6両2分1朱
	9月	6両2分3朱
	12月	4両2分2朱
文久3年	3月	4両2分3朱
	6月	6両0分1朱
	9月	6両2分3朱
	12月	4両1分1朱
文久4年	3月	3両2分0朱
元治元年	6月	5両0分2朱
	9月	6両3分3朱
	12月	3両3分2朱
元治2年	3月	5両2分2朱
慶応元年	6月	7両1分1朱
	9月	2両2分2朱
	12月	2両3分2朱
慶応2年	3月	8両2分2朱
	6月	11両0分3朱
	9月	10両1分3朱
	12月	10両2分2朱
慶応3年	3月	10両3分3朱
	6月	10両3分3朱
	9月	9両0分2朱
	12月	9両0分0朱

延二年八月一四日は、①から③の一両二分三朱を支払い、質の請け戻しがなされるが、その代わりに④⑤の質入れによって二分三朱を得ているのである。つまり、一両を支払ったということである。

新蔵は、万延二年（一八六一）三月から質入れが始まるが、表2を参照しても、質入れの累積額は次第に増加していることがわかるだろう。基本的に質品は、半年ぐらいで戻されているが、八月一四日の例に見られるように、質品を受け戻すために、他の質入れを見ることができる。文久期（一八六一～六四）になると、質品の質入れ期間は一年以上のものが見られるようになり、質入れ累積額も徐々に高くなっていく。質品の請け戻しもそれなりに行っているものの、請け戻しのために質入れが行われるという、悪循環が見られる。新蔵一家の生活の状況について、具体的には不明だが、質入れが質入れを呼ぶという、いわば「質入れの雪だるま現象」を生んでしまったのである。そして、最も質入れの累積額が高いのが、慶応二年（一八六六）五月一七日であり、まさに武州世直し騒動前夜であった。新蔵の世直し騒動への参加は、質入れ額の高いことだけが理由ではないだろうが、大きな要因の一つであったということができるだろう。

質入れ自体は、その後も行われているが、累積質入れ額が減少していることから、家計確保を目的とした質入れは行われなくなってきたものと考えられる。支払い切れない質物の累積は、幕末の社会情勢の中で大きな問題をもたらしたのである。

三　幕末の社会情勢と世直し

幕末期、幕藩体制の矛盾は、新たな民衆運動をもたらした。世直し騒動である。最近、百姓一揆、村方騒動など民衆運動の議論は低調である。一生に一度あるかないかのできごとより、日常に眼を向ける必要があるということだ。ただ、民衆運動というのが日常的な活動の積み重ねの結果の不満（矛盾）であるとすれば、どのような点が相剋として求められるのか、具体的にどのような運動を展開しているか、そして民衆がいかなる社会変革を展望しているか、は注目してよい議論だろう。

いろいろ議論されるが、近世前期は庄屋や名主などの村役人が代表して領主に訴えるといった代表越訴型一揆が基本だったが、近世中期には全藩一揆といった形で民衆が城下町に押し寄せる一揆が中心となっていく。その後、近世後期になると、米不足の時に米価格を引き下げるように米問屋などに要求した打ちこわしや、村役人の不正を訴えた村方騒動など、より要求内容が具体的になっていく。なお、一般に民衆運動について、一揆の場合は矛先が領主に向けられるのに対し、騒動の場合は、村役人や商人など、より身近な家を対象としているところに特徴がある。だから、世直し騒動は規模は一〇万人を超えるといわれるが、あくまでも、騒動として理解される問題であり、一揆ではない。

世直し騒動は、幕末期に展開した騒動として世直しを希求したものとして位置づけられている。この議論は、幕藩体制崩壊期、民衆運動の進行方向が江戸（幕府権力の膝元）に向けられず、横浜に向けられたという点、そして、期待するところを新政府に求めず、世直し大明神に求めている点など、より具体的な運動を展開した。これまでの一揆や打ちこわしとは性格を異にし、幕末の社会状況を展望する上で、注目されるところである。

慶応二年（一八六六）六月一三日、武州名栗村で蜂起した武州騒動は、わずか七日間で二〇〇か村五二〇軒以上の豪農・村役人の家屋を打ちこわした。武州騒動に参加した民衆は一〇万人以上にのぼり、その主体は小前・貧農層であったといわれる。そして、騒動の対象が豪農・村役人ということで、豪農層と半プロ層の対立として捉えられてきている。本論では、必ずしも幕末の世直し騒動を理論的に解明するものではない。むしろ、当時顕在化されていた社会問題は何なのかを明らかにすることである。史料3を参照しよう（「内出英雄家関係文書」福生市内、慶応

二年武州一揆関係資料『福生市郷土資料室年報Ⅴ』、一九八五年）。

史料3

今般打毀一件ニ付組合村村々取締議定書

一①今般多摩郡村々暴民共蜂起いたし、世直与相唱愚民を為迷、何渡世不論有徳之者を家財其外不残打毀甚々しきニ付候而者、家作迄も引潰、又者質物無銭ニ而相返し商者元方不相応之安売可致旨申談、加之村々人足為差出若差出ざるニ於而者焼払候杯申威し候ニ付、一時危難を為免が人足差出、亦者戸障子に安直段書出し候を心得違之向者有之、質物無銭ニ而不差戻米穀其外安売不致迚及強談候積茂有之哉之趣以之外之儀ニ付、以来右様之者有之候ハヽ、頭取同様之儀ニ付、村役人より寄場役人大小惣代之内に申出候様取計、夫より御取締御出役御廻村先に相願厳重御調候様可致事

一②窮民扱方之儀者組合村々壱村限り村役人幷ニ有徳之者申合極窮不陥様精々いたし扱方行届候様可致候事

一商物者時之相場ニ而売買致候儀ニ候得共③可成丈致出精直安ニ売出し候様可致事

一④質物之儀者是迄通り金壱両に付八拾文之利足何品ニ不寄平等いたし銭質者壱朱より相詰、高金之品者格別金壱両位より以下之分者可成丈ケ出精いたし融通ニ相成ル様可致事

一右之通り此度組合内申合候ニ付、村々小前末々迄厚申諭萬一不取用族も有之候ハヽ、右之段早々申出べく事

尤小高之村々ニ而者入用等厭見合之義も可有之候得共、組合村惣高江相掛り候間、右等之儀無斟酌取計御取締向厳重相定候様可致候、以上

慶応弐寅年

七月　　　　　　拝島寄場

この取締議定書は、拝島村寄場組合だけではなく青梅村組合においても同時期に同様の議定書が取り交わされている（慶応二年七月「青梅村最寄三十一カ村示談趣法帳」『東京都古文書集 第十二巻 旧多摩郡新町村名主吉野家文書（12）』東京都教育委員会、一九九四年）。このことから、単なる拝島村組合だけではなく、武州騒動に対する多摩地域の村および組合村の認識として理解できる問題である。

まず傍線①を通じて概要が把握できる。世直し騒動に決起した民衆を「暴民」と把握し、「世直し」と唱えながら、有徳の者の家財などを残らず打ちこわした。家なども引き潰している。そして、質物の無銭での返還、商売品の安価販売を主張し、さらに騒動に加担する人足を差し出すことを要求している。とりわけ人足を出さない場合、焼き払うと脅している。こうした脅しに抗しきれず、人足を出したり、戸障子に安価な値段で販売する人も出てきたことから、さらに質物を無銭で戻さないことや米穀などを安く売らないことを主張している。組合村の構成員（村役人層）は、それに対し「以之外之儀」と述べ、「心得違い」と厳しく指摘している。ただ他方で、民衆側の主張に対し、一、「②窮民扱方之儀者……有徳之者申合極窮不陥様……扱方行届候様可致候事」と、窮民に対して適切な対応を取ること、二、「③可成丈致出精直安ニ売出し候様」と、できるだけ安価で販売すること、三、「④質物之儀者是迄通り金壱両に付八拾文之利足何品ニ不寄平等いたし」と、質物は定め通りの金利とし、質品によって金利の差をつけないよう平等とすることを取り決めている。つまり、世直し騒動に対する村落上層農民の立場は、民衆の主張に迎合するのではなく、あくまでも市場経済のルールに基づき不正の無いよう誠実に対応することが重要であると判断していたのである。

本章との関わりでもう一つ注意しておきたい。世直し騒動は、物価高騰により、米や生活必需品が買えなくなったことに対する騒動であることはしばしば指摘されるところである。ただ、そこでは質物の無銭返還が大きな要求項目に入っていたことはあまり注目されてきていなかったところである。逆に、土地の流れ地などの問題は、本史料の中には登場してこない。これらの点は注目してよいだろう。

質屋における特筆すべき性格は、管理保管を基本としながら、換金できるという点にあるだろう。しかし、現実にはそれだけではなく、熊川村の新蔵のように質入れが、さらなる質入れを生む、雪だるま現象となっていたのである。

先に紹介した新蔵は慶応二年（一八六六）六月一六日に世直し騒動に参加し、八王子宿を打ちこわし、乱妨したということで、多摩川の築地河原において召し捕えられている（この場所は、日野農兵隊と激突したところ）。五三名を対象とした裁許状なので新蔵自身のことを指しているかは不明だが、新蔵以下五三名に対する罪状によれば（「桜井家文書」『武州世直し一揆史料 二』）「米価其外諸色共追々高直相成、貧民共及難儀候由ニ而、村々之もの共徒党いたし、所々人家等打毀及乱妨候もの共ニ、右党江加わらず候ハヽ、可打殺抔強勢申候ニ銘々怖敷存候迚、無余義右之もの共任申棒切等携、又者弁当持等ニ相成附添歩行候内、自然人気ニ被誘引面白く相成、又者酒等振舞受熟酔之余、重立候もの共任差図所々家宅等打毀及狼藉候始末」と、各地の人家を打ちこわし、乱暴するとともに、参加を強要し脅していることがわかるだろう。さらに、棒切れなどを携帯していたという。新蔵自身、質入れの累積額が高額になっているのだから、質物の無銭返還をもっと主張すればよいのだが、かかる点は残念ながら史料からは見ることはできなかった。

その後、六月二三日江川太郎左衛門の手附の石川政之進へ引渡され、そして、「御知行所武州多摩郡熊川村百姓新蔵義、今般都築但馬守様御掛りニ而昨九日手鎖御宥免之上、於御評定所ニ追而御沙汰迄村御預ケ帰村被仰附候ニ付」と、八月九日に帰村することになる（「内出英雄家文書」『福生市史資料編』近世1、一九八九年）。そして、慶応三年（一八六七）一一月二七日には「一同不埒ニ付過料銭弐拾貫文被仰付候」と、先述した罪状に基づき、過料として二〇貫文が言い渡されたのである（「桜井家文書」『武州世直し一揆史料一』）。

おわりに

以上、「近世後期における多摩の質屋渡世」と題して、近世後期農村に広範囲に展開した質屋渡世について明らかにしてきた。質屋渡世の問題について、簡単に整理しておこう。

先に世直し騒動に参加した人物として紹介した新蔵は、熊川村の次郎兵衛家の質屋で文久元年（一八六一）から明治六年（一八七三）までの一三年間で一五七回もの質物入れがなされている。つまり一か月で一回の割合で質物の出し入れがなされている計算になる。熊川村の構成人数は二〇四人で、そのうち男性が一〇五人（家数四〇軒程度）の村だが、七〇名の人が質屋を利用している（そのうち九名は不明表1参照）。質入れしている人は男性であることを考えると、ほとんどの家で質屋を利用していたものといえるだろう。こうした質屋に対する質物の無銭返還は、質屋の利用が社会的に定着していたものとして受け止められる。

近世後期に農村に広範囲に展開した質屋渡世は、管理保管の場であることを基本に存在した。ほとんどが一年以内には質戻しがなされており、質流れにはなっていない。ただ、質入れは容易に換金できることから、盗品などの質入れもなされることで社会問題にもなっていた。このため、改革組合村など広域的に質屋組合などを組織し、その対策に当たったのである。

最後に多摩地域の特徴として二つの点を指摘しておこう。

一つは、質入れ品の性格についてである。質物として「糸」や「衣類」が多いことは先に指摘した通りである。

衣類の場合、質入れ人自身が使用する衣類もあることは確かだが、農間余業として各家で織られた織物も質入れされていたものと思われる。この製品としての織物と「糸」が質入れされているというのは、多摩地域の特徴として見てよいだろう。質入れするという行為は、すぐに換金できるという点もさることながら、自身の家で保管するよりも安心して保管しておくことができるという意味でも重要であったのである。つまり、質入れして換金しておき、糸買い商や織物商人が来訪したとき、質入れ額よりも高額であれば販売し、その時に質出しをするのであれば、本人の質金の調達は容易であったのである。つまり、製品を生産した時期と販売する時期に時間がありながらも、質屋に質入れすることで換金できるようになり、自身の現金収入となりえたのである。

もう一つは、世直し騒動との関わりである。世直しの要求項目に質物の無銭返還が含まれていることはすでに指摘した通りである。世直し騒動の要求には質地などの問題は含まれておらず、その意味でも特異性を見ることができるだろう。それだけでなく、一般に打ちこわしの場合、モラルエコノミーの議論として捉えられてきている。すなわち、米価の引き下げを要求したものであり、米屋の販売価格と民衆の想定価格（本来望まれる米価）とのギャップが打ちこわしとなって表れることが指摘される。それに対し、質物の場合は、無銭での返還を要求する意味で、中世にしばしば見られる徳政要求に類似したものといえる。その意味からも、社会秩序の変革（＝世直し）を期待したものとして考えることができるのである。

第八章　幕末の助郷と多摩の村

――元治元年の内藤新宿定助郷差村一件をめぐって――

牛米　努

はじめに

幕末期、中山道と東海道に挟まれる多摩地域には、多くの助郷負担が賦課されるようになった。とりわけ文久期（一八六一～六四）以降、江戸と京都・大坂の交通量は激増し、従来の助郷制度では対処できなかったことが原因である。助郷制度の改革は、親征による軍事動員を経て維新期に持ち越され、宿駅改正を経て終焉に至ることになる。維新期の宿駅改正については制度面での研究や地域での実態分析もなされているが、幕末期の助郷の実態については、それほど研究がないように思われる。多摩地域では、丹治健蔵氏の五日市村組合を中心とする維新期までの実態分析があるが、それ以外にはまとまった研究はなく、地域における実態研究の必要性が指摘されている(1)。多摩地域の自治体史を見ても、助郷免除の歎願書や助郷人足数などを掲げるものの、村々の助郷負担が増加したとする記述にとどまっているといわざるを得ない。そこで本章は、元治元年（一八六四）の内藤新宿定助郷差村一件を素材に、多摩地域における幕末期の助郷免除運動の一端を明らかにすることとしたい。

当該期の助郷については、久留島浩氏(2)と筑紫敏夫氏(3)の興味ある論考が出されている。実は、この二つの論考は、明治初年に展開された房総両国の村々の東海道宿駅との勤埋訴訟を扱ったもので、公表もほぼ同時期である。ここで指摘されているのは、新たな助郷役賦課に対して、地域利害（同一の役負担）を優先した結合で反対運動を展開すること。それが廃藩置県後は、房総両国の「代議員」集会での要求書作成など、近世後期の組合村などの「自治的」な地域運営能力を発揮した歎願闘争が展開されることである。両者とも、近世後期の組合村などの自治的な地域運営の能力が、維新期の助郷免除運動に継承されていくことに注目している。廃藩置県後の運動形態の変化について、勤埋訴訟の取り扱いが府県単位とされていることが考慮されていない点が気になるが、幕末期における助郷免除運動における「地域利害」や組合村などの広域的な地域運営機能など、興味ある問題が指摘されている。また、「地域利害」としての「由緒」や、「二重役」による免除の論理が出されていることにも注目しておきたい。

さて、内藤新宿一件については、多摩郡蔵敷村が支配代官所の手附元締への「請託」により差村を免除されていたという興味ある事実が指摘されている[4]。この事実を発見したのは、長年、市民や研究者などとの協働で「里正日誌」の研究に取り組んでこられた森安彦氏である。「里正日誌」は、請託の当事者である蔵敷村名主内野杢左衛門がまとめた史料で、多摩地域を代表する史料群の一つである。蔵敷村は久米川村・三ツ木村とともに差村の免除運動を展開し、定助郷編入を免除されたのである。この一件を森氏は、「かつては強訴や一揆で過重な負担を跳ね返した民衆が、贈賄という手段で一人の犠牲者を出すこともなく金銭で解決するという方法を採用する大胆さに驚きを禁じえない」と評している（『東大和市史』一三六頁）。かつての近世史研究が描く「戦う農民像」とは異なり、地域の村々はもっと柔軟な対応を可能とする力量を持っているのである。請託による免除運動を行った例は他にもあり、蔵敷村など三か村の特異な行動というわけではない（『武蔵村山市史』通史編、上巻、一一六九〜一一七四頁）。そこで本章では、請託という手段を選択した蔵敷村・久米川村・三ツ木村が属する、所沢村組合と拝島村組合の二つの改革組合村における免除運動を検討することにより、請託を含めた当該期の多摩の村々の助郷免除運動の実態を検討していきたいと考える。

一　所沢村組合の動向

まずは、この一件の経過を簡単に説明しておきたい。

元治元年（一八六四）一〇月、甲州街道内藤新宿定助郷差村の調査が、多摩・入間・新座・豊島郡の広範な地域で実施された。ことの発端は、多摩郡和泉新田と豊島郡千駄ヶ谷村に設置されていた幕府の焔硝蔵の警護と弾薬運送の人足役が、内藤新宿の定助郷一四か村に命じられたことにあった。そのため内藤新宿では、焔硝蔵人足の村々が抜けた分を、新たに定助郷に補填する必要が生じた。その結果、元治二年四月、中藤村・廻り田村・小川新田・野中新田・大岱村（多摩郡）、上保谷村・下保谷村（新座郡）、上石神井村・田中村（豊島郡）の九か村が定助郷に編入され、一件は落着したのである。

元治元年九月二七日付の急廻状が、御普請役横山信太郎、御普請役格論所地改手附中村晋平、評定所書役後藤忠一郎の連名で村々へ発せられた(5)。それは、安政元年（一八五四）から文久三年（一八六三）までの一〇か年分の年貢割付状と、村高家数人別書上帳、村役書上帳、それに当年の宗門人別帳控を持参し、内藤新宿の旅宿まで村役人が出頭せよとの御用状であった。出頭の日時は一〇月二日から四日までの三日間とされ、村ごとに期日と時刻が指定されて

安政2年3月　所沢村組合(多摩郡分)一覧

小惣代　野口村名主　勘左衛門	
中里村	江川領
野塩村（新田共）	江川領
野口村（新田共）	江川領
久米川村	江川領
南秋津村（新田共）	江川領
日比田村	江川領
小惣代　蔵敷村名主　杢左衛門	
清水村	江川領・旗本領
廻り田村	江川領・旗本領
宅部村	江川領
後ケ谷村	江川領
高木村	江川領・旗本領
奈良橋村（新田共）	江川領
蔵敷村（新田共）	江川領

「杉本家文書」1386（国文学研究資料館所蔵）により作成。

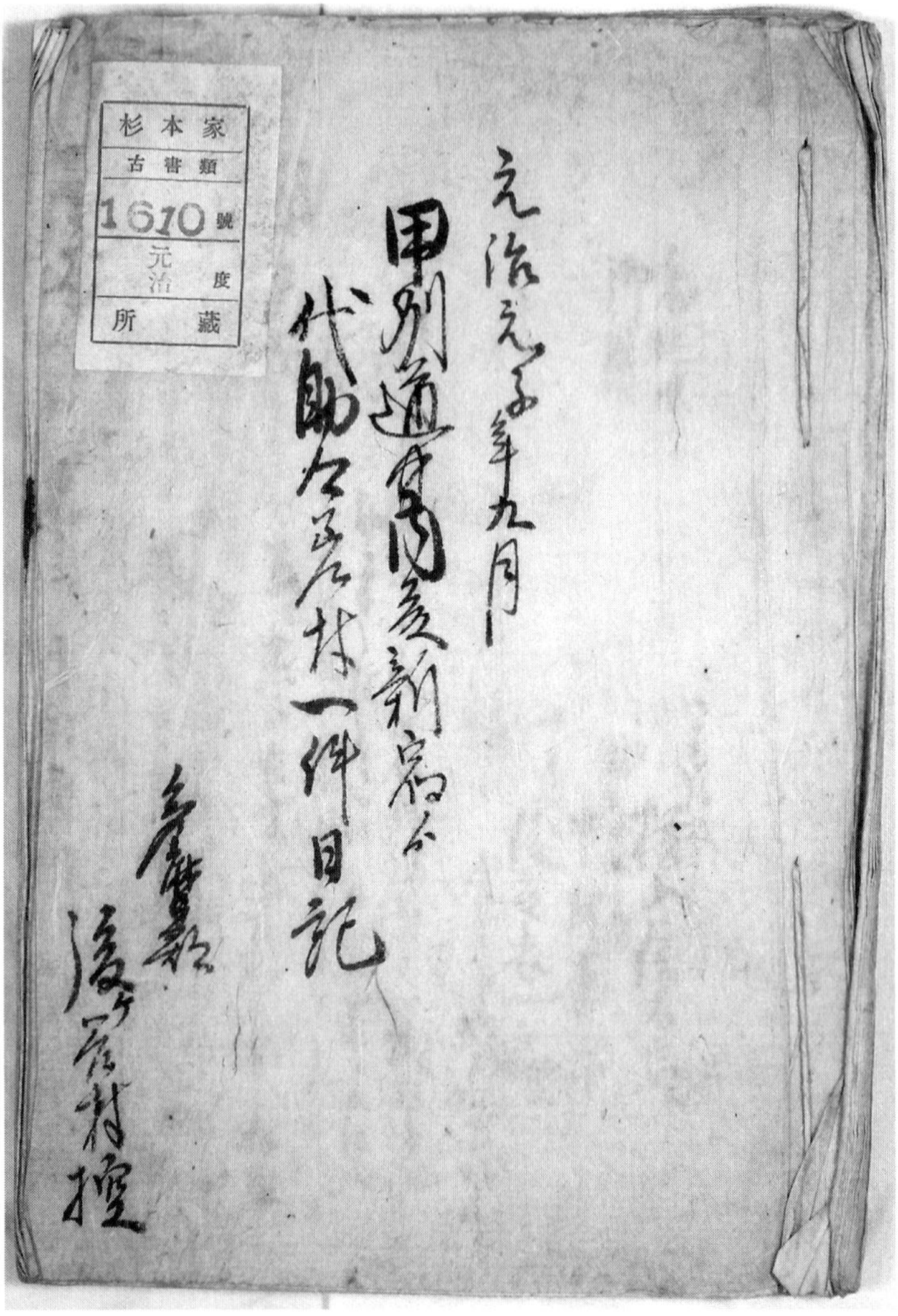

図１　杉本平重郎の一件日記

いた。

村高家数人別帳には、朱印地や除地、村役人数・六〇歳以上および一五歳以下の人数、病人や他所奉公人数、それに牛馬数などの雛型が示されていた。また、村役書上帳は、男女の農間稼、産物の有無、往還掃除や城付・陣屋付の夫役の有無の書上げである。

御用状を受け取った村々は、早速情報収集を開始したようである。後ヶ谷村名主杉本平重郎は、天保年間（一八三〇～四四）に高井戸宿の助郷を勤めた中藤村名主内野佐兵衛から、甲州街道の人馬の勤高や人足買上高などを聞きとっている。そして三〇〇石以下の村は差村を免除されるとの情報も得ている。また、今回の差村は助郷高一万石程度であること、そして実際の年間の人馬勤高や買上人足高などを、これまでの定助郷村であった雑色村名主からも聞き取っている。

後ヶ谷村は、多摩郡の所沢村組合の村々などとともに、一〇月二日に横山等の宿所である内藤新宿問屋の高松喜六宅に出頭し、書類を提出して改めを受けた。そして実地見分の折の宿泊や休憩などに費用をかけないこと、普請役等を不正なく案内すること、賄賂がましいことをしないことなどが申し渡され、請書が提出された。一緒に請書を提出した一三か村は、後述する所沢村組合に属する多摩郡の村と横田村（拝島村組合）である。所沢村組合でも入間郡の村は、このグループには入っていない。このとき村々は、定助郷に難渋の理由があれば箇条書きにした願書を提出するよう申し渡しを受けたのである。新たな助郷負担を望む村があるはずはなく、すべての村が免除の願書を提出したと考えられる。

これら一三か村のうち、所沢村組合の多摩郡七か村は、後ヶ谷村名主杉本平重郎を惣代として連名での嘆願書提出を決定した。後ヶ谷村・高木村（二給）・清水村・廻り田村（二給）・廻り田新田・宅部村・奈良橋村である（以下、これを後ヶ谷組合と称する）。蔵敷村は単独での歎願を後ヶ谷組合に断っており、野口村、久米川村、南秋津村、

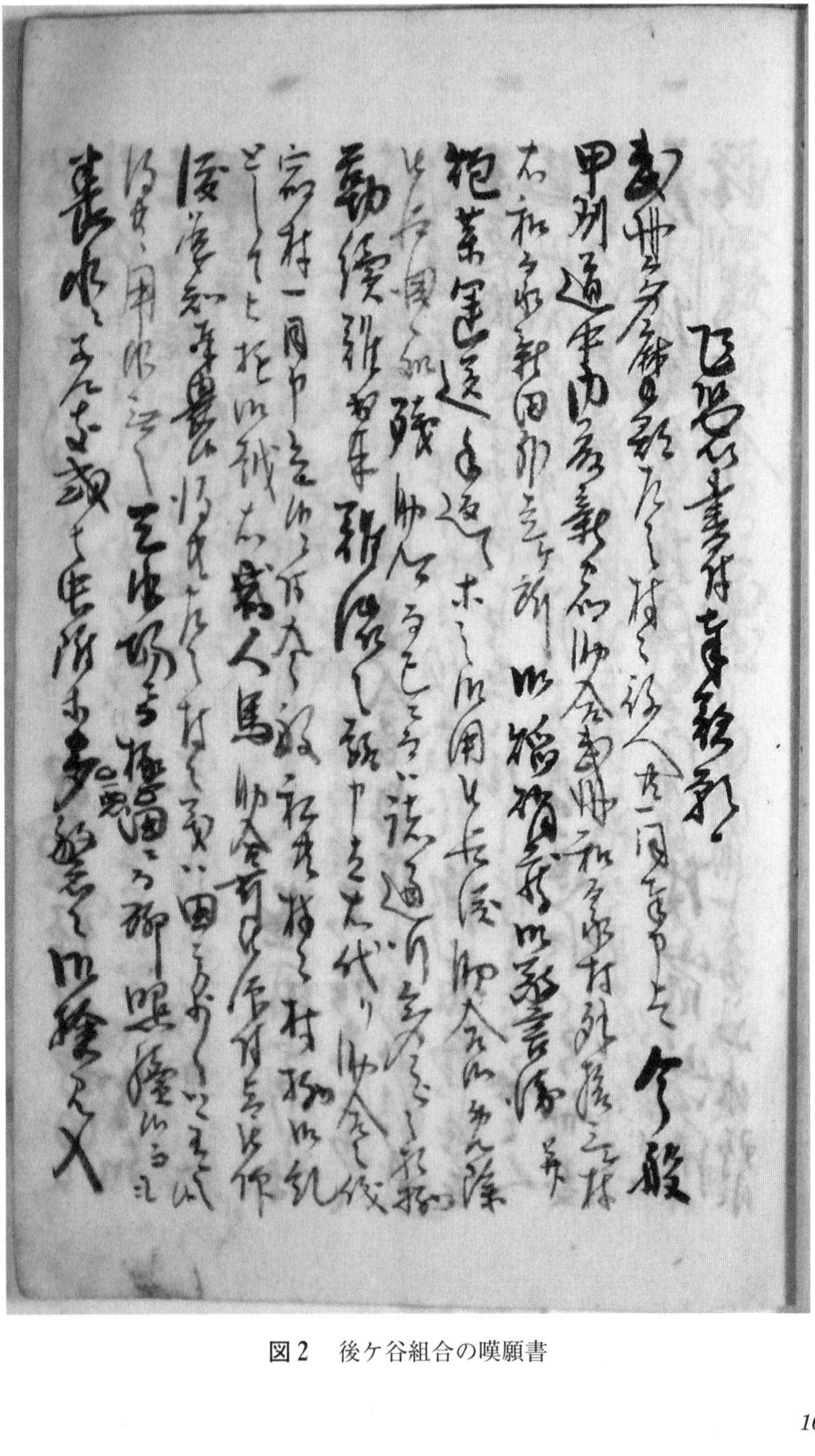

図２　後ケ谷組合の嘆願書

横田村もそれぞれ別々の歎願となったようである。後ヶ谷組合は、蔵敷村を小惣代とする小組合から、単独で歎願した蔵敷村を抜いた残りの村々で構成されている。表は、所沢村組合の多摩郡の村々の構成である。所沢村組合は入間郡と多摩郡の村で構成されており、大惣代四名（いずれも入間郡）と小惣代三名（一名が入間郡、二名が多摩郡）がいる。多摩郡の村々は、小惣代の蔵敷村名主内野杢左衛門と野口村名主鈴木勘左衛門の小組合に分かれているようである。

一〇月三日に普請役等に提出された後ヶ谷組合の嘆願内容は、以下の通りである。

①田方は少なく用水の便もなく、虫付などで破免検見を受けている。畑も武蔵野新田に接続する村で生産力が低い「極困窮之村々」であること。
②後ヶ谷村と高木村は、天保飢饉の際に拝借した夫食の返納にも困窮する村であること。
③前二か村は、川の増水や野水により田が冠水し、流される被害を度々被っていること。
④尾張家鷹場の人足役や日光街道岩渕川口両宿及び中山道大宮宿の増助郷により難渋していること。

後ヶ谷組合が申し立てた難渋の理由は、武蔵野附新田に連なる困窮の村方であり、尾張家の鷹場人足や日光街道及び中山道の臨時助郷なども負担しているという二点に要約されるであろう。

一方、単独での歎願となった蔵敷村の歎願内容は、以下の通りである。(6)

①蔵敷村はもともと奈良橋村の分郷で村高・人数も少ない「困窮之村方」であること。
②天保八年に拝借した夫食も五か年賦返納となったものの、残り二か年分はさらに二十五年賦で返納中であるこ

と。

③尾張家鷹場の人足を負担していること。

④甲州街道小仏関所の増番人足を負担していること。

⑤江川代官所の農兵取り立てで、砲術稽古人足入用が必要となること。

後ヶ谷組合と蔵敷村の歎願内容を比較すると、基本的には大部分が同一であることがわかる。「困窮之村方」であり、天保飢饉の際の夫食返納が滞っていることは後ヶ谷村・高木村と蔵敷村で共通している。尾張家鷹場であることも同じである。違っているのは、日光街道・中山道の増助郷か、小仏関所の増番人足かである。蔵敷村の村役書上帳によれば、同村は脇往還の人馬継ぎ立てや助郷は勤めておらず、小仏関所の増番人足を最近勤めるようになったと記されている。蔵敷村が小仏関所への増番人足および非常欠付人足を江川代官所に出願したのは、この年の八月二五日のことである。小仏関所の警護は重要であり、地元の宿村だけでは下番人足や非常人足を勤め切れず「難渋申立候趣」も聞いている。蔵敷村は遠方に位置しているが、同じ江川代官所領でもあり、万が一の場合には増番人足を差し出したいというのが出願の内容であった。この時期、天狗党掃討の過程で甲州と武州の国境に位置する小仏・駒木野関所の警備強化がなされていることは事実である。管轄しているのは江川代官所である。蔵敷村の増番人足願いは、江川代官所の関所警備強化に対応するものであろうが、遠距離にある小仏関所への人足役がどの程度有効かつ現実味を有していたのか疑問がない訳ではない。それはともかく、蔵敷村の一〇月二日の普請役への願書には、「近来甲州道中小仏御関所増番人足相勤罷在候村方ニ御座候」と、既存の「村役」として記載されることになるのである。

蔵敷村は、小仏関所の増番人足を理由に単独で願書を提出することを他の村々に伝えていた。蔵敷村が後ヶ谷組合と同一歩調を取らなかった理由が、この小仏関所増番人足役なのであり、後日の「請託」の折にも免除理由として改めて普請役が確認している。さらに蔵敷村は、農兵取り立ての準備が進行中であり、定助郷になると農兵取り立てに支障がでると続けている。後ヶ谷組合の江川領の村々もまた、農兵取り立てについては同一条件の下にある。しかし歎願書の中に、それを記載するかどうかは村々の判断であり、蔵敷村は小仏関所増番人足だけでなく、江川農兵という人足役を理由に掲げたといえる。なお、後に蔵敷村と行動をともにする久米川村などの歎願理由は不明である。

二　拝島村組合の動向

蔵敷村と行動をともにする、もう一つの村である三ツ木村は拝島村組合に属している。拝島村組合には、蔵敷村等三か村とは別ルートの歎願で免除となる羽村・福生村・砂川村・熊川村・川崎村が属している。これらの村々が内藤新宿に出頭したのは一〇月三日で、この日に出頭した村はすべて拝島村組合である。

拝島村組合では九月二九日、大惣代の砂川村名主村野源五右衛門からの廻状で、芋窪村・岸村・中藤村・三ツ木村・石畑村の名主達が拝島村に会合した(7)。この村々の動向は不明なところが多いが、一〇月五日付で岸村が単独で願書を提出していることが確認できる。岸村は、箱根ヶ崎村助郷や尾張家鷹場の人足役などの「二重三重役」を勤めていることを強調しており、水掛の悪い難渋の村方であることも記されている。それに、文久三年の大宮宿当分助郷の勤埋をめぐって、宿方および定助郷村と係争中であることを理由に掲げている。中藤村（三組）もまた単独での出願であるが、願書には玉川上水助水堀下草刈人足や尾張家鷹場人足、御林山の管理、前年の浦和宿当分助郷の勤埋の負担を抱えていることが記載されている。岸村や中藤村のように、前年の中山道筋における臨時助郷の勤埋問題を抱えていたために単独で出願したケースは多かったと思われる。宿や定助郷組合から、免除歎願中であることを理由にした助郷不勤分の精算を迫る訴訟が起こされているのである。岸村の場合は、慶応元年の川崎宿当分助郷にも免除運動を継続し、慶応三年七月には川崎宿からも勤埋の訴訟を起こされるに至っている。詳細は不明であるものの、岸村は他の村が川崎宿と和解するにも拘わらず訴訟を継続し、ついには江川代官所の説得を拒否して評定所に越訴するに至っている。結局、岸村の大宮宿および川崎宿の勤埋訴訟は維新後にまで持ち越されるのである。度重なる臨時助郷に対して、岸村のような事情を抱えることになった村は少なくなかったと考えられる。

一〇月一二日、拝島村組合のもう一人の大惣代である福生村田村十兵衛から、三ツ木村名主へ次のような書状が出されている。普請役の実地見分を前にして、田中村と大神村は拝島村への助郷を理由とする歎願を行うことに決定した。拝島村からも両村だけでなく拝島村助郷村の差村免除の歎願を行うとされている。そこで、三ツ木村も箱根ヶ崎村助郷を理由に歎願し、実地見分の折に箱根ヶ崎村から差村免除を歎願したらどうかというものであった。

ここに登場する拝島村および箱根ヶ崎村の助郷というのは、八王子千人同心の日光火の番交代の際の継立人足役のことである。八王子宿から拝島村・箱根ヶ崎村を経て、松山、佐野から日光に向かう街道筋では、近隣の村々から人足が差し出されていた（『八王子千人同心史』通史編二一五頁）。多摩地域では、このルートを日光脇往還と称している。大惣代田村十兵衛の提案は、日光脇往還の継立場である拝島村では、田中村など人足を差し出している村々が拝島村助郷による免除嘆願をし、拝島村からも助郷村の免除嘆願を行うことにしたとの情報を伝え、三ツ木村へも箱根ヶ崎村助郷による免除嘆願を提出し、実地見分のときに箱根ヶ崎村から助郷村を理由とする免除嘆願をしてもらったらどうか、というものなのである。この日光脇往還の助郷を理由とする嘆願は、前年の中山道筋の臨時助郷免除運動において一定の免除を勝ち取る大きな理由となったのである[8]。福生村は後述のように既に嘆願活動を展開しており、改革組合村の他の村々に情報提供とアドバイスをしているのである。

実地見分までに何を理由にどの村と差村免除の歎願をするか、村のリーダー達は判断を迫られた。ただ、こうした経緯をみると、九月二九日に拝島に会合した村々は、前年の訴訟を抱える岸村と中藤村がそれぞれ単独で出願しているので、三ツ木村もまた単独での歎願となったようである。三ツ木村は、取り残されていたといえるのかもしれない。

すでに福生村は一〇月六日付で、川崎村・熊川村とともに嘆願書を普請役に提出済であった。福生村外二か村の願書の内容は、以下の通りである。(9)

①玉川付の川欠の多い土地柄で、自普請人足や入用が嵩む困窮の村方であること。
②多摩川上鮎御膳所御用に多数の人足を差し出していること。
③尾張家鷹場人足を勤めていること。
④玉川上水元の羽村陣屋への継ぎ立てなどの人足があること。
⑤羽村堰の定式普請の定人足を勤めていること。
⑥羽村堰人足により「往古ゟ」一切の助郷を勤めておらず、昨年の中山道臨時助郷も熊川村と川崎村は差村を免除されたこと。
⑦地頭所への夫役や御進発供人足の負担が多くなっていること。

ここには、羽村堰の定人足により助郷免除となっていることが記されてはいるものの、とくに免除理由として強調されているわけではない。もっとも継ぎ立て人足については、当の羽村御普請方への歎願書には羽村陣屋とは記されていない。普請役への村役書上げには城付・陣屋付の夫役の項目があるので、あえて城付・陣屋付の夫役に擬えた文言を使用しているのかもしれない。

実は福生村三か村は、さらに砂川村と羽村を加えた五か村連名で、上記の歎願に先立って御普請方役所に対して同様の歎願を一〇月五日に行っていた。そこには、文久三年（一八六三）の板橋宿当分助郷の際、羽村堰の人足役を理由に「当御役所ゟ其御筋江御達被下」、差村を免除された経緯があると記されている。自分達から道中奉行所へどのような歎願をしても「迚も御真用ニ不相成ハ眼前之義」であり、内藤新宿定助郷となれば羽村堰定人足と「一役両勤ニ重三重之勤」になってしまう。羽村堰の定人足はしっかり勤めるので、御普請役所から「其御筋」へ助郷免除の「御達」をしてほしいと歎願したのである。また、「羽村水番人代兼村役人惣代」の名主源兵衛からも、羽村は勿論、定人足の村々を助郷村に引き抜かれては羽村御普請所の維持ができないと、助郷免除を御普請方役所に歎願したのである。羽村からの願書では、羽村御普請所人足の村は五街道をはじめ如何なる助郷役を務めた類例がないことも強調されている。羽村と定人足の村々との連携が見てとれよう。

福生村等五か村の願書からは、村々の強い危機感を窺い知ることができる。おそらく今回の実地見分が、一通りのものではないとの情報を事前に得ていたのであろう。村方から免除の理由をいくら列挙しても、普請役は全く信用しないというのである。そのため普請役に免除の歎願を提出するだけに止まらず、羽村堰を管理する御普請方役所に定人足を負担する村々から歎願し、さらには羽村堰の水番人である羽村名主からも歎願するという、二重三重の手を打ったのである。こうして福生村などの村々は、御普請方役所から道中奉行所へ差村免除の申し入れを行うとの確約を得て、万全の態勢で実地見分に臨んだのである。惣代である熊川村と羽村の名主が江戸から帰村したのは、一〇月一〇日のことである。

実地見分の厳しさは、拝島村組合内で情報交換されていたようである。単独で出願した中藤村は、芋窪村と一緒に一〇月一四日、八王子千人同心の越石元太郎という人物に口利きを依頼していることが確認できる。越石は千人同心組頭を勤める人物である。[10]中藤村は村内が三組に分かれているが、そのうち二組の名主である渡辺源蔵と内野佐兵衛が八王子に出向いている。同日、村に残ったもう一組の名主乙幡市郎右衛門に、興味ある書状が届いている。[11]すなわち、「道中奉行御内室様之親類」から、「先方」も村柄見分の触出しをし、中藤村へ「御内談ニ相成候義ニ付、今日四ツ時迄ニ有無御挨拶可申述候様」というのである。しかし源蔵と佐兵衛は八王子に内願依頼に出向いて留守なので、相談のため来訪を求めたのである。これだけでは判りにくいが、道中奉行の奥方の親類を通して、普請役若しくはその周辺（「先方」）から、口利き依頼の有無を確認する書状がきたと理解できる。一四日は、普請役が実地見分に出立する日である。結果的に中藤村は、道中奉行の奥方の親類というルートではなく、千人同心組頭ルートでの口利依頼を選択したのである。拝島村組合の村々では実地見分に対するリーダー達の危機感が強く、それだけに嘆願書の提出とは別に様々な手づるを使っての免除運動が画策されたのである。

三　普請役の実地見分とその後の動向

一〇月一二日、横山等普請役の実地見分の日程と行程、休泊割などが達せられた。普請役には内藤新宿の添役など問屋役人三名と定助郷惣代の牟礼村名主、それに道案内役の五名が同道した。一行は一四日早朝に内藤新宿を出立し、二九日に順村を終えて戻っている。

まず、後ヶ谷組合の実地見分の状況について述べていこう。この村々の見分は二一日の朝からであるが、前日二〇日の夜、一行の宿泊先である勝楽寺村名主宅にご機嫌伺いに出向いている。杉本平重郎を始め、奈良橋村、宅部村、中藤村、中藤新田、町谷村、堀之内村などの名主達が顔を揃えた。勝楽寺村に出向いた一同は、そこで普請役等の小者三人へ金銭を幾ら渡したか問い合わせている。一か村金一分ずつという回答だったので、村柄を勘案して後ヶ谷・宅部・奈良橋三か村で金一両を出している。小者には権限はないので、これは請託ではない。情報収集を兼ねた挨拶程度のものであろうか。翌朝、平重郎は勝楽寺村まで出迎えに参上するが、普請役一行とは途中で出会っている。一行は山口観音へ参詣し、それから宅部、後ヶ谷、清水と村内を順に実地見分した。高木村名主宅にて休憩中、廻り田村を加えた名主たちは順に差村難渋の申し立てを行った。しかし、普請役の答えは厳しかった。後ヶ谷村の申し立てに対しては、日光道中や中山道の当分助郷は「偶《タマサカ》之儀」であり、その他の難渋の理由は「一般之義」であるとして、「村柄御見分御糺請可申上様無之」状況であった。歎願理由に掲げた助郷役は臨時的なものであり、村方の困窮や様々な人足役も後ヶ谷村だけではないと決めつけられ、それ以上は説明のしようもなかったのである。そして先に提出した助郷免除の嘆願書について、願書そのものは道中奉行に提出するも、歎願は聞き届けられない旨の申し渡しがなされた。後ヶ谷組合の実地見分は、厳しい結果に終わったのである。

実地見分の結果に危機感を抱いた後ヶ谷組合は、杉本平重郎と廻り田村の江川領名主太郎右衛門を惣代として、内藤新宿定助郷の「永久御免除」を求めて道中奉行へ歎願することを決定した。それに先立ち、旗本領の村では旗本から江川代官所に、支配村方からの歎願書の提出方を依頼する手紙が出されている。江川領の村々は勿論、旗本領の村は領主からの依頼状を添えて江川代官所に、道中奉行所への歎願書提出を願い出たのである。この追願から組合に清水新田が加わっている。同新田は旗本領である清水村の持添新田（無民家）であるが、江川代官所への歎願の頭数として入れることにしたのであろう。この歎願は内藤新宿差村だけでなく、折からの将軍御進発のため東海道神奈川宿への増助郷が多摩地域に賦課されるという新たな状況の中でなされたものであった。

一一月五日に提出された嘆願書は、以下の五項目からなっている。

①「武蔵野続狭山」と唱える生産力の低い地域であること。

②往古より日光御成街道川口・岩淵宿の大助郷村であること。
③尾張家鷹場人足を勤めていること。
④後ヶ谷・高木両村は天保飢饉の際の夫食返納も長年賦で行う村であること。
⑤近いうちに江川農兵の砲術稽古が開始されること。

そして、「既ニ往古ゟ」中山道板橋宿および高井戸宿などから度々増助郷の差村とされても、こうした「難村」であることを理由に免除されてきたと主張したのである。高井戸宿増助郷は天保一三年のことである。ただ、前年の中山道板橋宿増助郷については、後ヶ谷組合の村々は差村にはなっていない。高井戸宿はともかく、差村となっていないのだから、免除されたというのは意図的な記述であり、かなり無理のある嘆願といえる。この歎願書は三通作成され、江川代官所と道中奉行所（有馬出雲守）に一通ずつ提出され、一通は村方に下げ渡された。一〇月三日に普請役に提出した願書より窮乏の理由が詳細になっているだけでなく、江川農兵の調練が村方でも開始されることが新たに加えられている。歎願を仲介する江川代官所へのアピールであろう。惣代たちは江戸で「精々工夫」をしたようであるが、まったく打開の糸口も見えなかった。それに将軍御進発による東海道の宿場への助郷差村の話も持ち上がっていた。そこで後ヶ谷組合では、一一月二一日、道中奉行所に三度目の免除歎願を行ったのである。ここには従来の内容に、大和田宿の定助郷、日光街道川口・岩淵宿の定加助郷を勤めているとさえ記されている。さらに将軍上洛御供や天狗党追討などで廻り田村と清水村の旗本領の人足負担が増えていること、清水・宅部両村が高免であることなどが追加されている。

しかし、これらの歎願は一一月二四日、勘定奉行根岸肥前守に引き渡されることになった。道中奉行所は受理しなかったのである。このとき願書を引き渡されたのは「五十ヶ村斗」と平重郎は記している。そして同月二九日、勘定方の斉藤辰吉から歎願書は下げ渡しになった。歎願書の却下は江川代官所にも報告された。こうして後ヶ谷組合の助郷免除運動は終焉した。そしてこの組合からは、廻り田村が定助郷に編入されることになったのである。一一月二九日は、将軍御進発のための神奈川宿への増助郷が道中奉行から発せられた日である。道中奉行所としては御進発の臨時助郷の賦課を前に、内藤新宿一件を決着させたかったのであろう。

今回の場合は、村柄の実地調査により適当な村々を定助郷に補填することが目的であったから、免除運動に成功しなかったからといって助郷役が賦課されるわけではなかった。それでも村々は、新たな負担を回避するために、様々な運動を展開したのである。そして定助郷の賦課を免れた多摩の村々は、御進発による東海道筋への臨時助郷免除運動を展開することになるのである。

さて、話を実地見分に戻して、蔵敷村のその後を追ってみよう。

一〇月二一日昼、後ヶ谷村などと入れ替わるように、蔵敷村名主内野杢左衛門は高木村名主宅へご機嫌伺に出向いた。そして小休所である自宅に一行を案内した。そこで杢左衛門は、小仏関所増番人足を理由に免除を訴えた。その日の夜、宿泊先である中藤村名主渡辺源蔵宅に出頭した杢左衛門は、小仏関所増番人足は他に類例があるので採用できないとの申し渡しを受け、余儀なく同意させられている。

こうして一〇月二六日、蔵敷村の内野杢左衛門は「極密々」に江川代官所手付元締上村井善平に、普請役横山と論所地改手付中村の両名への口利きを内願するのである。以下、具体的な請託については森氏の論文に譲り、必要な範囲で述べるにとどめる。このとき杢左衛門は、三ツ木村年寄藤吉と久米川村年寄太左衛門と行動を共にしている。そして一一月八日、杢左衛門等は内願が九分通り成就しそうだとの朗報に接している。一一月二日の中村の書面には、念のため蔵敷村の小仏関所増番人足届の写の入手を依頼する文言がある。同じ書状で中村は、「諸向申込多ニ而、扨々近間之在出は殆当惑仕候」と漏らしている。各方面から中村への口利きがなされ、近所への外出にも当惑しているというのである。こうして、羽村・川崎村・福生村・熊川村・砂川村・蔵敷村・三ツ木村・久米川村八か村の免除はほぼ確実となった。上村井の書状には、福生村と砂川村の名主達にも結果を伝えてほしいと記されている。そして、上村井から請託成就の報酬について、収賄側の横山と中村から「壱万疋巳上之挨拶」要求もあるが、今後のこともあるので「不実」にならないように対応してほしいと付け加えられているのである。蔵敷村等三か村は普請役だけでなく上村井や郷宿などへの謝礼として、約五〇両の出金を相談している。なお、御普請方役所からの申し入れで免除となった福生村などが、同様に謝礼金を出したのかどうかは不明である。

一方、千人同心組頭を仲介者とした中藤村と芋窪村の口利き工作は明暗を分けた。越石元太郎からは、芋窪村は間違いなく免除になるが、中藤村は「古新分高等之儀彼是取込も有之間、先般内願筋之儀一切行届不申候」との書状が届いている。本田と新田の村高に混同があったのか、中藤村の内願は聞き届けられず、結果的に中藤村は内藤新宿定助郷に編入されることになったのである。後日、越石から中藤村名主への丁寧な詫状が届いている。

四　村方の助郷免除の論理

以上、元治元年（一八六四）の内藤新宿定助郷一件における所沢村組合と拝島村組合の助郷免除運動について検討してきた。その中でまず指摘したいのは、道中奉行所が、一般的な困窮や過去の臨時助郷、「類例のある」人足役などを免除理由として一切取り上げない強硬な姿勢を示していたことである。実地見分の状況を見る限り、定助郷でもない限り差村免除を認められる余地はほとんどなかったであろう。蔵敷村や中藤村などが請託という手段に出たのも、このような厳しい応対の結果であったと考えられる。

まず、一般的とされた困窮村について検討しておきたい。後ヶ谷組合は、歎願書の冒頭で「武蔵野附新田江引続候村々」であることを訴えている。享保期に開発された武蔵野新田に連なる地域で、生産力も低く肥料の高騰に苦しんでいるとも記されている。文久元年（一八六一）以降、武蔵野新田にも毎年のように助郷差村の指示がきているが、その都度、新田村であることを理由に助郷免除となったという[12]。つまり、これまで武蔵野新田が助郷役を免除されていることを前提に、それに隣接する後ヶ谷組合の村々も、新田と同様な村柄であることを訴えて助郷免除を訴えていたのである。一般的として退けられた「困窮村」にも、それなりの理由が込められていたのである。

また、助郷免除の理由として、過去に一度だけ勤めた日光街道川口・岩淵宿の臨時助郷について、最後の嘆願では大助郷役であると主張している。臨時的な助郷役は免除理由にはならないため、定助郷村に代わる大（代）助郷役であると記しているのである。さらに、「往古ゟ」板橋宿や高井戸宿への増助郷の差村となったときも「難村」であることを理由に免除となったと記しているが、これが意図的な記述であることは前述の通りである。大和田宿助郷なども、唐突に出てきた文言である。このように既存の助郷が免除理由として最も確実であるため、回を増すごとにそれを強調する内容に変化しているといえる。

一方、蔵敷村の場合は、後ヶ谷組合が主張するような「助郷」負担はないので、小仏関所の人足役を理由に単独で歎願したと考えられる。しかもそれは、直前の八月に江川代官所に自ら申請した人足役であった。歎願の時点ではまだ実際に人足役は勤めていないし、これ以降に勤めた形跡も、少なくとも「里正日誌」からは確認できない。文久三年（一八六三）の中山道当分助郷の免除運動の過程で、完全免除を求めるために武蔵野新田が最後に追加した理由が「小仏御関所非常人足」役だったという興味深い史料がある（『小平市史料集』第三十、四〇五頁）。管見の限りでは、近隣の村々の助郷免除嘆願書のどこにもこの理由を見つけることはできない。江川代官所が管轄する小仏関所の人足役なので、同代官所の承認があれば村役として申請することも可能だったのであろうか。

この一件が起こったのは、ちょうど江川農兵のリーダーとなる農兵指図役の調練が、江戸芝新銭座の江川邸において開始された直後であった。農兵指図役は、訓練終了後に村に戻り、代官所の手付・手代などとともに農兵調練を行うことになる。元治元年（一八五九）九月二一日に多摩郡の江川領のリーダー達が拝島村に集合して、農兵指図役の選定が行われた（「文久里正日誌」三年）。集まったのは、田無村名主下田半兵衛、蔵敷村名主内野杢左衛門、日野宿名主佐藤芳三郎、八王子宿問屋勘右衛門、青梅村年寄貞八、五日市村名主利兵衛、砂川村名主村野源五右衛門、福生村名主田村重兵衛、拝島村名主甚五右衛門の九名である。田無、所沢、日野、八王子、青梅、五日市、拝島の各組合村の大小惣代や寄場名主たちである。蔵敷村の内野杢左衛門は、多摩地域における江川農兵取り立てを推進した主要メンバーの一人だったのである。蔵敷村からは杢左衛門の弟恒吉が選定されており、内野杢左衛門と江川代官所の関係は緊密である。しかも翌元治二年三月、江川代官所から木村代官所への支配替えに反対して、蔵敷村をはじめとする多摩郡の村々は勘定奉行等への張訴を決行し、江川領に据え置きとなっている。このときの惣代は、組合小惣代の内野杢左衛門と鈴木勘左衛門であった。以後、所沢村組合の多摩郡の村々は、蔵敷村組合として独自な動きをすることになるのである（拙稿「関東郡代の再興と組合村」『近世多摩川流域の史的研究（第二次研究報告）』一九九四年、多摩川流域史研究会）。蔵敷村の単独歎願の背景に、こうした江川代官所との強い関係を推測することは可能であろう。請託の謝礼金額を見ても、普請役横山と江川代官所手付元締の上村井はともに一五両である。他への助郷の実績のない蔵敷村が、小仏関所非常人足を直前に願い出て、それを免除理由にしている不自然さも諒解できるように思えるのである。

この推測はともかくとして、請託という手段を講じざるをえなかった最大の理由が、当該期における道中奉行所の厳しい対応にあることは確かである。助郷の量的増大に対応するためには、村方からの歎願を簡単に認めるわけにはいかなくなっていたのである。そしてそれは、文久三年の参勤交代制の緩和にともなう中山道筋における当分助郷免除運動のなかで顕在化していたのである。先に引用した武蔵野新田が小仏関所の非常人足を免除理由に掲げた史料には、「是迄と違、道中方悉六つヶ敷罷成」、皆免除は非常に困難になっていると記されている。ここには各方面への請託がなされていることが記されているが、収賄側もこれ以上はどうしようもないと村方からの依頼を断るほど厳しい状況になっていたのである。

次に、福生村などの免除の論理を考えてみたい。判明する限り、このグループのうち福生村と熊川村・川崎村は、羽村堰人足を理由に「往古ゟ」助郷役が免除されてきたことを強調し、文久三年の中山道板橋宿への当分助郷も免除されたと訴えている。しかし文久三年の道中奉行所宛の熊川村・川崎村の歎願書を見ると、多摩川付の困窮村であることや、尾張家鷹場人足、甲州街道の継ぎ立てなどの様々な理由が列挙される、いわば一般的な内容である。ただ、このとき両村は脇往還の助郷と御用鮎上納により五分通の免除を申し渡され、さらなる歎願により当分助郷の完全免除を果たしたようである（『福生市史資料編』近世2、四二〇～四二八頁）。そこには同じように玉川上水御用・御用鮎上納・日光脇往還の助郷などの「弐重三重之御役」が列挙されているので、最終的な決め手となったのが玉川上水御用人足であると村方は理解したのであろう。玉川上水御用とは、羽村堰人足役のことである。そしてこの事実が、文久三年の当分助郷はもとより、古来より如何なる助郷も免除されてきた理由として嘆願書のなかに記されることになったのである。免除運動を繰り返す中で、次第に村の「由緒」が形成されていく過程が窺えるのである。

おわりに

以上、元治元年一〇月の内藤新宿定助郷をめぐる村々の動向を、所沢組合と拝島村組合について述べてきた。ここで明らかになったことは、以下の点である。

一、元治元年の助郷差村の調査は、一般的な困窮村や諸人足役、臨時の助郷役などは一切免除の理由とならない厳しいものであった。それは、前年の参勤交代制緩和による中山道臨時助郷の減免・免除運動が、広範囲且重層的に展開されたことを受けた措置と考えられる。そしてそれは、古来より助郷が免除されてきた武蔵野新田が差村の対象となるなど、文久期以降の助郷の絶対的不足を背景としていたのである。

二、村々は各方面で情報収集を行い、組合村などを単位に、歎願理由や単独または共同での歎願などの運動方針を決定していく。ここには村のリーダーの情報網や判断力が大きく影響することになる。多摩の村々の助郷免除運動を見る限り、村柄や村役などが共通する村々は組合で歎願を行っているが、単独での歎願も少なくない。その中に前年の臨時助郷の訴訟を抱える村があるのは、助郷が輻輳した当該期特有の現象であった。

三、蔵敷村の請託は、小仏関所非常人足を理由とした単独での歎願の経緯も含めて、江川代官所との強い結びつきを窺わせるものであった。ただ、中藤村や武蔵野新田のケースのように、道中奉行所周辺なども含めて、いくつもの請託ルートがあったことが窺える。しかし、当該期には請託による免除も難しくなりつつあったのである。

四、村々の助郷免除の論理は、熊川村などのように、過去に免除理由とされた人足役を前面に押し出すものであった。次から次へと助郷負担が降りかかってくる幕末期には、前回の免除理由が、その村の助郷免除の「由緒」と化していくのである。

五、免除の理由として村役としての人足役が意識されていることは事実であるが、それが果たして近世後期からの新規人足役拒否の論理である「二重役」として、そのまま幕末維新期に継承されたのかどうかについては、もう少し検討が必要であると考える。すなわち、維新期に繋がる「二重役」の論理は、文久期以降の助郷免除運動の過程で直接的に形成されるのではないかと考えるのである。「二重役」の論理は、単線的に形成されたのではないことに注意したい。なお、この点については、文久期以降の助郷免除運動の実態解明の中で改めて検討する必要があろう。

最後に、今回の一件では、高井戸宿の定助郷村である須佐村、連雀村、仙川村が差村に指定されており、当然定助郷を理由に免除となっている。このような杜撰な差村の選定が行われていることは驚きであったが、文久三年の中山道増助郷においても同様のことが起こっているので、助郷の差村とはそういうものだったと理解するしかない。

（1）「幕末維新期の助郷負担―武州多摩郡の村々を中心として―」『交通史研究』第四四号、一九九九年十月（後に丹治健蔵『関東水陸交通史の研究』法政大学出版局、二〇〇七年に収録）。
（2）「明治初年の東海道宿駅助合勤埋金一件」『千葉県史研究』第一〇号別冊（平成十四年三月）。
（3）筑紫敏夫「明治初期における東海道助郷滞金と房総の村々」『交通史研究』第五一号（二〇〇二年十一月）。
（4）「『里正日誌』からみた村の幕末維新（1）―裏面工作による内藤新宿代助郷免除の顛末―」『中央大学文学部紀要』史学科、第四四号、一九九九年一月。ここには関係史料がすべて紹介されているが、東大和市資料編7『里正日誌の世界』（東大和市、平成九年）も参照されたい。
（5）以下の記述は、特に断りがない限り、国文学研究資料館所蔵「杉本家文書」一五〇八による。「杉本家文書」は、武蔵国多摩郡後ヶ谷村（現東京都東大和市）の名主家の史料群である。
（6）『里正日誌』第九巻、三九～五二頁（平成六年、東大和市教育委員会）。
（7）以下の記述は、断りのない限り『武蔵村山市史』通史編、上巻、一一七四～一一七七頁（牛米執筆分）による。
（8）文久三年の中山道筋の増助郷免除運動については、別稿を予定している。
（9）『多満自慢石川酒造文書』第四巻、三九〇～三九二頁（平成元年、霞出版社）。同一史料が、『福生市史資料編』近世2、

四二三〜四二八に収録されている（福生市、平成二年）。

（10）越石元二郎については、八王子市郷土資料館学芸員小林央氏のご教示を得た。記して感謝したい。

（11）乙幡市郎右衛門家文書一一二（武蔵村山市歴史民俗資料館所蔵のマイクロフィルム版）。

（12）『小平市史料集』第三十集、交通・運輸（小平市中央図書館、平成二〇年）の解題による。

第Ⅲ部　近代多摩の社会と政治

第九章　草莽の軌跡

――落合直言とその周辺――

藤田英昭

はじめに

成立したばかりの明治新政府は、戊辰戦争を通じて徳川宗家や朝敵諸藩の処分を成し遂げたとはいえ、確乎とした体制を築けたわけではなかった。政府が進める開国和親路線に反発する浪士・草莽層の活動は活発で、西洋人に暴挙に及ぶ者も後を絶たなかった。外国公使の抗議を受けた政府は、兵部大輔大村益次郎らを中心に浪士の取締りを徹底強化していくが、この大村は明治二年（一八六九）九月に山口藩ほかの攘夷主義者に襲撃され、その傷がもとで死去した。明治三年一一月には、政府の開化政策を批判した農民一揆が九州の日田県で勃発し、草莽層との連携が危惧されていた。

こうした中で明治四年三月には、東西の両京において、華族の外山光輔と愛宕通旭《おたぎみちてる》とを盟主とする政府転覆の陰謀事件が発覚する。ここに至って政府は、反政府活動の芽を徹底的に摘むべく、大規模な弾圧に着手していくことになる(1)。

外山・愛宕事件の禁獄者は大多数にのぼっていたが、そのうち直接事件へ関与したことが疑われ、終身禁獄の刑に処せられたのは二三名であった。大半が西国出身者であるが、なかには秋田藩士族中村恕助《じょすけ》ら東国出身者の名前も見える。

ここで注目したいのは、多摩出身の落合直言《なおこと》の名前も見出せることである。落合直言は、中村恕助ら八名とともに鹿児島藩御預の刑に処せられた。この落合直言とは、一体どのような人物なのだろうか。

直言には著名な兄が二人いる。一人は文久元年（一八六一）以降、「尊攘論」「明道論」などを著し、慶応三年（一八六七）一〇月には薩摩藩士益満休之助らの招きに応じて、江戸三田の薩摩藩上屋敷に投じ、相楽総三らとともに薩邸浪士隊の幹部として、江戸市中を攪乱させたことで知られる直亮《なおあき》（源一郎）である。この時、「水原二郎」と変名し活動を展開した。直亮は、戊辰戦争期に四国中国鎮撫使に随行して姫路に出張し、ついで岩倉具視の命を受けて、関東機密御用をあずかり、その後は刑法官監察司試補、同監察司知事、伊那県判事、同県大参事に任じられた人物である。[2] もう一人は、幕末期に直亮とともに国学を学び、甲州ほか諸国を遊歴するなどして自身の尊攘論を磨き、戊辰期には東山道先鋒総督府の大監軍附書記役として従軍し、文事をもって功をあげた直澄《なおずみ》（一平）である。直澄は、明治二年一一月に神祇官宣教権少博士となり、のちに教部省に出仕、その後豊受大神宮《とようけだいじんぐう》や度津《わたつ》神社、出雲大社、伊勢神宮の神職を務め、公務のかたわら古典研究にも打ち込んだ学究肌の人物であった（七六六―一七）。

この直亮・直澄兄弟は、武蔵国多摩郡上長房村駒木野（東京都八王子市）の小仏関守の家に生まれた草莽の志士である。[3] 昭和五年（一九三〇）一〇月、浅川好史会という多摩の郷土サークルは、関所番落合家跡地（八王子市裏高尾町）に「先賢彰徳碑」（天野佐一郎撰書）という顕彰碑を建立しているが、両名は同郷の川村恵十郎《えじゅうろう》（正平）とともに郷土輩出の「名士」として顕彰され、その足跡を今に伝えている。[4]

いっぽうの直言はどうか。多摩の人々によって経歴が顧みられることもなく、知名度は二人の兄にくらべて格段に劣っているといえるだろう。しかし、直言が幕末維新期にかけての草莽の志士であったことは紛れもない事実であり、しかも兄以上に数奇で波乱の生涯を送っているのである。そこで本章では、これまでほとんど注目されてこなかった落合直言の軌跡を振り返りつつ、草莽をめぐるいくつかの論点を提供していきたいと思う。

一　草莽とは何か

最初に、ここでいう「草莽」とは一体どのような人々を指すのか押さえておきたい。

一般的な理解では、支配者側に属さず在野にあって、本来国政に直接関与しなかったが、幕府政治が緩み、異国船の出没が目立ち始めた一八世紀後半以降、天下の行く末を憂い、あるべき将来像や国家像を模索して国事に奔走していった人々を指す。脱藩浪士や下級武士・郷士・豪農・豪商・神官・博徒・学者などがこれに該当した。ただし、必ずしも在野にあるわけではなく、幕臣であったり、藩内で国事周旋をしていた者なども草莽と見なされる場合もあった（拙稿「草莽と維新」、『講座明治維新3　維新政権の創設』所収）。幕末期においては、尊王攘夷論と結びつき「志士」「義士」などと同じ意味で扱われ、維新変革を牽引した勢力と評価されることも多い。ところが、維新後は、新政府の開国和親方針に反発したため、最終的には切り捨てられていく存在でもあった。反政府活動を展開したことから、「不逞浪士」「不平士族」などと称され、否定的に語られることもしばしばである。ただし、草莽を自覚する人々が、自身をして「不逞浪士」などと称することは絶対にない。こうした言葉は、あくまでも政府側（権力者側）の評価であり、草莽の立場からのものではない。

それでは、草莽の人々は自らをどのように位置づけていたのであろうか。この点で参考になるのは、落合直亮の養子直文が、明治二八年（一八九五）に発表した「しら雪物語」という養父直亮の物語である（『明治文学全集』44所収）。この物語は、直亮の談話形式で話が展開していくが、慶応三年（一八六七）末に三田の薩摩藩上屋敷に集まった相楽総三ら浪士（草莽）の面々を、直亮は以下のように語っている。後年の談話だが、当事者の言として無視できない（史料引用に際しては、旧字体を新字体に改め、適宜読点を付した。以下も同じ）。

さて、その集れる人々は、当時浪士と称せるものにして、今のいはゆる壮士《そうし》のごときものか。されど、今の壮士のごとく、金銭のために動くものにあらず。廉恥を知らぬものにもあらず。刀の抜きやうも知らぬものにあらず。吹かば飛ばむとするが如きものにもあらず。尊王攘夷といふ大義の下、国の為君の為には、一命なを鴻《こう》毛《もう》よりも軽しとするものなり。その精神、その気象、今のわかき人々などは、夢にも想像し得らるゝところにはあらざらむ。

ここで注目したいのは、浪士（草莽）を明治二〇年代の壮士（自由民権運動の活動家、または政党に雇われた運動員・用心棒のこと）と似た存在としつつも、それとは別物だと指摘している点である。すなわち、壮士は金銭や利害が絡まないと行動しないが、草莽はそれとは違い、ただ純粋に国家のために一命を惜しまなかった者たちだと評価しているのである。しかも、壮士は刀の使い方を知らないとある。もとより、この語りをそのまま鵜呑みにすることは慎まねばなるまい。現代でもそうだが、時に人は、自分と同じような部類に属する後世の者たちを意識的に批判し、否定し去ることで、自己の立場を正当化しようとする傾向がしばしば見られる。とはいえ、本章が対象とする直言もまた、兄直亮がいう「草莽」にふさわしい人物であったのだろう。

直亮は、維新から二、三〇年後の「わかき人々」には、草莽の精神は到底わかるまいと断言している。これからすれば、維新後一五〇年近く経った現在、どの程度まで草莽の意図を酌み取ることができるのだろうか。後世の人間にできるのは、残された史料を丹念に読み込み、草莽の目線に立って、時代状況の中に彼らを正当に位置づけることだけである。このことを意識しつつ、まずは落合直言の家族やその由緒を紹介することから始めたい。

二　落合家の人々

落合直言は、弘化二年（一八四五）、小仏関所番（二〇俵二人扶持）の落合俊雄（貞蔵）と多喜子（瀧子）の七男として、武蔵国多摩郡上長房村駒木野に誕生した。[5] 通称は、はじめ吉弥、のちに五十馬とし、竹城という号を持つ。一八歳年長には長男直亮が、五歳年上には五男直澄がいた。次男義行（兼二郎・菊二郎）は、伯母喜久子が嫁いだ一橋家家臣小松駒一郎の養子となり、小松謙八郎と称したが二五歳（数え年、以下同じ）で死去。四男義民（秀三郎・秀司）は、紀伊家付家老水野忠央《ただなか》の家臣三宅勢右衛門の養子となり、三宅杢平と称するも、二〇歳で死去している。三男・六男はともに夭逝した。長姉に敏子（直子）がいるが、次姉は夭逝した（図1参照）。

落合家の系図を見てもわかるように、落合家は甲斐国都留《つる》郡（山梨県都留市）との関わりが深い。父俊雄も、もともとは甲斐国都留郡境川関所番の山内俊賀（善右衛門）の三男であったが、文政一〇年（一八二七）に落合忠利（源吾）の三女多喜子と結婚し、小仏関所番となった者であった。俊雄は、江戸に出て谷文晁に画を学んだといわれ、絵画をもって家計を扶助したこともあったという（七六六―八「落合家譜」）。現在、俊雄が描いた楠木正行《まさつら》像・武田信玄像・上杉謙信像が伝わっている（七七三―一四八）。母多喜子は、「落合家譜」（原文漢文）に「母貞操、慨気《がいき》有り、好く和歌を詠み、激烈之句多し、是一時之鬱悶《うつもん》を遣《や》るのみ、常に其稿を留めず、遺す所は僅々《きんきん》数十種に止まる也」とあるように、気が晴れない時は「激烈」の和歌を詠んだとある。遺された歌は少ないとされるが、多喜子の和歌九七首を収めた「玉琴集」（一九五）が遺されている。

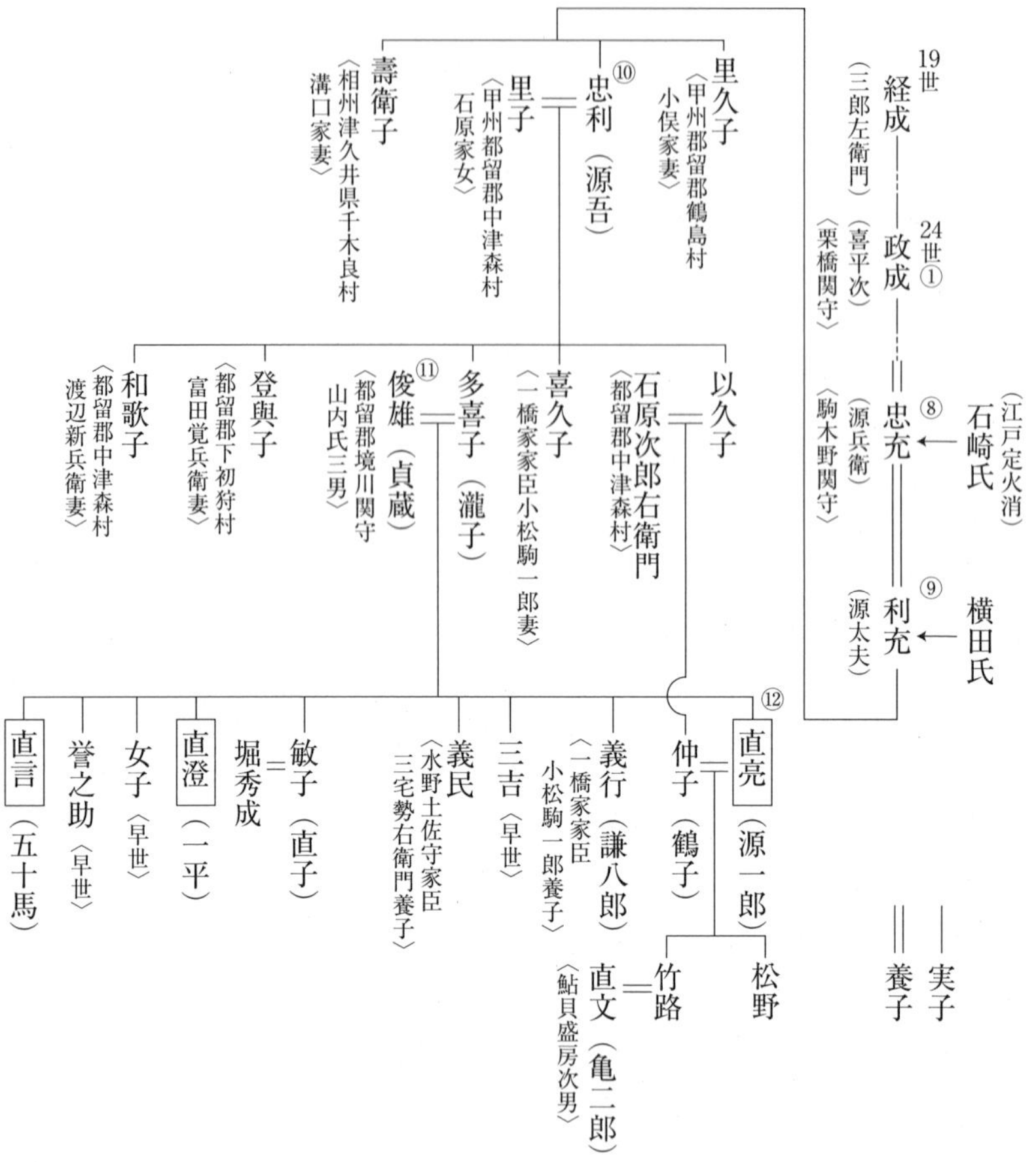

図１　落合家関係系図（158「家系稿」より作成）

そもそも、直言が生まれた落合家の由緒は古く、「落合家譜」によれば清和源氏にさかのぼる。九世国時は、信濃国落合に移住し「落合三郎」と称したため、これ以降落合を名乗った。一九世経成（三郎左衛門）以降、武田氏・織田氏・小山氏と主を替え、二四世政成（左源太・喜平次）に至った寛永五年（一六二八）に、代官伊奈氏支配の栗橋関所番に取り立てられた。この政成が関所番落合家の元祖となる。寛政一〇年（一七九八）、八代忠充（源兵衛は栗橋から駒木野へと転じ、関東郡代中川氏支配（のち代官江川氏支配）の小仏関所番となった。文政一二年以降は、関所が廃止される明治二年（一八六九）まで、落合・川村・佐藤・小野崎の四家が、小仏関所番を務めている。

俊雄は、関所番落合家の一一代目にあたるが、弘化三年一一月二三日に五〇歳で死去した。直言二歳の時である。跡をついだのは長兄直亮で、翌四年二月、江川代官役所に関所番見習の願書が提出されている（一三）。この年の六月、直亮は甲斐国都留郡中津森村（山梨県都留市）の石原次郎右衛門の女仲子（鶴子）を妻に迎えた。仲子の母は直亮の母多喜子の姉以久子、従兄妹同士の結婚であった。

三　堀秀成の影響

二歳で父を亡くした直言は、すでに漢籍や国学を学んでいた兄たちの影響を受けて、成長を遂げていった。なかでも、直言の人格形成に大きな影響を与えたと思われるのが、遊歴の国学者堀秀成の八王子来遊であった。

堀秀成は、文政二年（一八一九）に古河藩江戸屋敷に生まれた。天保一三年（一八四二）、二四歳の時に「皇典学」を志して藩を去り、東北・東海・関東方面で遍歴を重ねたことで知られる(6)。嘉永四年（一八五一）からは、甲斐国市川大門（山梨県西八代郡市川三郷町）に留まり門人を形成し、直亮はこの頃秀成に師事したといわれる。安政五年（一八五八）には、直亮の要請に応じて八王子に移り、文久二年（一八六二）に江戸に帰るまで、同地を拠点に講釈や学問教授を行った。

直言（一四歳）は、秀成が八王子に移ってきた直後の安政五年四月二二日に、直澄（一九歳）や諏訪人の山内国太郎とともに、秀成に入門している。そもそも直言という諱は、同年九月二八日に秀成から授けられた名前であった（七七三―一九二「（直澄）日記」）。

秀成が来遊して以降、落合一族をはじめ八王子千人同心や、周辺農村からも入門者があいついだ。直言の姉敏子は秀成の妻となっている。

秀成の講釈は、古典教授と和歌指導が中心であったが、聴衆を意識し、初心者には漢語や雅語は用いず、例え話を交えて分かりやすく説教していたため、人気があった。入門はしなくても、講釈を聴きに来た者は大勢いたであろうし、秀成が八王子周辺の啓蒙に大きな役割を果たしたことは間違いない。

直澄の「日記」を見ると、秀成が『源氏物語』『土佐日記』『古今集』『万葉集』などの古典から、大祓《おおはらえ》や神拝式の作法、また自身の音義書である『音義本末考』『助辞音義考』などの講義をしていたことがわかる。本居宣長に心酔していた秀成は、宣長伝も講義した。落合兄弟ら門人たちは、講義を受けた書籍の筆写を連日行い、直言は直澄と一緒に「本末考」（『音義本末考』か）の読み合わせをしている（「（直澄）日記」安政六年四月二七日条）。

さらに、秀成が和歌を詠むことを勧めたこともあって、兄弟の周りには和歌を嗜む者が続出し、定期的に歌会も催された。直言も直亮や佐藤正定・峯尾なか子・小野崎中和・佐藤正雄・高木守久ら関所番関係者や八王子千人同心らとともに、「雪」をテーマにした歌会に参加し、「つれ〳〵と なからふ雪の夕へにハ まとゐをしつ、 かたるたのしさ」という歌を詠んでいる。この歌の評価は、「ふるをなからふといへる古へ書を見たる人の歌にもあるへし、ことに難もあらす、よきうちなるべし」と、直言は古典研究の成果を一定程度認められていた（一五〇）。

ところで、直澄の「日記」で注目できるのは、文久元年末から翌二年初頭にかけて、直澄が水戸藩関係の書付や著作を筆写していることである。文久元年一二月二三日には、大老井伊直弼を桜田門外で暗殺した水戸浪士の斬奸趣意書を写し、同二年正月一二日に「水戸家写本」を、同月二一日には「水戸家ノ書」をそれぞれ筆写している。

これに関連して指摘しておきたいのは、徳川林政史研究所所蔵「蜂須賀家文書」のなかに、なぜか小仏関所番の筆写本が数点含まれており、その中から関所番の小野崎中和と佐藤正雄が文久元年春に模写した徳川斉昭の献策九点も見出せることである（「蜂須賀家文書」二二）。主に天保九年（一八三八）から一四年にかけてのもので、よく知られている内憂外患についての意見書（戊戌封事）や異国船打払令廃止の不可、大船建造解禁の建議など、斉昭の主張を知るうえで基本となる献策ばかりである。直澄が筆写した「水戸家ノ書」とは、恐らくこうした類のものであったろう。

さらに、斉昭が弘化二年（一八四五）に著した『明訓一班抄』（斉昭が、徳川家康・秀忠・家光・吉宗の「明訓」を解説する形で著した書物で、老中阿部正弘を通じて一二代家慶や世子家祥《いえさき》に呈上されたもの）を、嘉永年間（一八四八～五四）に何らかの形で落合家が写本を手に入れ、その後佐藤・小野崎両名に回覧し、文久三年四月にはこの両名が筆写に及んでいる（「蜂須賀家文書」一一三）。小仏関所番関係者が、協力しあって斉昭および水戸藩関係の情報を収集し、それらを共有することで時勢の流れをつかみ、国事への関心を高めていった様子がうかがわれる。

こうした水戸藩への関心を考えるうえでは、堀秀成の存在を考慮に入れるべきであろう。すでに秀成は、甲斐国滞在中の安政四年に門人の招きに応じて出府し、水戸藩士に『古事記』などを進講して、帰国後『醜《しこの》御楯《みたて》』（天皇の楯となり外敵を防ぐ者という意味）という書物を水戸藩に進呈していたのである。のちに水戸藩士が秀成を訪ねることもあったので、こうした交流が小仏関所番たちにも一定の影響を及ぼしたのではないかと考えられる。

もっとも、情報収集していたのは、水戸藩関係だけではなかった。「蜂須賀家文書」には、小仏関所番四家が執筆した「安政紀事　二」「文久紀事　九」「文久紀事　十二」の三冊も含まれていた。これらの文書には、タウンゼント・ハリスの江戸城登城（安政四年）に関わる公家衆上申書をはじめ、東禅寺事件やロシア軍艦ポサドニック号来航に関する書付、文久の幕政改革に関する老中書付・触書などが筆写されている。関所番は、代官役所や勘定所がある江戸に出向くこともあったので、こうした機会に情報を収集していたのであろう。番号を踏まえれば、「紀事」の冊数は数一〇冊にのぼったものと思われ、関所番が時事問題に関心を示し、情報収集を活発に行っていた様子をうかがうことができる。

「安政紀事　一」の内題には、「遺憾之記」と墨書されており、関所番関係者が、ハリスの江戸城登城など異国人の動向に憤慨している様子が伝わってくる。いみじくも、文久の幕政改革に関する書付がまとめられているように、幕府への期待感は高い。改革を成し遂げた幕府を中心として、「夷敵」を打ち払う攘夷の志を持っていた。明治二六年（一八九三）における直亮の談話でも、「先祖よりして数代の間旧幕府の末々に連つて居つた家筋のもの故に、何分にも徳川家に背いて勤王仕ると云ふことは安ぜぬ為に、何とかして徳川家と共に一致して尊王攘夷の本意を遂げむと思ひまして奔走仕りました」（『史談会速記録』第一二輯）とあるのと全く矛盾しない。そもそも、直亮が文久元年に著した「尊攘論」とは、幕府の存在を前提にした尊王攘夷論であった。

このような気運のもとで、直言は多感な一〇代を過ごしたのである。

ところで、相模国津久井県又野村（神奈川県相模原市）には、落合兄弟と親しく、堀秀成にも師事した尾崎行正（彦四郎・多摩郡散田村の峯尾家出身）という名主がいた。その行正の長男として安政五年一一月に生まれた彦太郎は、後年、ありし日の父行正や落合兄弟について、以下のように語っている（『尾崎咢堂全集』第一〇巻）。

おやぢは漢学者でしたが、親類や何かに国学者があつたものですから国学もやりました。八王寺《（ママ）》の先の浅川辺り、小仏峠の下（峠の東方一里の駒木野）に関所があつて、その番人をして居つた落合と云ふ親類に兄弟が三人ありましたが、三人とも秀才で、皆国学者でした。おやぢは落合兄弟と大層仲がよくて、始終往つたり来たりして居りました。……落合の一番下の弟は猶ほ豪傑で、徹底的な尊王攘夷であつた。直ことと云ひましたが「こと」はどんな字であつたか忘れました。当時親類中随一の秀才と云はれて居りました。粗放快濶な人でした。

名前の字は忘れられても、直言の気性は相当に印象深かったのであろう。尾崎彦太郎は、直言をして「親類中随一の秀才」と述べている。この彦太郎こそ、第一回総選挙から衆議院議員に二五回の連続当選を果たし、憲政擁護運動では第三次桂太郎内閣の打倒に中心的な役割を果たした尾崎行雄その人であった。

四　上京の証し

落合直亮が、明治一八年（一八八五）に撰文した「落合直言紀念碑」（「おわりに」に引用）によると、直言は幕末期に上京するが、在京中に殺人事件の加害者となり、処罰されたとある。該当部分を引用しよう。「年十九の時、徳川将軍に従ひ洛ニ上りたりし程ニ、故有て同しむれか人を殺し罪を得たり」。直言一九の年とは文久三年（一八六三）で、直言は一四代将軍徳川家茂の上洛に随行したという。

また、直言の小伝が収録される『西南記伝』（下―2）には、この時の事件について、もう少し詳しく書かれている。「直言、年十五、六のとき、幕府の小吏と為り、京都在勤たり、当時幕吏の通弊として、新参の徒は、常に同僚より虐待せらるゝを例とす、一日直言同輩の席上に於て、上級者より頭髪を攫《つか》み、其面を欧たれしかば、大に怒て短刀を抜き、其脇腹を貫き、終に之を斃《たお》せりと云ふ」。新参者の直言は、京都在勤中に古参者の「虐待」に逢い、顔を殴られたという。その仕返しに相手の脇腹を刺し、殺害に及んだとある。この事件の真偽を確かめる術は今のところないのだが、「豪傑」肌であった直言の挿話の一つといえるだろう。

ここで問題としたいのは、直言が実際に上京したのかどうかである。まず、『西南記伝』（下―2）にあるように、直言が一五、六歳で幕府の「小吏」となったとあるのは、検討が必要だろう。直澄の「日記」でも、直言一五歳の安政六年（一八五九）中には、堀秀成のもとで学問修業をしており、一七歳の万延二年（一八六一）二月七日にも、直澄・秀成とともに大叔母が嫁いだ相模国津久井県千木良村（相模原市）を訪れ、翌年も秀成・佐藤正雄とともに八王子千人町でくらす直澄のもとに顔を出している。「（直澄）日記」には、直言が幕府の「小吏」となったとする記載はない。

ただし、上京（京都在勤）したことは事実と思われ、時期も文久三年と考えるのが妥当である。四月四日付で、直亮のもとに届けられた某書翰（一一一）に、「夫ニ付五十馬（直言）兄事御案し申候、御同子ハ実以うらやましき事ニて、かゝる　明天皇の御舎（京都御所）近く志を遂け候事、いかなる月日の下に生れたる御子ニ有之哉と被存候」（欠字は一字あけ。以下同じ）とあるのは、直言が文久三年に上京したことを指すのではないだろうか。上京の事情は不明だが、書翰の差出人は、直言の運の良さを羨望しつつも、心配しているようでもある。とすれば、刺殺事件はその不安が的中したことになるだろう。

また、文久三年に上京したことで知られる直亮は（九二「履歴書」）、七月七日付で京都から小仏関所の同僚に書翰（一一九）を発しているが、ここでも「小生儀も道中無別条去月（六月）十九日京着逗留罷在申候間、乍憚御安意思食可被下候、召連候もの并五十馬事も聊別条無之、同人ニも面会いたし」と書かれている。この書翰からは、直亮が京都に到着する以前に、直言は入京していた様子がうかがわれる。これらの史料から、少なくとも直言は文久三年四月以前に入京し、七月に至っても滞京していたことが確認できるだろう。

堀秀成のもとで国学を学び、周囲が尊王攘夷の志を高めつつある中で、多感な少年時代を過ごした直言であれば、京都・朝廷への想いを強くし、上京したいと思っても全く不思議ではない。小仏関所の面々が幕政改革に期待していたこと、兄直亮が幕府中心の尊王攘夷論者であったこと、などの背景を考えると、攘夷奉承を目的のひとつとした文久の将軍上洛に、攘夷論に感化された直言が幕府につてを求めて随行していたとしてもおかしくはないのである。直言の和歌には、「えミしらに しらせまほしき ものはしも 御旗のミいつ 太刀のきれあち」（「落合直言紀念碑」）という尊攘の志士らしい勇ましいものもあった。

ところで、興味深いのは、「落合家文書」の中に直言が描いた京都の遊女や舞子・芸子の全身画像（彩色）が残されていることである。あるいはこの画は、滞京していた文久三年中に花街に出掛けた直言が、印象に残ったか、あるいは馴染みとなったかした、芸娼妓たちであったのかも知れない。下絵もいくつか残されているが、完成画は「京都祇園町舞子 井筒屋冨鶴」「京都二条新地福島屋内遊女 松尾似顔」「京都祇園町舞子 奈良屋君智」「京都上七軒町芸子 両国屋内玉鶴」（七七三―一〇七）の四点である。「直言画」と墨書（直澄による後筆か）があるのは、「玉鶴」の画だけだが（図2）、他の三点も同一の筆である。前掲『西南記伝』（下―2）には、「直言、歌を能くし、傍ら画を能くす」とあり、この記述とも符合している。惜しむらくは、安政四年と慶応三年版とがある芸娼妓名鑑（『新撰京都叢書』第九巻）から、直言

図2　直言が描いた芸子玉鶴（八王子市郷土資料館所蔵）

が描いた芸妓達の名前を見つけられないことである。

仮に滞京中に描いた画であったとすれば、この芸妓画は、様々な情報をもたらしてくれる。当時の花柳界の流行はもとより、幕末女性の面貌の傾向を知るうえでも、格好な風俗資料となるだろう。幕末期に喜田川守貞が著した『守貞謾稿《もりさだまんこう》』に、「古今男女の面貌もまた時々流布と不流行とあるか。古の小町・西施《せいし》は知らず、古画の美人とする者を見るに、今世衆人の欲する所と面貌鼻目はなはだ異なるなり。……今の美人もまた後世の美人にはあらざるべし」とあるように、女性の顔立ちも時代による流行があった（竹内誠『江戸と大坂』）。幕末の美人の条件は、目鼻立ちがきりっとしていて、面長であることであったようだが、直言が描いた芸妓たちの顔は、まさに当時の流行の最先端そのものであった。

また、当時の直言の動向を推察させる点で、この芸妓画は貴重である。多摩の山間から上京した青年直言が、美しい女性達に目を奪われたとしても決しておかしくはない。しかし、京都の遊里が単なる放蕩三昧の場ではなく、志士たちが情報交換をする場であり、政治議論を闘わせる空間であったことも想起したい（『京都の歴史7　維新の激動』）。そうであるならば、直言もこうした議論の渦中にいた可能性も十分に考えられるのではあるまいか。

ところで、将軍上洛に随い、文久四年正月から数ヵ月間滞京した石川明徳という幕臣は、その間に見聞した京都の社会・風俗を江戸と比較しながらまとめた「京都土産」という記録を、郷里の親友に送っている（『新撰京都叢書』第一巻）。この記録によれば、京都は「此節ハ諸方より数万人出府致居」ため、「洛中妓之惣人数何万と云数も知れざる」有様だった。しかも女性は、「間ニは醜婦もあれと先ツは色も白く肌こまやかニして腰細し、江戸浪華の及ばざる所なり」という美しさである。衣服も「江戸の食ひだおれ、大坂の観だをれ、京の着だをれ」という世の諺どおりの華やかさであった。

しかし、石川は、「攘夷鎖港之志」ある者が、花街に繰り出し散財することは、「四海困窮之基」であると厳しい評価を下している。石川にとって、多すぎる妓楼は、「天下人民之膏血」を絞り取る悪所であった。吉原一ヵ所を妓楼と定めた江戸のように、妓楼をひとつにまとめたほうが「富国之第一」であるとも指摘していた。

果たして直言は、絞り取られた口であったかのか、それとも口角泡を飛ばして国事を談ずる有志の一人であったのか。それを直接語る史料は伝わらない。

五　相楽総三の追悼歌

幕末期における直言の活動は、文久三年（一八六三）の上京以外に史料がなく不明である。しかし、直亮撰文「落合直言紀念碑」には、上京中の事件によって直言は罰せられ、慶応三年（一八六七）末の王政復古によって赦免されたとある。これによれば、幕府の瓦解までは活動が制約されていたことがうかがわれ、再始動するのは明治に入ってからである。

明治初年の直言の活動として無視できないのは、「偽官軍」として慶応四年三月三日に下諏訪町友之町（長野県諏訪郡）で処刑された赤報隊士相楽総三（小島将満）らの慰霊を、兄直亮と連携して行っていることである(7)。前述したように、直亮は、かつて相楽総三と交流し、薩邸浪士隊では幹部をつとめたが、のちに岩倉具視に直属したこともあって、赤報隊には加わらなかった。その後、相楽処刑の報を受けて、岩倉を刺殺しようと試みるも、岩倉に説得され、その斡旋により仕官するに至る。同年八月一二日には伊那県判事に任じられた。直亮は、伊那県少属丸山久成とともに、相楽の遺稿集上木と建碑計画を進めていくが、これらの活動に直言も関わったのである。

その結果、明治二年（一八六九）三月に相楽の遺稿集『将満遺草』が刊行され、旧同志や周辺の平田門人らに頒布された。翌明治三年三月、兵部省から相楽らの建碑の許可が下りると、直言の働き掛けなどもあり、信濃国諏訪郡・伊那郡および美濃・尾張両国の平田門人・豪農から、総額七〇両にも及ぶ献金が集まった。そして、同年六月一八日には碑の除幕式と招魂祭とが挙行され、直亮や久成ら同志たちも多数参列するなか、直言は招魂祭の祭主をつとめたのである。

この時、直言が詠んだとされる相楽総三追悼長歌と反歌が「落合家文書」に残されている（七七三―一三五）。これまで全く言及されたことがない史料なので、長文だが以下に紹介してみたい。

怨歎小島将満之薄命而作歌

直言

禍事《まがこと》に克事《よきこと》いつき。克事ニ禍事いつく。世の中はうへ然りけり。あら垣の近き年ころ。外国《とつくに》の夷《えびす》か輩の。五月《さば》蠅《え》なすいむれまゐ来て。皇《すべらぎ》の御国けがされ。禍津日《まがつひ》の神のあらひは。年にけに弘こり行て。現身《うつしみ》の世のありさまハ。言もかね名づきもしらず。そこをしも慨《なげか》む人の。いとさハに。多かる中ニ。大かたのむれをはなれて。はなれ島小島の主ハ。利心《とごころ》を千々《ちぢ》に砕きて。君の為国の為にハ。火の中も水の底をも。なにしかもいとはむものと。雨の夜も風のあしたも。分ちなく励ミ勤しミ。いれひもの同し心の。益荒雄《ますらを》をあひ語らひて。いな醜《しこ》め君をなミして。ゐやびなきしこの狂夫を。最先に討てきためて。大御世を古振《いにしえぶり》に。引かへし。かへして後に。夷等を打攘はむと。真木柱《まきばしら》たてし心は。剣太刀《つるぎたち》遂《とぐ》も得不果。信濃なる浅間のたけ田。吹おろす嵐をいたミ。あをいとの菅の荒野の。道草の露とくだけぬ。其跡をまぎとぶらへバ。ときじくニ寒さ覚て。衣手ハとほりてぬれぬ。しかれこそ益荒猛雄の。天地におもひこらしし。弥心《やごころ》ハをれずたをまず。其魂ハ天路《あまじ》かけりて。今もなほますらむ物を。招まつりいはひをろがミ。しが心づきてつたへて。君が為御国の為に。我もいざ身をつくさむと。生の緒にかけてうけひて。いのりつるか茂。

反歌

しるしなく世ニながらへて。さきかけし君におもなき。けふにもあるかな。

この長歌は、万葉集や古今集、本居国学などを学んだ者らしい表現がいくつか散見され、やや意味が取りにくい箇所もあるが、おおよその意味は以下のようになるだろう。「悪いことにも良いことがあり、良いことにも不吉なことがついてまわる。世の中は本当にそうである。近年、異国船がたくさん来航したことで皇国は汚され、災いの神の乱行は年々広がり、現世は例えようのない程である。これらを嘆く人が多くいるなかに、群を組まずにいた小島の主（相楽総三）は、いろいろと気を配って、君のため国のために水火を厭わず尽力してきた。（相楽は）同じ心をもった猛者《もさ》たちと交流し、君を蔑ろにする無礼者を平らげ、復古を成し遂げたのちに、夷敵を打ち払おうと決心したが、結局志を果たすことなく、信濃国の荒れ野で生涯を閉じた。その跡を探し訪ねれば、いつも寒さを覚えて涙がこぼれる。けれども勇士が天地に誓った心はなくならない。魂は天への道を駆けて今も存在している。この魂を招き祀り拝むことで、心を寄せ伝え残したいものである。そして我も君や御国のために身を尽くしたい。いのちに懸けて誓って祈る次第である」。

もとより長歌のオリジナルは、直言の作製である。ただ、直亮にいわせればオリジナル版は贅言が多かったという。そのため直亮は、伊那県書記の青木貞堅と相談して添削・改稿し、直澄にも改訂意見を求めていった。引用した長歌は、直亮の改稿版で、直澄のもとに回覧されてきたものである（オリジナルは所在不明）。したがって長歌には直言や直亮の想いが反映されており、直澄もそれを共有していたと見てよい。相楽らの行動を見ならって、自身も皇国のために尽力したいと述べているところは、特に重要であろう。

反歌は、「思いがけず生きながらえたことは、先がけた君に面目なく、恥ずかしい今日この頃である」という意に解せる。この歌は直亮作として引用されることが多く、実際に直亮の心情を表す格好の歌ともいえようが、註（4）に挙げた柴田隆行氏の論考が指摘するように、直言を視野に入れた検討も不可欠といえるだろう。

六　草莽の庇護者

直言が相楽総三らの慰霊活動をしていた明治二（一八六九）、三年といえば、翌年三月の捕縛に繋がる活動を水面下で繰り広げていた時期でもあった。

そもそも、直言は明治元年の天皇東幸と翌年の再幸を批判するなど、反政府的な立場にいた人物であった。王政復古によって、身柄を釈放された直言ではあったが、その後の明治新政府の対外方針や開化政策に違和感を覚え、反発していたのである。

捕縛後の尋問調書で直言は、「私儀、　皇居は西京之外ニ無之、同所者四方山々ニ而自然之聖地ニ有之、東京者海近ニ而外夷往来いたし、殊ニ幕府退城跡ニ被為　在候者、実以可然とも難申上、且者西京之人気惑乱いたし居候形勢故、可奉促　還幸見込之趣」（前掲綿貫論文）であったと述べている。直言にとって、海に近くて「外夷往来」が頻繁な東京は、皇居がある土地に適っておらず、四方を山に囲まれた要害の京都こそが適地であった。しかも、「幕府退城跡」を皇居とすることも妥当とは思えなかったようである。幕末期に、幕臣上役による嫌がらせから刺殺事件に及び、その後幕府から処罰された経緯を踏まえれば、直言にとっての幕府は、負の遺産そのものであったといえるだろう。

京都を中心とした西国出身者も、天皇東幸が「帝都」衰微に直結すると憂えていた。中でも、京都府華族愛宕家に仕える国学者比喜多《ひきた》源次や同家家令の安木劉太郎は、天皇還幸を実現するために、従四位愛宕通旭に奮起を促し、政府要人への諫争を計画していた。彼らは、天皇東幸に反対する柳川藩士族古賀十郎の支援も取りつけ、計画を実行に移すべく東京に結集する。直言は、このような愛宕一派と結びつき、時勢を語り合うことが頻繁となっていった。比喜多や古賀らの計画は、天皇還幸を政府要人に意見することを目的としつつも、それが失敗した場合の挙兵計画も視野に入れていた。その場合は、秋田藩の兵力が期待されており、直言は古賀と親しい秋田藩士族中村恕助と接触し、中村の藩論取り纏めと秋田藩兵の東京進撃計画を支援していくのである。

権大参事初岡敬治を中心に、政府の開化政策に反発していた秋田藩は、参議木戸孝允にいわせれば「浮浪」の巣窟である。しかも同志の大村益次郎を襲撃した実行犯に、秋田藩関係者が加わっていたため、木戸の同藩を見る目は仇敵のごとくであった。秋田藩は平田国学が浸透していた藩としても著名であり、九州の久留米・柳川両藩とともに、政府にとっては敵対勢力の中心に位置していた。しかし、反政府活動を展開する草莽たちには、頼もしい大藩である。

『三条実美関係文書』（国立国会図書館憲政資料室所蔵）に所収される政府密偵探索書（二一―11）によれば、直言は中村恕助の支援だけではなく、高田処士の井田年之助や山城国出身の湖水渡（亘）らが水面下で画策する筑前挙兵計画にも関与していたらしい。この中心には、筑前藩卒的野秀九郎がおり、愛宕一派と連携して天皇還幸を企図していた。注目すべきは、政府の探索網をくぐって活動を展開する直言を陰で支援していたのが、旧幕臣の山岡鉄太郎であったことである。探索書には以下のようにある。

　　伊奈県大参事落合源一郎弟
　　書画ヲ能ス　　落合直琴《（ママ）》
　右之者小石川住居山岡鉄太郎被頼、奥州方人気検査、且者人数取集旁罷出居候処、両三日中ニ帰京致候由、

尤も奥州ゟも七八人も差登候処、且源一郎方ニも両三人程者潜伏致し置候由

明治四年二月中には、秋田から吉田誠一郎・泉謙三郎らが上京し、彼らは比喜多を介して元柳町の酒楼で愛宕通旭と面会しているので（「司法省沿革紀要」東京大学史料編纂所）、奥州から「差登」った七、八人とは吉田らであったのかも知れない。しかも、直亮の屋敷にも二、三人が潜伏していた模様である。それにしても直言の人脈に、山岡鉄太郎がいたことは注目してよいだろう。

山岡は、戊辰戦争期に勝海舟とともに徳川家の助命歎願に尽力した人物として著名だが、幕末以来の彼の思想的立場が尊王攘夷であったことを想起すべきである。清河八郎の同志にして、浪士組結成の陰の立て役者でもあった山岡は、維新後も攘夷論を堅持し続ける草莽・浪士の庇護者として、その存在感を十分に発揮していたのである。

さらに山岡は、参議大久保利通と接触したい直言の仲介役も果たしていた。直言の意図は史料からうかがえないが、状況から見て天皇還幸を大久保に意見したかったのだろう。明治三年閏一〇月二三日付の大久保宛山岡書翰では、「先日奉願上候落合直言ト申もの奉差上候間、御用御透之節御目通被成下候様奉伏願候、頓首」（五六）と述べ、同日付の直言宛山岡書翰では、大久保に話を通したので「御通合次第御出御逢ニてよろしく、呉々も眼ヲ怒（ママ）ラ候事者御見合専一ニ奉存候」（五八）と、大久保との面会を斡旋しつつ、気性が激しい直言に注意を与えていた。ただ、直言が大久保に対面できたかどうかは疑わしい。そもそも、直言に山岡の書翰が届けられたのは同年一二月一七日だが（直亮の筆で「山岡弟石坂周蔵持参」とある）、この時期大久保は、島津久光や西郷隆盛の上京を促す勅使岩倉具視に随って、鹿児島に帰藩していたからである。直言が大久保に会えたかどうかはともかく、ここでは直言と山岡との人的関係を、もう少し検討してみよう。

直言を支援していたからといって、山岡が愛宕事件に連坐したわけではない。ただし、山岡は直言に限らず、広

く草莽一般の庇護者であったことに注意すべきである。例えば、長州藩諸隊の脱退騒動に関与し、政府から指名手配されていた熊本藩士族古荘《ふるしょう》嘉門《かもん》は、九州から四国を経て静岡にたどり着き、同地で山岡および勝海舟の便宜によって、梅ヶ島温泉（静岡市）の湯治者になりすまし、潜伏生活を続けていた（前掲綿貫論文）。また、静岡藩を探索した政府密偵報告書には、「哲太郎（鉄太郎）宅ニハ、先年来嫌疑ヲ請ケ候潜伏人一日モ絶ヘス」（「旧静岡藩士探索密偵日誌」『静岡県史』資料編16）とある。しかも、山岡の同志で、静岡に土着した中条《ちゅうじょう》景昭《かげあき》の股肱の臣大草多喜《たき》次郎《じろう》は、「当時日本人ハ駿遠両国ニ而已アリ」と豪語し、「今ニ時来ラハ金谷ヶ原（旧幕臣の一部が土着した土地）ノ連中ト共ニ、新夷人等ヲ尽ク折斃シ、先年ノ恥ヲ雪ントス、其時コソ又東京ヲ元ノ江戸ト改メ度」（同前）と、政府を憚らない言論を展開していた。この「新夷人」こそ、開国和親を主張する政府要人であったに違いない。

元遊撃隊隊長の人見寧《やすし》（勝太郎）にしても、政府転覆・徳川回復を企図する米沢藩士族雲井龍雄と時事を談じ、雲井は人見をして「人見勝太郎が一党皆貞良死節之士也」と評していた（米沢市上杉博物館『上杉伯爵家の明治』）。そして雲井事件後、政府から嫌疑をかけられた人見をかばったのも、山岡その人であった（『農業史内部資料』一八号）。さらに、旧幕臣を束ねる中心であった勝海舟も、山岡とともに古荘の潜伏に力を貸すだけではなく、天狗党幹部であった岩谷敬一郎ら旧水戸尊攘派を静岡藩に土着させるなど、攘夷論者を庇護し、生きる道を与えていたのである（江戸東京博物館『勝海舟関係資料　海舟日記（五）』）。

政府から見れば、確かに草莽は反社会的で過激分子であったのかも知れない。だがいっぽうで、草莽を庇護し、支持する基盤も広範囲に亘っていたことも看過すべきではないだろう。草莽は、草莽のみでは十分に活動できず、庇護する基盤があってこそ、多彩な行動をなし得る。そして、その支持勢力の中心にあったのが、草莽と気質・思想ともに共通していた旧幕臣尊攘派であったことは、厳然たる事実なのである。

ところで、愛宕一派の挙動は、すでに政府から探知されつつあった。明治四年三月一〇日、まず比喜多源次が捕縛されると、安木劉太郎は「事ノ已ニ発露セシヲ覚リ以為《おもえ》ラク、若《し》カジ、火ヲ都下ニ放チ変ニ乗シ事ヲ挙ゲ、快ヲ一時ニ逞《たくまし》ウセンニハト、之ヲ春日城太郎（井田年之助の変名）・落合直言等ニ謀ル、皆之ニ従フ」（前掲「司法省沿革紀要」）とあるように、直言らに都下焼き討ちを命じたのである。

しかし、実行する間もなく、同月一四日に安木は捕縛、愛宕通旭も拘引され、一味は一網打尽にされていく。直言も縛に就き、翌四月三日には伝馬町の無宿牢に投獄された（七七三―三二〇―五―二）。そして、直言は「安木劉太郎等ニ同意、不容易企（都下放火未遂）ニ及ヒ候」罪だけではなく、「相良総三墓碑可取建自分祭主ニ相成、同志申合冤罪ノ趣祭文取綴」（『公文録・山口藩隊卒騒擾始末』国立公文書館所蔵）ったことも問題視され、明治四年一二月の判決で、事件加担者の中村恕助・中島龍之助（丸岡藩士族）・堀内誠之進（高知脱藩）・吉田博文（久留米藩士族）らとともに、鹿児島県への終身禁獄をいい渡されたのである。直言の罪が、愛宕事件への関与のみならず、相楽総三の慰霊活動にも求められていたことは注目されよう。

ちなみに伊那県大参事であった兄直亮は、同県下における贋二分金処理問題で取調べを受けるとともに、愛宕事件に荷担した嫌疑をかけられて、すでに明治四年四月一四日に同県大参事を罷免され、徳島藩御預の処分を受けていた。その後直亮は、明治六年三月に陸前国志波彦《しわひこ》神社の宮司に任命され、神職として人生の再スタートを切っていくことになる。

七　鹿児島への共鳴

伝馬町の無宿牢に投じられた直言は、その後南部藩邸に移送された。そして明治四年（一八七一）大晦日、中村恕助ほか四名とともに鹿児島県の帆船利渉丸に乗り込み、品川沖を出帆している。もはや故郷駒木野の地を踏むことは赦されない鹿児島送りである。明治五年元旦は伊豆沖で迎えるが、その後は風浪激しく厳しい航海となった。そのため久留米藩士族吉田博文が正月七日に病死し、一行は一四日に由良湊（和歌山県日高郡由良町）に着岸して、同地の興国寺に吉田を埋葬した。一八日に兵庫湊着船、この地で同罪の矢田穏清斎（菊亭家内）・高田脩（外山家内）・小和野広人（和泉国五条郷士）・妹尾三郎兵衛（美作国土井郷士）の四名が同船し、一行は八名となった。二九日に兵庫を出船し、鹿児島に到着したのがこの年二月一一日である（七七三―三二〇―一）。

こうした経緯は、二月一一日付の直澄宛直言書翰からうかがえるが、ここで直言は、悲しい現実とも向き合ったことを伝えている。すなわち「昨十一月御母公御遠行之由森田谷平（直亮門人）より委曲承り、仰天臥地落涙数刻ニ及候」（同前）と記すように、母多喜子が死去した報を異郷で知らされたのである。昨年、東京の獄中で母が病気であることを聞き、もう一度会いたいと快復を願っていた直言であったが（七七三―三二〇―五―二）、願いは空しく、明治四年一一月四日、多喜子は東京神田新道三河街の直澄宅で六一歳の生涯を閉じたのであった（七六六―八、図3）。罪人として異郷にあり、親の死に目に会えなかった自身の親不孝を責めつつも、直言にはもはやなす術はない。母の墓参にすら行けない身の上であった。

図3　直澄が描いた母多喜子の肖像
（八王子市郷土資料館所蔵）

鹿児島に着くと、直言らは鶴丸城（鹿児島城）から一里離れた「若山」（谷山か）の獄舎に入れられた。ここは「盗賊ともの入るべき所なれハ、其間せまくきたなけれハ、皆顔見てて《（ママ）》なけきつゝ、かゝる所にて身を終るまであるべきや」（七七三―一五九「小和野の露」）と、一同の落胆は計り知れない。ところが、即日県官が来て言うには、「諸君をこの所におくりしハ吾等の誤」として、城下上町築地内の「懲戒舎」に引き移ることになる。移送後はうって変わって賓客待遇で、直言は「君侯（島津忠義）より酒肴ヲ賜り、引続キ寛太之御取扱ひ、筆墨も御下ケニ相成、朝夕珍味を賜り、昼之内ハ庭前運動も相叶ひ、身ニ取り難有仕合」（四月朔日付、七七三―三二〇―二）であると、感激の手紙を直澄に送っている。「懲戒舎」での生活は、「庭も広けれハ人々の心にま《（ママ）》ゝに植木なとうつしてなくさめをれり、直言ハ菊を好ミて作り、豕《（豚）》なとも養ひぬ、広人ハナス・カボチヤなど作り、鶏なと養ひぬ、卵ハ友人にいつも食ハれてなし」（七七三―一五九）という穏やかなものであった。

かつて鹿児島に遊学した旧幕臣人見寧が、同藩の質実剛健かつ武人的資質に惚れ込んだように、鹿児島士族と草莽の志士とはその精神に共通する面が多かった（拙稿「旧幕臣の駿河移住」、『江戸時代の古文書を読む　徳川の明治維新』所収）。草莽への温情的配慮は並大抵ではなく、中村恕助が郷里に宛てた書翰には、「大山子の厚情毎々感謝の至り」「大山氏の懇切にて今日の仕合、高恩タトウルに物なく」などと、鹿児島県大参事大山綱良らの懇切ぶりに感謝の念を示している。もとより、大山の背後に、参議西郷隆盛の意向が働いていたことは十分に考えられるし、そもそも恕助らの死一等免除と鹿児島送りは、西郷の配慮であったといわれる（『初岡敬治先生伝全　附中村恕助君伝』）。

このように直言は、鹿児島の地で罪人とは思えない破格の待遇を受けていった。鹿児島の風土・人情も母の死に傷ついた心の癒しとなったに違いない。直亮に宛てた明治五年一〇月二九日付書翰で、直言は共感をもって鹿児島の風俗を詩的に描写している（一三二）。

図 4　直言が描いた桜島（八王子市郷土資料館所蔵）

当国ハ人民質朴小事ニ関セス、実ニ古風ヲ存シ、交リ甚タ易ク、殊ニ気候ハ夏涼クシテ冬暖カナリ、当国ニ来リ初テ当月十八日ニ霜ヲ見候、去レド日中ハ単衣《ひとえ》、轡《くつわ》ノ虫声未タ止メス、菊花満開ナリ、季秋ノ開化ハ寒国ノ方却テ早シ、草木自ラ寒ノ早ク来ルヲ知レハナリ、当所ノ風景ハ西ノ方城山ヲ望メハ松柄(カ)森々ト枝ヲ交ヘ、其ノ間ニ紅葉色ヲ争ヒ、南ハ古松緑葉ヲ奕子《かさね》千歳ノ緑リヲ延ヘ、匯《めぐ》リテ渺々《びょうびょう》タル滄海千里一眼、軍艦漁舟風帆縦横シ、桜島ノ煙ハ雲ニ連リ、青黄ノ楓樹参差タリ、東ニ霧島山雲中ニ聳ヘ日隅二州ノ遠山朦朧タリ、北ハ市中車馬ノ往来轟々トシテ、遠ク聞エテ喧《かま》ヒシカラス、夜ハ漁火《いさりび》星ト光リヲ争ヒ満海ヲ照シ、市中ノ点灯軒ニ映シ、或月下ニ横笛ヲ聞キ、或ハ三弦ノ謡声時トシテ心ヲ蕩《うごか》シ、朝夕ニ大礮《たいほう》ノ響ニ胆ヲ清クシ、練兵ノ声ニ挙ヲ握リ、隣家ノ童子 続(ママ) 書ノ声ハ耳ニ入リテ清涼タリ、故ニ読書屈シテ窓ヲ開ケハ、前ノ風景目前ニ聚《あつま》ル、猶鈍筆ニ能ハサル処ニ御座候

詩的描写だけではなく、画に巧みな技量を遺憾なく発揮して、桜島を遠景にした風景画も直澄のもとに送った（七七三―三二〇―五―二、図4）。画には「桜島 それのなのミか夏木立 もミちも雪もあらぬしまかも」という和歌が添えられている。

翌六年八月になると直言らは他出も許可され、それぞれの得意分野で鹿児島士族と関わりを持つようになる。ある者は読書の教授をし、またある者は柔術の指南役となった。直言は一二月以降、神道中教院（のちの神宮奉賛会）の教師として子弟教育に携わっている。明治六年の政変（征韓論政変）で西郷が下野すると、中村恕助は西郷との親交をますます厚くし、私学校での人材育成にも関与していった。

明治七年三月、直言らは、鹿児島が招聘した英国人医師ウィリアム・ウィリスの住まいに転居した（七七三―一五九）。ウィリス屋敷からの眺めは絶景で、中村恕助が郷里に送った書翰には、「当時にては千石取りの居所に御坐候」「転居以来二三等者人物も高ふ相成り候」と、愉快この上ない様子を綴っている（『中村恕助君伝』）。しかし、こうした快適生活も長くは続かなかった。西南戦争の勃発である。前掲「小和野の露」には、直言らが戦争に巻き込まれていく様子が、以下のように綴られている。

九年十二月、政府より弾薬をとりに来れり、県令大山綱良八人を召す、広人・直言県にいつれハ、やかて県令二人を召していはく、このたひ西郷陸軍大将政府に尋問の筋ありて上京せむとす、諸君も上京せむ心あらハ上京すへしとなり、二人曰く、我ら罪人なるをいかにせむ、県令曰く、さることをな心にかけそ、よきにはからはむ、二人曰く、然らハ共に議りて又申し出むとて下らむとすれハ、県令金とり出て賜ハりぬ、これは旅費にもあらされと君等のなかき年月のうさをなくさめむとなり、一人ことに百二十円を賜ハる、二人帰りて六人の者ともはかりしに、一人の曰く、罪ある身をもて罪を重ぬるハよろしからす、一人曰く、さハさりなからこのことをうけかはされハ、血まつりにされむことしるし、犬死せむより戦場にてはな〳〵しく死なむといひけれハ、ミなしかりとて論もさたまりぬ、十年正月、八人同しくきものなとしつらひて門出せむとす、中島龍之介独り洋服つくりたれハそしりあへり

この時期はすでに太陽暦が普及しているが、引用史料は太陰暦での表記である。直言らは討論の結果、ついに西郷の決起に呼応し、薩軍と行動をともにする決断を下した。興味深いことに、直亮撰文「落合直言紀念碑」（「おわりに」に引用）には、直言が「水原四郎」の名を用いて従軍し、遊撃八番隊長となったことが書かれている。思い起こしていただきたい。慶応三年（一八六七）末、三田の薩摩藩邸に投じた兄直亮が、「水原二郎」と変名し、薩邸浪士隊として活動したことを。直言は、明治一〇年の薩軍蜂起をかつての薩邸浪士隊の決起と重ね合わせて、自らの行動の範としていたのである。魁となった相楽総三への思いも投影されていたことは疑いない。

薩軍幹部は、西郷が上京した後の多方面にわたる周旋活動に、直言ら八名を起用しようと考えていたようである。もとより上京するどころか、薩軍は熊本城（鎮台）を攻略することもできない。明治一〇年四月中旬には、征討軍が熊本城に入城し、この段階で戦争の大勢はほぼ決した。直言らがどのように戦闘に関わったのか、具体的にはわからない。熊本城に政府軍が入城した後の四月二〇日、直言は保田窪（熊本市）方面の戦闘で戦死した。平穏な余生から一転、反政府の烽火をあげた西郷隆盛に自らの運命を託した直言は、相楽総三への思いを胸に抱きつつ西南戦争を戦い、草莽としての最後の一花を見事に咲かせ、その生涯を閉じたのである。三三歳だった。

おわりに

いま、桜島を臨む南洲墓地には、西南戦争で戦死した薩軍将兵の墓が、西郷を取り囲むように建ち並んでいる。七四九基のうちほとんどが鹿児島ほか九州出身者のものだが、その中に落合直言の墓と、同じく保田窪で戦死した中村恕助の墓もある。(8)

直言の墓は、『西南記伝』（下—2）に、「直言の戦死するや、一時之を保田窪附近に埋葬せしが、後門人及生徒の父兄、神職の有志其遺骸を鹿児島浄光明寺に改葬し、墓碑を建つるに至る」とあるように、神道中教院の門人らによって埋葬先の保田窪から浄光明寺（現南洲墓地）に改葬されたという。直言の墓碑正面には、「落合君者武蔵国西多摩郡駒木野駅之人也、明治十年四月廿日於肥後国保田窪戦死、行年三十三、明治十四年七月廿九日墓碑建立焉樋口兼泰」と刻まれ、側面と裏面には、福崎秀連、井上祐文、鈴木美都平、田尻務、瀬川礫《さざれ》、山本泰顕、本田穂積、井上千春、三原千萱、三雲四月拾九、染川春種、畠山久祐、前田彦二、本田正彦、松原百枝、肝付篤衛、四元幸平、中村一二、中山四郎太、奥宗一郎の名が刻まれている。このうち井上祐文は後年枚聞《ひらき》神社（鹿児島県指宿市）宮司、瀬川礫は霧島神宮（鹿児島県霧島市）禰宜となったことで知られる。田尻務は桂久武の弟、奥宗一郎は、中村恕助が郷里の父に宛てた書翰を託した人物であった。恕助はその書翰の中で、「大山・西郷之両君之深き恵より出つる処にして、且暮此恩を銘肝して忘る丶事なし、……折節西郷先生義兵を挙け東京に赴き何か尋問するの由、……予も彼之君に受し恩此一挙に報せずんば何れの世か報ぜん」と、薩軍に投じた経緯を父に語っていた（『中村恕助君伝』）。

恕助の場合、のちに遺族から臍帯《さいたい》と胎髪《たいはつ》とが、中村家菩提寺の全良寺（秋田市八橋《やばせ》にある官軍墓地）に提供され、これをもとに恕助の墓碑が建立された。銘には「離家庭有年　豈遐不思還　骸止于鎮西　魂応遊于故山」と刻まれる。体は異郷（「鎮西」）にあるが、その魂は故郷（「故山」）に帰ってきたのである。

いっぽうの直言はどうか。相楽総三らの慰霊碑除幕式にも参加した佐藤清臣（美濃大垣新田藩士・平田門人）が、明治一二年一二月二五日付の落合直亮宛書翰で「霊爾玉（位牌に相当するもの）として祭祀申度」として、直言が作った画や短冊を求めた例はあったものの（七五）、多摩地域で慰霊がなされたのかどうかはわからない。戦前の「先賢彰徳碑」で顕彰されたのも、落合兄弟では直亮と直澄のみであった。戦死した保田窪の地には、直亮の撰文による「落合直言紀念碑」（七七三―九九）が建ち、直言の生きた証しが今に伝わっている。

落合直言紀念碑

直言は、俊雄か七男にて、弘化二年正月武蔵国多摩郡上長房村駒城野駅に生れ、姓は源、通称は五十馬、画を好ミて其号を竹城となむいへりし、年十九の時、徳川将軍に従ひ洛ニ上りたりし程ニ、故有て同しむれか人を殺し罪を得たりしか、復古の大御代に逢てとく□ゆるされ、常に勤王攘夷を以て志とし、睦玉あへる友とかたらひけらし事共、大□法の旨に違ひ奉りしより、終に明治四年の冬終身禁獄てふ罪を蒙り、鹿児島県に預けられたりしに、十年の事発りにける時、□ぬれと勇ミにいさみて其二月西郷隆盛氏の手につきて水原四郎とかり名し、遊撃八番隊長のまけをおひ、此肥後国に出立来り、あまたその戦を経て其四月廿日に至り、此穂田窪の大塁に当日の朝またきより、目に余てさかりの官軍に打向ひ、けふそこゝに死なましものをといさきよくたけり進ミて、目覚しきはたらきし、終に討死をそ遂にしよし、あはれ〳〵其齢三十三のさかりなりける年の程なりしものを、いとも〳〵あ□らしとかし、憤起事の極ミになむ有ける、世に在けるときよみおけりし歌とも数多有ける中に、えミしらにしらせまほしきものはしも御旗のミいつ太刀のきれあち、かミ事は神のまに〳〵あ

らはには人のまに〳〵なすか世の道、な［　　］かれか常の心にも有けむかし
明治十八年九月［　　］同しはらからの兄なる落合一郎源直亮しるす

（1）草莽の反政府活動については、綿貫哲雄「維新前後の国事犯」（『国家学会雑誌』第四六巻九号、一九三二年）、田中時彦「大村益次郎襲撃事件」「愛宕・外山ら陰謀事件」ほか（『日本政治裁判史録』明治前、第一法規、一九六八年所収）、下山三郎『近代天皇制研究序説』（岩波書店、一九七六年）、高木俊輔『それからの志士』（有斐閣、一九八五年）、佐藤誠朗『近代天皇制形成期の研究』（三一書房、一九八七年）、宮地正人『幕末維新期の社会的政治史研究』（岩波書店、一九九九年）などを参照のこと。

（2）「落合家文書」九二（八王子市郷土資料館所蔵）。以下、同文書の註記は省略し、本文中の括弧内に番号を記した。適宜史料名を記した場合もある。

（3）落合兄弟に関する研究としては、長谷川伸『相楽総三とその同志』（新小説社、一九四三年。一九八一年に中公文庫で復刊）、芳賀登『草莽の精神』（塙書房、一九七〇年）、高木俊輔「草莽落合源一郎覚書」（『東国民衆史』二号、一九七六年）、桜沢一昭「国学の彷徨―落合直亮―」（同『草の根の維新』埼玉新聞社、一九八二年所収）、落合秀男『落合直文とその周辺』（気仙沼ユネスコ協会、一九八三年）、柴田隆行「小仏関の落合兄弟」（1）～（6）（『八王子市郷土資料館だより』一九～二四、一九八三～八五年）、前田透『落合直文―近代短歌の黎明―』（明治書院、一九八五年）などがある。なお、落合直文とは、仙台藩家老鮎貝盛房の子で直亮の養子となった人物。短歌革新をめざした歌人・国学者で、門弟に与謝野鉄幹らがいた。

（4）天野佐一郎「史蹟小仏関と先賢碑」（『多摩史談』創刊号、一九三三年）。川村恵十郎については、川村文吾「旧幕臣川村正平（恵十郎）の生涯」（『大日光』六四号、一九九二年）、拙稿「八王子出身の幕末志士 川村恵十郎についての一考察」（松尾正人編『近代日本の形成と地域社会』岩田書院、二〇〇六年）を参照されたい。

（5）直言の生年月日については、直亮筆「家系稿」（一五八）には弘化二年正月二五日、直澄の「日記」（七七三―一九二）

には弘化二年二月二五日とある。「おわりに」に引用した「落合直言紀念碑」（七七三―九九、明治一八年、直亮筆）には弘化二年正月と記されている。

（6） 岡田哲「幕末の神道講釈師堀秀成」（『国語と国文学』昭和六〇年一一月特集号）、堀秀成翁顕彰会編『最後の国学者堀秀成』（八幡書店、一九九〇年）を参照のこと。

（7） 市村咸人『伊那尊王思想史』（下伊那郡国民精神作興会、一九二九年）、高木俊輔「明治維新の社会情勢と草莽」（和歌森太郎先生還暦記念論文集編集委員会編『明治国家の展開と民衆生活』弘文堂、一九七五年所収）などを参照のこと。

（8） 他の同志の行方は定かではない。堀内誠之進が途中で政府軍に投降し、小和野広人が城山まで行くが、西郷自刃の報を聞いて肥後天草島に脱し、のち自首、滋賀監獄に五年いた後、神職に従事したことが知られるぐらいである（『西南記伝』下―2）。

第十章　自由民権期学習結社の討論会運営

――五日市学芸講談会再考――

松崎　稔

はじめに

自由民権運動研究の中でも、地域結社に関する研究は、各地での掘り起こし運動とあいまって数多くの成果を挙げてきた。そこでは、各地域における〈民衆＝底辺〉のエネルギーとそれに基づく〈個性的〉な活動が注目を集めていた。本章の分析対象となる五日市地方で結成された学芸講談会は、その典型例の一つである。

五日市地方における自由民権研究は、一九六八（昭和四三）年に東京経済大学の色川大吉ゼミナールによる深沢家土蔵の調査で膨大な民権運動関係史料が発見され、その後一九七〇年代までに飛躍的に進展を見せた。その際に、圧倒的な注目を集めたのが、千葉卓三郎と五日市地方の人々によって編まれたとされ、通称「五日市憲法」と呼ばれることとなった憲法草案「日本帝国憲法」である。

色川は、この憲法草案について、「都市知識人たちの啓蒙活動に助けられて、西多摩の山村の人民の間からも人民自身の手になる「日本帝国憲法草案」が作られていた」（色川大吉「明治前期の人民憲法」）とし、「五日市憲法」と命名した。また、当時色川ゼミの学生として調査に参加した新井勝紘は、「この民衆憲法は、五日市人民の燃えるような学習運動の展開の結晶として創造された」とし、色川説を補強する評価をする。さらに、その学習運動を担ったのが学芸講談会で、同会が「毎月三回程度の討論会を開き、日常生活に密接するものから、憲法や国会など政治的問題に関する議論を沸騰させ、お互いに切磋琢磨しあってきたことに注意する必要がある。この実績は深沢権八手録の「討論題集」にあらわれているとする。また、「その徹底的な討議を経た結果が、五日市草案の条文に生かされていることは一目瞭然である」（色川大吉・江井秀雄・新井勝紘『民衆憲法の創造』）ともいう。要するに「五日市憲法」は、千葉卓三郎という個性を重視しながらも、五日市地方で結成された学芸講談会による「徹底的な討議を経た結果」として成立した、と位置づけられてきた、といえる。

しかし一方で、五日市の郷土史家石井道郎は、「権八の討論題集は討論の為の題目であって、直接憲法作成の目的でなされたものとは考えられませんし、この討論がすべて行われたという保証もありません」と反論し、その根拠の一つとして「学芸講談会の開催を告げる回状の日付は一四年八月二十七日であって、五日市憲法草案はその前の七月には完成していることになっております。……日付からみると、討論と憲法作成の直接因果を示す証拠というより、逆の証拠になる可能性すらあります。……これらの討論をもとにして憲法がつくられたということにはなりません。」（武相民権運動百年記念実行委員会『憲法を考える』）と指摘している。この指摘に対して、色川・新井は説得力ある反論を展開できていないにもかかわらず、色川大吉の研究者としての知名度に基づく影響力の大きさにより、二氏の説は定説化し、石井の指摘はそれほど注目されずに来たといえよう。それは、色川・新井説の方が、一九七〇～八〇年代の社会的要求に応える評価だったからでもあろう。

ただし、深沢家調査に色川氏の助手として参加し、色川・新井とともに五日市の民権研究を担ってきた江井秀雄は、「五日市学芸講談会の活動を低く見るわけではないし、メンバーの助力が大であったことを否定するものではない。……しかし、敢えて言うならば、起草は卓三郎個人の手でなされたと考えるのが妥当だろう」と、近年「五

図1　深沢権八
（『神奈川県会史』より）

日市憲法」起草に関して学芸講談会の関与を過大評価しない姿勢に変化している。それでも、同時に「政治運動の終着点に当時の運動で最もハイレベルなところまで到達させえた」（江井秀雄「豪農の幕末維新」）との評価を下している。「五日市憲法」起草との関係を過大評価しない上での「最もハイレベルなところ」とは何を示すのかは明示されず、従来の五日市の人々の憲法起草への関与を連想させるあいまいな立場が取られているといえようか。

このような研究状況の中で求められるのは、学芸講談会を予め「五日市憲法」と結びつけて考えることからスタートせず、学芸講談会自体を実証的に分析することで何が明らかになるのか、を探ることだろう。つまり、石井の指摘や江井の修正をふまえ、第一に年代推定の再確認をしつつ、事実として確定や推定ができるのはどこまでかを確認して、活動経過を再構成すること、第二にそれを武相地域（多摩を含めた当時の神奈川県域）の民権運動の展開に位置づけ、その意義を見出すこと、が本章の課題となる。その中では、学芸講談会の特徴でもある討論会について着目することになるが、それは深沢家にのみほとんどの関係史料が残るという事情から、深沢権八を通した討論会運営の模索をどのように意義づけるか、という作業になる。さらに、山深いとはいえ、開港場横浜を抱える神奈川県に属する〝町〟で繰り広げられた討論会運営は、日本の近代化を考える上で、重要な意味をなすだろう（五日市は一八七九（明治一二）年から町制が施行された、西多摩郡における地域経済の中心地だった）。

一　五日市嚶鳴社と学芸講談会の結成

○町会《ちやうくわい》は去る十六日を以て初《はじ》めて五日市字猪野開光院に開《ひら》きたり、議長《ぎちやう》は旧多摩郡の書記《しよき》たりし馬場某氏なり、傍聴《ばうちやう》に出席《しゆつせき》せし人の咄に、僻地幼稚《へきちようち》の会議《くわいぎ》にも似《に》ず随分《ずいぶん》議事の体裁《ていさい》も能《よ》く整備《せいび》し場中実《ぢやうちうじつ》に静《しづ》かなり、這は全く県会議員土屋勘兵衛氏の誘導教示に依るなりと云ふ、目今有志輩五六名相謀り、嚶鳴社員四五名を聘《へい》し演説会《えんぜつくわい》を開かんと各東西《とうざい》に奔走《ほんそう》して尽力《じんりよく》中なり○其他耶蘇講会・小学教員の茶談会あり

これは、一八八〇（明治一三）年二月二六日の『東京横浜毎日新聞』に掲載された、五日市の様子を紹介する記事の一部である。この記事から確認できるのは、第一に、県会議員土屋勘兵衛の誘導により整然とした五日市町の議会が開かれたことである。神奈川県会は前年三月に開会されたばかりだが、議員となった各地の代表者は、ここで初めて西洋文化としての議会運営・進行のノウハウを体験したといってよいだろう。西多摩郡から選出された土屋は、地元五日市にそのノウハウをすぐに還元し、整然とした議会運営へと誘導したということになる。第二に、政談演説会の開催や遊説を主な活動としていた都市知識人による結社、嚶鳴社の社員を招聘して演説会を開く計画があり、キリスト教の講話会や小学校教員による茶談会も開かれていることである。この記事を裏づけるように、嚶鳴社社長の沼間守一らが同年四月に五日市を訪れている（武相民権運動百年記念実行委員会『民権史を探る』）。五日市嚶鳴社の「社則」草稿（村野家文書、『武相自由民権史料集』第二編90）が発見されているが、この「社則」もこの頃編まれたと考えてよいだろう。興味深いのは、五日市嚶鳴社の活動は、「社則」第二条に「毎月第六日ヲ以テ、

東京ヨリ相当ノ学士ヲ聘シ、講術ヲ為サシム」とあるように、招いた学士の演説を聴くことにあり、未だ社員が弁士として立つことを想定していない点だ。ここで招かれる弁士は、嚶鳴社員が想定されていたのだろう。月三回も弁士を招聘しての演説会開催が実際に可能だったかは疑問だが、嚶鳴社との関係を強め、定期的な演説会開催により学習活動を開始した五日市地方の人々の存在は確認できる。嚶鳴社との関係を強めた背景には、身近な神奈川県のローカル紙『横浜毎日新聞』が沼間守一によって買収され改称した『東京横浜毎日新聞』が、嚶鳴社の機関紙的存在になっていたこと、嚶鳴社自身が関東地方を中心に遊説活動に力を入れていたことが関係していよう（江井秀雄「嚶鳴社研究」、福井淳「嚶鳴社の構造的研究」）。県会議員が横浜で彼らと関係を深くしたことも想像に難くない。

また、県会の効果は、県内各地の有志者が広域の団結を目指す動きにも現れ、一二月五日には北多摩郡府中駅で神奈川県武蔵六郡懇親会が開かれた。この懇親会には、県会議員の土屋勘兵衛、学芸講談会をリードすることになる深沢権八らが参加していた。そしてこの懇親会がきっかけとなり、一三日に嚶鳴社憲法草案が嚶鳴社員野村元之助から土屋に送られている。このことは、従来の評価どおり、千葉がこの時点で憲法起草を志していたこと、土屋ら地元の有志がそのために協力していたことを物語っている。

ここまで見てきたように、五日市地方の民権運動は、神奈川県会の開会と嚶鳴社の地方進出という二つのきっかけにより、本格的に始まったといってよいだろう。そしてこれは、他地域にもしばしば見られる民権運動の展開過程である。

また、この武蔵六郡懇親会の開催にあわせて千葉は北多摩郡野崎村の吉野泰三に政治論説（もしくは演説）草稿を渡し、意見を求めていた（深沢家文書M16、『武相自由民権史料集』第二編44—①）。ちなみに、吉野の返信は深沢と千葉の二人宛になっているので、深沢を介して手渡された可能性もある。その中で千葉は、「一国ノ人民ハ一国政府ノ実体ニシテ、一国ノ政府ハ一国人民ノ反射ナリ」と人民と政府の関係を位置づけている。つまり、「開明自由ノ人民」であれば「立憲同治ノ政府」となり、「無智無力ノ人民」であれば「専制独裁ノ政府」となるとし、立憲国家の成立を望むのであれば政府の専制ぶりを批判するよりも、その実体である人民が「開明自由」を体現できなくてはならない、「開明自由ノ人民」へと向かうよう努力する必要がある、と懇親会参加者を鼓舞し、「進取精修」を求めているのである。ちなみに、吉野はこれに対し、「自由政体ノ国ナレハ政府素ヨリ人民ノ反射ナルヘク、抑圧政体ノ国ナレハ人民反テ政府ノ反射ナルヘシ」と批判している（深沢家文書〈目録未掲載〉、『武相自由民権史料集』第二編44―②）。ここで重要なのは、千葉が武蔵六郡の有志を「開明自由ノ人民」になりきれていないと認識していることだ。吉野もその前提自体は否定していない。その克服を個の内面的努力に求める千葉、あわせて立憲政体要求も重視する吉野、という相違点があるだけだ（拙稿「自治改進党の結成と「自治」「自由」」）。千葉のこの立場を確認した上で、次に進もう。

翌年六月七日、千葉が深沢に宛てた書簡では、「五日市有志会」結成の動きに対して次のような予測をしたためている（深沢家文書M15、『武相自由民権史料集』第二編80）。

吾輩カ五日市有志会ニ於ケル予メノ景況ヲ想像シテ、左ノ六条ヲ君ニ聞ス

一、演説ハ君ト土屋兄弟ノミトナルベシ、或ハ佐藤・伊東・永沼・吾一等モ時々矩合ニテ為スコトアルベシト雖トモ、吾一其他ハ持論ナク、精神ナク、専ラ村だち《(群カ)》気配ノ者ノミ多ケレバナリ

二、討論ハ、順論毎ニ敗シテ逆論勝ヲ占メ、衆偶挙テ論者ノ顔色ニ目ヲ注キ、正理ヲ棄テ不理ヲ取リ、理ニ党セズシテ人ニ党シ、理ニ賛セズシテ人ニ賛シ、理非其地位ヲ転倒シ、理ハ非ニ決シ非ハ理ニ決スルニ至ル可シ、蓋《ケダ》シ士勘ヲ除ク外ハ悉ク逆論ヲ好ムノ士多ケレハナリ、況ヤ君御親子カ揃テ率先シテ不理ヲ賛成シ、或ハ其動議ヲ起スニ於テオヤ、仰キ冀クハ反対論者ニ乏ヲ憂エス、必ス君御親子カ率先シテ正理ヲ賛成シ、或

ハ動議ヲ起シ以テ後進者ノ先入ヲシテ誤ラシメサランコトヲ

（後略）

「予メノ」景況という表現とその後に続く内容から、五日市有志会はこれから始動する組織で、演説・討論を主要な活動にしようとしていることがわかる。そしてそのメンバー中で、千葉が信頼を置くのは、深沢父子（名生《なおまる》・権八）と土屋兄弟（勘兵衛・常七）の四人で、佐藤（蔵之助か）・伊藤（道友）・永沼（織之丞）・（千葉）吾一らには個の持論・精神がなく、群立ちがちな者が多いので、討論では逆論が順論に勝ってしまう、と指摘している。千葉と同郷の伊東・永沼・吾一らへの批判は厳しいが、五日市の人々への批判は極力避けようとする配慮があることがわかる。しかし、「衆偶挙テ論者ノ顔色ニ目ヲ注」いでしまう体質を指摘している。つまり、深沢親子・土屋兄弟以外の五日市の人々にも「持論」がないことを暗に指摘しているといえよう。ちなみに、千葉はこの書簡で自分が五日市を離れることを前提にしているが、この直後北多摩郡奈良橋村に寄寓している（石井道郎は、この時期五日市を離れることで「五日市憲法」起草に没頭したと考えている）。

約一月経った七月三日、五日市懇親会が開催され、中島信行が弁士として招聘された。『東京横浜毎日新聞』明治一四年七月七日号にその模様が紹介されている。

○神奈川県下西多摩郡五日市町にては、土屋・深澤・内山・馬場等の諸氏相謀《あひはか》り、去る三日中島信行君が同郡三嶽山辺へ来遊《らいゝう》さるゝを迎《むか》へ、同君を同町野口屋楼に招待《しうたい》して一大懇親会を開《ひら》き、当日は其門前《もんぜん》に五日市懇親会と大書《たいしよ》したる旗章《きしやう》を掲《かゝ》け、来会する者無慮《むりよ》百名、各々坐定り宴半《ゑんなか》ばにして先づ長沼・千葉・深澤・佐藤・伊東の諸氏交々《こも〳〵》起《た》ちて演説《ゑんぜつ》し、了《をは》りて中島君は自由権《じゆうけん》利を拡張《くわくちやう》せずんばある可らずとの趣意《しゆい》にて演説《ゑんぜつ》されし

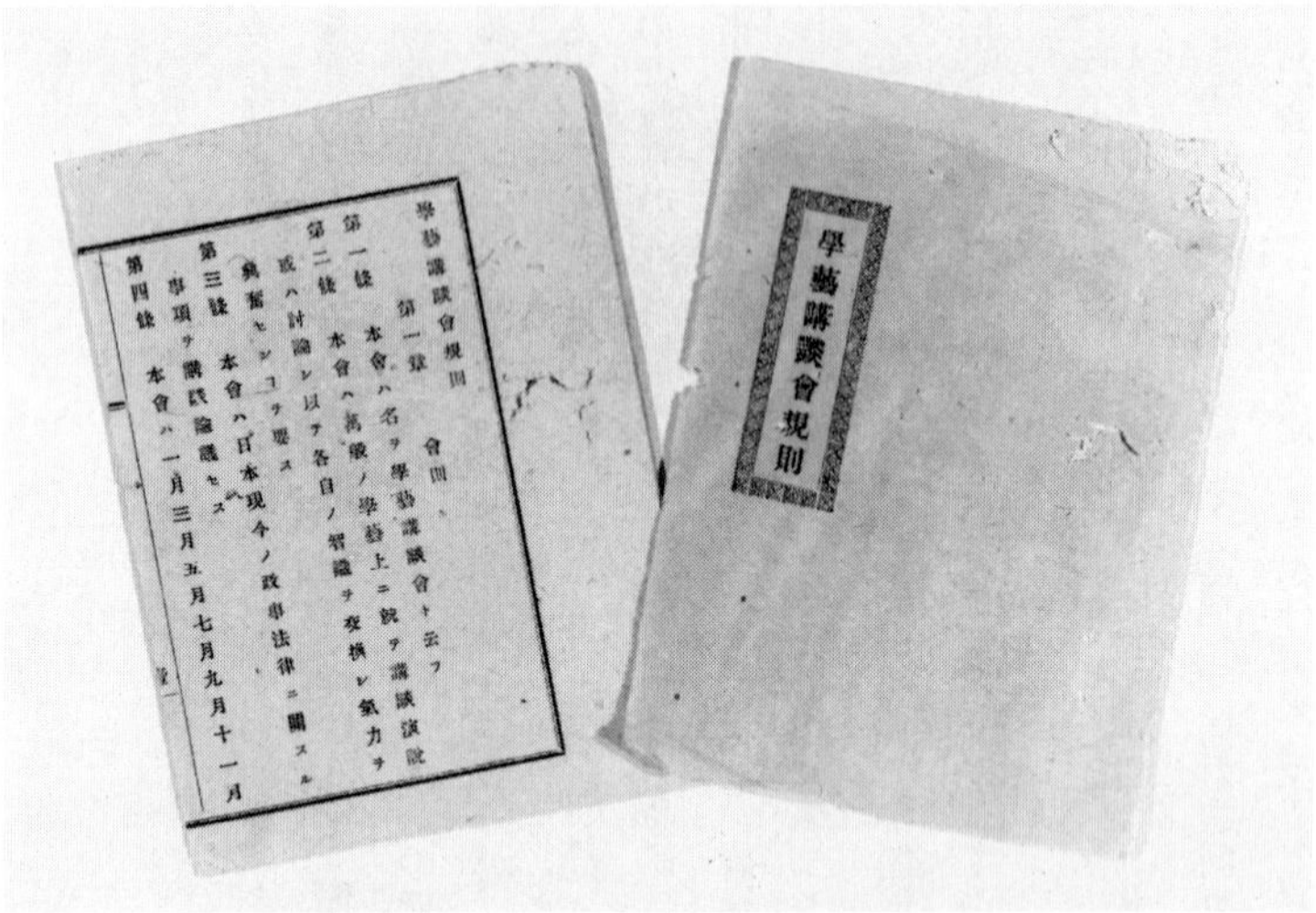

図２　「学芸講談会規則」

に、満堂拍手《まんだうはくしゅ》の音喝采《おとかつさい》の声暫《こゑしば》しは鳴《な》りも止《や》まず、余程の盛会にて黄昏《たそがれ》頃何《いづ》れも歓《くわん》を尽《つく》して退散《たいさん》せりと、又た同処にては連月五の日を以て学芸講談会を開《ひら》き、毎会益々盛《ます〳〵せい》大《だい》に趣《おもむ》き、市中の人民も為めに益《えき》する所少なからずと同地より報し越しぬ

この記事で学芸講談会の活動を初めて確認できるのだが、時期から判断すると、千葉書簡の五日市有志会が学芸講談会となったのだろう。そして、学芸懇談会が懇親会を主催したのだろう。この懇親会には五日市を離れていた千葉も参加している。

では、学芸講談会はどのような目的で、どのような活動を目指したのかを、「学芸講談会規則」（深沢家文書Ｌ３、『武相自由民権史料集』第二編81）で確認しておこう。

第二条　本会ハ、万般ノ学芸上ニ就テ講談演説或ハ討論シ、以テ各自ノ智識ヲ交換シ、気力ヲ興奮センコトヲ要ス

第三条　本会ハ、日本現今ノ政事・法律ニ関スル事項ヲ

講談論議セス

第四条　本会ハ、一月・三月・五月・七月・九月・十一月各一回ツ、他ヨリ高尚ナル学士ヲ招シ、講談演説ヲナサシム

第五条　会員各自智識ノ進達ヲ計ラン為メ、必要ノ書籍（籍）ヲ購求シ、本会ニ備フ

第七条　本会ハ、毎月五ノ日ヲ以テ適宜ノ場所ニ開ク

第八条　会務ヲ整理センタメ、公撰ヲ以テ幹事四名・書記二名ヲ置ク

現在の国内政治・法律を講談論議せず、学芸上の演説・討論により会員同士の知識を交換し、気力を興奮させることを目的とする。これまでも指摘されてる通り、現在の国内政治・法律を演題・論題としないとしたのは、「集会条例」対策と考えてよいのだろう。五日・一五日・二五日の月三回開催され、そのうち奇数月に一回弁士を招聘することと、会員の知識向上のための書籍購入を定めている。また、党の運営は幹事四名によることとした。

二　「私擬五日市討論会概則」を開く――討論会規則制定の模索――

ただ、「学芸講談会規則」では、演説・討論を活動手段としているにもかかわらず、その細則は全く定められていない。演説は弁士が一方的に語るので細則がなくても成立するのだろうが、討論は議事運営の細則がなくては、整然とした運営、成熟した議論はできない。それを克服するため、深沢権八は横浜の斎藤忠太郎に協力を仰いでいる。斎藤は五日市の小学校、勧能学校の元教員で、横浜に移り演説討論結社「顕猶社」を組織していた。

七月一七日に出された斎藤忠太郎の深沢権八宛書簡（深沢家文書L91、『武相自由民権史料集』第二編140）には、「御

申越之討論会規則弊社ニ於テモ未タ不完全ニテ、［（カケ）］意ニ任セ御回送申上候」とあり、この書簡に顕猶社の討論会規則が同封されていたことがわかる。深沢家文書には「顕猶社仮社則」と同社の「討論会概則」（深沢家文書Ｌ23、『武相自由民権史料集』第二編136・137）が残されており、これが同封された規則と思われる。顕猶社設立を知った深沢が、討論会規則について斎藤に問い合わせ、その回答として規則が送られたのだ。この規則を参考に編まれたと考えられるのが「私擬五日市討論会概則」（以下「概則」と表記）である。次にこの「概則」を逐条分析し、その特徴を把握していこう。

第壱条　討論会ハ、政治・法律・経済其他百般ノ学術上意義深遠ニシテ容易ニ解シ能ハサルモノ、及ヒ古来其説ノ種々ニシテ世人ノ往々誤解シ易キ事項ヲ、討議論定ス

政治・法律・経済その他学術上意義が深遠で簡単には理解できない事項、古くから説が種々あって誤解しやすい事項を討議対象とすると定めているが、これは顕猶社「討論会概則」の第一条「本会ノ目的トスル所ハ、政治・法律・経済等其意義深長ニシテ容易ニ解ス能ハザルモノ、及ヒ古来其説ノ種々ニシテ世人ノ往々誤解シ易キ事項ヲ、討議論定スルモノナリ」に酷似している。

第二条　討論会ハ毎月三回トス、即チ五日・十五日・二十五日ト定ム、時トシテハ講談会幹事ノ見込ヲ以テ延会シ、又ハ臨時開会スルコトヲ得、然レトモ此場合ニ於テハ、宜シク数日前ニ其理由ヲ会員ニ通知ス可シ

但、討議中ハ傍聴ヲ禁ス

ここでは、月三回（学芸講談会と同日）開催し、講談会幹事の判断で延会や臨時開会が可能で、傍聴は禁止と定めている。これも顕猶社「討論会概則」の第四条「時宜ニヨリ休会又ハ延会シ、或ハ開会時限ヲ変更スルハ、本社幹事ノ適宜タルモノトス」、第六条「第四条・第五条但シ書ノ場合ニ於テハ、本社幹事タルモノ其開会当日三日以前ニ会員一同へ通知スルモノトス」と内容が類似している。傍聴禁止の条項は討論会規則にはしばしば見られるもので、顕猶社「討論会概則」第三条にも同じ規定がある。従来、この討論会を学芸懇談会とは別結社として理解する傾向もあったが、党員・会費に関する規定などがなく、第二条に「講談会幹事ノ見込ヲ以テ延会シ」と学芸講談会幹事に権限を付与していることから、学芸講談会による討論会の規則として編まれたものと考えるべきだろう。

第三条　場中一切ノ庶務及ヒ討論中巨細ノ事件ヲ書記セシメンガタメ、書記生二名ヲ会員中ヨリ撰挙ス
第四条　規則ヲ確定シ之ヲ脩正シ又ハ書記生ヲ改選センガ為メ、半年毎ニ一回ノ総会議ヲ開クベシ
第五条　通常会ニ於テハ、毎会議員中ヨリ議長ヲ撰挙セシ上ニテ、書記前会巨細ノ事件ヲ朗読シ、会員既ニ之ヲ承認セハ、直ニ議長ヨリ発議者ヲ呼ヒ、会員ニ向テ本論ノ主趣ヲ説明セシムベシ

ここでは、討論の記録を取るために書記生が置かれ、規則改正と書記生改選のため半年ごとに総会を開くとしている。規則改正を念頭に置き、半年という短いサイクルを設定しているのは、この規則が不完全だという自覚に要因があるのだろう。また、会運営の形骸化を避けようとしているのか、議長については毎回選挙するとしている。そして、第五条の後半から、具体的な討論の進行について記しており、前回の議事確認後に議長が発議者を呼び、論題の趣旨説明をさせる、とある。

第六条　発議者既ニ論旨ヲ説明シ、了レハ賛成者ハ直ニ立テ之ニ対シ自己ノ意見ヲ述ルヲ常トス、而シテ後他ノ議員一名ツ、適意ニ討議スルヲ得ベシ、斯ノ如ク論者皆ナ討論シ、了レハ議長ハ発議者ヲシテ之レガ答弁ヲ為サシメ、然ル後議長自ラ問題ノ要点ヲ挙ケ、起立ニ依ツテ決ヲ取ルベシ、夫ヨリ衆議員ヲシテ次会ニ討議スベキ論題ヲ発言セシメ、賛成者アレハ其多数ヲ取リテ次会ノ論題ヲ定メ、而ル後チ散会ス

発議者の説明が終わると、賛成者が自己の意見を陳述し、その後各自が意見を述べて討議する。討議後に再度発議者が答弁し、議長の趣旨説明後に決をとり討論は終わる。討論終了後、次回の論題を多数決で決定して散会する、という段取りで進む。

第七条　発議者ノ答弁ト前言ヲ説明スル者トノ外、一議員ニシテ再度発言スルヲ許サス

第八条　発議者ハ新規ノ論旨ヲ挙ケテ之ヲ説明スルノ権利ヲ有セス、前キニ述ヘシ所ノ論旨ニ依リテ答弁スルヲ得ベキノミ

第九条　議長ニ於テ発言討議セント欲セハ、先ツ其席ヲ退キ議員ノ席ニ就クベシ、議長ノ席ニ在テ発言討議スルヲ得ズ、又可否同数ナレハ之ヲ決スルノミ、論題ニ対シ自己ノ意見ヲ述べ、以テ可否ノ数ニ入ルヲ得ズ

第拾条　各議員演説時間ハ限ルニ十分間ヲ以テス、特リ発議者ニハ十五分間ヲ与フ

第拾壱条　討議者本日ノ会席ニ於テ悉ク討議ヲ了ル能ハサル時ニハ、其論題ヲ次会ニ延バシ、之ヲ討議スルヲ得ヘシ、次会ニ於テ若シ其動議者出席セサルコトアレハ、動議ノ賛成者之ニ代テ再発討論スベシ

ここでは、討論会参加者の発言に規制をかけている。第七条では、発議者による答弁と前言の追加説明以外の再

発言を禁止している。つまり、発議者だけは趣旨説明と答弁の二回の発言機会を保証しているが、それ以外は原則として発言は一度、前言にさらなる説明が必要な場合のみ発言を許している。第八条では、発議者の説明・答弁も最初の趣旨説明の論旨からはずれることを禁じている。第十条では、発言時間について、各自の発言時間は一〇分、発議者は一五分と限定している。ただし、会員の発言を義務化してはいない。そして第一一条で、討議が終わらない時には次回へ持ち越しすると定めている。

第九条では、議長が発言する場合は一議員の席に降りて行うとしており、議長席から自己の意見を述べることを禁じている。可否が同数の場合にも、議長に決定権はあるが、議長として私見を述べることは禁止している。議長と一般会員との明確な区別により、議長の役割を明確化しているといえよう。

第拾弐条　苟モ本会ニ列スルモノハ、専ラ虚心平意ヲ旨トシ、決シテ暴慢ノ行為アル可カラズ、若シ犯スモノハ議長之ヲ戒ム、然レトモ尚ホ停マサルモノハ、会員過半数ノ意見ニヨリ、其会ニ限リ場外エ退去セシムルコトアルベシ

ここでは、暴慢の行為をする者は過半数で場外へ退去させるとある。これは顕猶社「討論会概則」第二五条の「会員タルモノハ、専ラ虚心公平ヲ旨トシ、決シテ暴慢雷同等ノ挙動アルベカラズ、倘シ此規則ニ悖ルモノアルトキハ、会長之ヲ戒ム、然レトモ尚ホ犯ス者ハ、各会員ノ意見ニヨリ其会限リ之ヲ会場外ニ退去セシムルコトアルベシ」に酷似している。

このように、酷似した条文が複数あるという点を考慮すれば、「概則」が顕猶社「討論会概則」を参考にしたことは、従来の評価どおり、疑いの余地はない。しかし、酷似する第一・二・一二条は、討論会の進行方法などの具

体的な項目ではない。もちろん、これ以外にも参考にしたと思われる条文はあるが、討論会の進行に関わる条文には独自性が強いといえる。特に独自性が強いのが、発言回数は原則一回で、補足説明以外の発言を禁止している点だろう。通常、討論会は徹底した討論が望まれるため、発言回数を制限することはない。顕猶社の「討論会概則」も徹底した討論を目指した内容となっている。つまり、「概則」は、意図的に顕猶社「討論会概則」に手を入れているのだ。これは、発言を原則一回にする代わりに各自の持ち時間を保証する一方、時間内に自己の意見を表現し切る論理構成能力の育成を目指したためだろう。換言すると、これらの条項は、討議中に他者の意見に左右され意見を変更する者が出ないように、との配慮なのだろう。

ここで思い起こされるのが、先に紹介した千葉書簡の「討論ハ、順論毎ニ敗シテ逆論勝ヲ占メ、衆偶挙テ論者ノ顔色ニ目ヲ注キ、正理ヲ棄テ不理ヲ取リ、理ニ党セズシテ人ニ党シ、理ニ賛セズシテ人ニ賛シ、理非其地位ヲ転倒シ、理ハ非ニ決シ非ハ理ニ決スルニ至ル可シ」との指摘である。千葉は、逆論・非を述べる雄弁な者に全体が流されてしまうことを予測、警告していたわけだが、その指摘を受けた深沢がその対応策としてこのような規定に修正したのだろう。各自の論理構成能力育成に目的があったのではないか、と先述したが、これも千葉の「持論ナク、精神ナク、専ラ村(群カ)だち気配ノ者ノミ」で、「衆偶挙テ論者ノ顔色ニ目ヲ注」いでしまう、との指摘への対応ではないだろうか。

つまり、「概則」は、深沢権八が千葉卓三郎から受けた指摘を真摯に受け止め、その対応を試みたものとして見ることができる。この規則の表題に「私擬」と冠してあることはその証左といえよう。この規則は、千葉の指摘を受け、斎藤忠太郎に提供してもらった顕猶社の「討論会概則」を参考にして、深沢が個人の提案として学芸講談会の場に提起された（もしくは提起しようとした）ものと考えるべきではないだろうか。

ただし、先述のように、この規則には参加者全員の発言を義務化した規定がない。千葉の書簡での忠告や武蔵六郡懇親会に際しての論説原稿での「進取精修」との訴えが、おそらく一部の雄弁然とした者の発言に流されず、自主・自治・進取的個人となることを求めていたと考えれば、参加者全員の発言を義務化していない点は不備とも言える。

三　討論会の運営の実態

一八八一（明治一四）年八月二六日、「学芸講談会規則」に基づき、五日市町の馬場勘左衛門、伊奈村の大福清兵衛、深沢村の深沢権八、戸倉村の大上田彦左衛門の四人が幹事に選挙された。翌二七日付で、九月五日の学芸講談会例会日に午後六時から総会を開催する回状が出されている。この例会が「学芸講談会規則」に基づく役員選定後最初の総会と考えてよい（この回状は改選された幹事により出されたものと評価されてきたが、この選挙を改選とする根拠はどこにもない。改選とした背景には、「五日市憲法」の起草に関わったとの期待から逆算し、「学芸講談会規則」制定時期をもっと早い時期に設定したかった、という思惑があったのだろう）。回状では、書籍購入の金策、学士招聘について議題とすること、幹事選の結果、討論題目三題が通知されている。宛名には二六人の名前があるので、八月二七日時点での会員数は幹事四名を含めて三〇人ということになる。

この条件で「概則」を適用するとどうなるか、を確認しておこう。九月五日の場合、討論前に相談すべき議題があるので、その分に一時間を費やすとする。討論では、発議者の趣旨説明に一五分、議長・発議者以外の二八名が全員一〇分ずつ発言したとすると四時間四〇分、さらに再説明と発議者の答弁があり採決される。これを合計すると、五時間を超えることになる。三題あるので、全員が出席して制限時間一杯発言したとすると、例会全体としては約一六時間を費やすことになる。午後六時開始で一六時間を費やすとすると、夜通しで議論して午前一〇時頃までかかることになる。つまり、会員全員が積極的に制限一杯に持ち時間を使い発言したとすると、「概則」に基づいて一日に三題をこなすのは不可能なのだ。とすると、討論会はどのようなものだったと考えるべきか。第一の可能性としては、実際の各自の発言は短かった、ということである。「概則」は制限時間を定めたものであり、発言が短くなってしまうことを禁じたわけではない。第二に、実際の発言者が限られていた、ということである。「概則」は全員の発言を強制していない。つまり、「概則」自体も、この二つの可能性を前提として定められたと考えるべきだろう。ただし、上記は「概則」が採用されたことを前提にした場合だ。第三の可能性としては、「概則」が不採用となったか、少なくとも修正されたとも考えることができよう。先述したが、「私擬五日市討論会概則」という名称からわかるように、あくまでもこの規則は深沢権八により編まれた討論会規則案であり、これがそのまま採用されたことを示す史料は発見されていない。ただし、現状では他に討論会規則は発見されていないし、その存在をにおわす史料の存在も確認できない（加除訂正等の書き込みもない）ことから、第三の可能性は低いとしておきたい。

もう一つ、学芸講談会の討論会運営を示す史料として注目されてきたのが、「討論題集」（深沢家文書L15、『三多摩自由民権史料集』第二編7）である。これは、深沢権八が討論題目六三題を記したメモで、政治・法律・経済から衛生・社会規範などの多様な討論題が挙げられている。同様の史料が深沢家隣の真光院からも発見されており、複数の者に共有されていた情報の可能性がある（真光院文書の「討論題集」も深沢権八の筆と思われる）。この「討論題集」に収められている討論題を、学芸講談会で行われたものとする色川・新井、その評価に疑念を示す石井というように、この点においても両者の評価は対立しているが、色川・新井説が定着してきた。しかし、これも実際に討論された題目だという決め手は一切ない。しかも、八月二七日の回状に掲げられた討論題三題は、「討論題集」には収録されていない。「討論題集」の討論題は、「概則」第一条の「政治・法律・経済其他百般ノ学術上意義深遠ニシテ容易ニ解シ能ハサルモノ」に相応しい内容とはいえるが、実際に討論された題目かを判断するのは早計だろう。ただ、採用されたかは別にして、石井の指摘するように、討論会を意識して深沢が書き留めたものである、とまではいえようか。

四　学芸講談会の行方

一八八一（明治一四）年一二月一日、学芸講談会により五日市懇親会が開催され、嚶鳴社員の波多野伝三郎が弁士として招聘された。

○去る一日神奈川県下五日市の懇親会《こんしんくわい》には来集《らいしふ》する者無量《むりやう》七八十名、同所《どうしよ》の有志者中巧《たくみ》に演説《ゑんぜつ》をなす者数名あり、其論旨《ろんし》の慷慨悲憤《こうがいひふん》なる其言論《げんろん》の雄弁痛快《ゆうべんつうくわい》なる往々《わう〳〵》儒夫《だふ》をして志《こゝろざし》を起《おこ》さしむる者あり、同所の人に就《つ》き其原因《げんいん》を尋《たつ》ねしに、同所《どうしよ》にては昨年より毎月三回宛学術講談会《づゝがくじゆつこうだんくわい》を催《もよ》ふし智弁《ちべん》を闘《たゝか》はし来《きた》り、昨今追々《おひ〳〵》上達《じやうたつ》せし故なりと答《こた》へたるよし、当日懇親会へ出席《しゆつせき》せし嚶鳴社員波多野傳三郎氏が語《かた》られたり

（『東京横浜毎日新聞』明治一四年一二月四日号）

来会者が七〇～八〇名、地元の者数名が雄弁に演説したことが紹介され、その雄弁ぶりの原因を、昨年から月三回学術講談会（学芸講談会の間違いだろう）を開催し、智弁を闘わせてきたからだと説明している。一般的に、規則制定時を結社の結成時期と判断する傾向があるが、規則制定以前から定期的に五日市では集会が開かれていたのだろう。五日市嚶鳴社の活動から学芸講談会の活動への移行を、当事者たちは一連のもとして位置づけていて、波多野

にそのまま伝えたとも考えられる。

一八八二年三月頃、「学芸講談会規則」は「学芸講談会盟約」（「深沢家文書」L2、『武相自由民権史料集』第二編86）に改められた。その変更点をいくつか確認しておきたい。

第四条には「本会ハ、時時他ヨリ高尚ノ人物ヲ聘シ、講談演説ヲナサシム」とあり、これまで隔月とされていた弁士招聘は「時時」とされた。隔月の弁士招聘が困難となったのだろうか。第七条には「本会ハ、当分ノ内五日市町ニ本組ヲ設ケ、各地ニ支組ヲ置ク」とあり、支部組織ができたことがわかる。さらに第八条では、「本会ノ主義ヲ拡張センタメ、時トシテ遊説委員ヲ各地ニ派出スルコトアルベシ」とあるように、遊説委員の各地派出が定められている。支部組織を必要とするほど組織が拡大し、意思統一などの必要があったのだろう。これは、遊説委員を設けることができるほど演説能力に自信が芽生えていることを示してもいる。第九条では、「会務ヲ整理センタメ公撰ヲ以テ正・副名主各一名、年寄五名、勘定方二名、組頭若干名ヲ置ク」とあり、会の幹部の役職名を変更している。

演説・討論に関する条項での変更は、第四条の学士招聘頻度が落ちたこと、第八条の遊説委員が設置されたことの二点で、演説・討論に関する細則は今回も盛り込まれていない。

組織に関しては、支組（支部）が設けられているように、組織の拡大方針が明確化されたといえる。組織の拡充は、討論による学習を重視する会の方針とは矛盾する面が多い。遊説委員は、それを補う手段だったのだろう。この背景には、一八八一年一〇月に組織された自由党の影響が大きかったのではないか、との予測もできる。南多摩郡を中心に、融貫社が自由党支部化したことが明らかにされているし（寺崎修『明治自由党の研究』上巻）、北多摩郡の自治改進党も、自由党準備会の影響を受けて結成されている（江村栄一『自由民権革命の研究』、拙稿「自治改進党の結成と「自治」「自由」」）。この状況下で、学芸講談会も五日市地方の小規模結社から広域結社への変更を目指したのではなかろうか。

名主・副名主・年寄・勘定方・組頭というように、会の幹事を近世以来の名称へ変更したことをどのように評価すべきかという問題については、村落社会に定着している名称を使うことでより多くの賛同者獲得を目指したとか、「集会条例」対策だったなど、いくつかの指摘があるが、明確な根拠はない。今後も検討しなければならない課題ではあるが、現状では推測の域を超える結論を導き出すだけの材料は発見されていない。ただ、これまでの幹事四人体制に比較し、代表者と幹部の役割分担を明確にしたことなど、組織の充実化が図られたと考えてよいだろう。四月一日にはこれに基づき役員が改選され、名主に内山末太郎、副名主に深沢権八、年寄には土屋勘兵衛・馬場勘左衛門・深沢名生・土屋常七・千葉卓三郎の五人が選ばれた。若い内山・深沢の二人を中心にし、それを五人が支える会運営体制が組まれたと考えてよいだろう。学芸講談会が演説・討論による学習結社としての性格から、自由党との接近により組織拡大方針をとるなか、組織のリーダーも幕末依頼の地域指導層からその子弟へと移り、政治性を強めていったと考えられる。

おわりに

明治一〇年代半ばに五日市で結成され活動した学習結社学芸講談会の結成過程と、そこで中心的役割を担った若きリーダー深沢権八の、討論会の運営をめぐる模索について検討してきた。まず、県会議員土屋勘兵衛が主導して整然とした町会が運営されているとともに、嚶鳴社とのつながりを持つようになり、同時期に学芸講談会の前身的結社として五日市嚶鳴社が組織されたことが確認できた。これは、規則に則り開かれた近代的議会である県会の手法が県会議員により各地に伝えられていった一例と位置づけられよう。この刺激が、地域指導層を中心に演説・討論能力の重視へと向かわせたのだろう。弁士招聘による五日市嚶鳴社から、演説・討論を自ら行う学芸講談会への移行にそれほど長い時間は要さなかった。ちなみに、一八八〇（明治一三）年前後に武相地域では多くの結社が生まれているが、これらの結社の多くが演説・討論を活動手段としているのも、同様の理由と推測できよう。

五日市地方の特性があるとすれば、千葉卓三郎の知性が大きく影響したということだ。千葉の五日市有志に対する〝持論がない〟という厳しい指摘が、学芸講談会のあり方を大きく規定していった面は、重視されるべきだろう。そして、千葉の指摘を真摯に受け止める深沢の姿勢も重視されるべきだろう。深沢は、千葉の指摘をふまえ、各自の持論形成を目的とした個性的な討論会規則を編んだ。徹底した議論をあきらめ、持論形成の鍛錬の場として、学芸講談会の討論会を運営しようとしたのである。結果、弁士として招聘された波多野から、五日市の人々はその雄弁ぶりを評価されるようになっていた。

さて、この学芸講談会は、色川大吉・新井勝紘らにより、「五日市憲法」起草のために徹底した議論を行った結社として注目を集めてきた。しかし、残された討論会の規則を見る限り、この規則によって徹底した議論を行うことは不可能だろう。さらに、千葉の自分に対する自信とそれに裏打ちされた五日市の人々への態度から想像するに、討論会に千葉が対等の姿勢で参加し、議論に影響を受けたとも考えにくい（意見を聞いたとしても、信頼を寄せていた深沢父子・土屋兄弟の四人くらいだろう）。

しかし、これによりこれまでの五日市地方の自由民権運動評価が、奈落の底に落とされるようなことはない。なぜなら、武相地域の自由民権運動の特徴を象徴的に伝えているからである。つまり、世界との窓口である開港場横浜で開かれた神奈川県会や、横浜や東京に拠点を置く都市民権家・ジャーナリストの影響を受け、彼らを弁士として度々招聘することで活動を発展させてきた、という点で武相地域の自由民権運動の典型的な展開を示しているのである。

また、当時の結社でディベート形式の討論会規則が発見されている結社は数少ない。武相地域で確認できる民権期の討論会規則は、学芸講談会・顕猶社の他には、一八七八年結成の「責善会規則」のみで、責善会の場合ディスカッション形式を採用している（拙稿「小野郷学から責善会へ」）。斎藤忠太郎が漏らしていたように、当時結社の実情にあわせて討論会規則を編むことは、かなり困難な作業だったといえよう。当時結成されたほとんどの学習結社が、演説・討論を主要な活動手段としているにもかかわらず、討論会運営に関する規則が発見されないのは、そもそも討論会規則を編むことができなかった可能性もある。そのような当時の状況を鑑みるとき、深沢が個人で討論会規則（案）を編んだこと自体が評価されるべきだろう。

そもそも、演説や討論は、明治初年に福沢諭吉らによって試行され始めたもので、主語・目的語を明確にして論理的に話すことが求められる、それまでの日本の文化にはない新たな語り方だった。深沢が模索し、学芸講談会で実行された討論会は、まさに地域社会における〈語りの近代〉化を示す優れた実践例といえよう。

参考文献

新井勝紘「自由民権と近代社会」（新井勝紘編『日本の時代史二二　自由民権と近代社会』吉川弘文館、二〇〇四年）
石井道郎『戸倉物語―秋川谷の夜明け』けやき出版、一九八五年
石井道郎「明治一〇年代の風―五日市憲法回顧」（『多摩のあゆみ』一三六号、二〇〇九年）
色川大吉「明治前期の人民憲法―西多摩郡『五日市草案』の分析と紹介」（『東京経済大学会誌』六一、一九六九年）
色川大吉「明治前期の民権結社と学習運動」（『東京経済大学人文自然科学論集』二一、一九六九年）
色川大吉・江井秀雄・新井勝紘『民衆憲法の創造』評論社、一九七〇年
色川大吉『新編　明治精神史』中央公論社、一九七三年
色川大吉『明治の文化』岩波書店、一九七〇年

色川大吉責任編集『三多摩自由民権史料集』上巻、大和書房、一九七八年
江井秀雄「嚶鳴社研究」(一)〜(五)(『和光大学人文学部紀要』一四〜二五号、一八八〇〜一九九一年)
江井秀雄「豪農の幕末維新―武州西多摩郡五日市深沢村の豪農深沢氏と民権運動―」(町田市立自由民権資料館紀要『自由民権』二三号、二〇一〇年)
江井秀雄『多摩近現代の軌跡―地域史研究の実践』けやき出版、一九九五年
江井秀雄『自由民権に輝いた青春―卓三郎・自由を求めてのたたかい』草の根出版会、二〇〇二年
江村栄一『自由民権革命の研究』法政大学出版局、一九八四年
寺崎修『明治自由党の研究』上巻、慶應通信、一九八七年
福井淳「嚶鳴社の構造的研究」(『歴史評論』四〇五号、一九八四年)
武相民権運動百年記念実行委員会『民権史を探る』一九八〇年
武相民権運動百年記念実行委員会『憲法を考える』一九八一年
武相民権運動百年記念実行委員会『続・憲法を考える』一九八三年
町田市立自由民権資料館編『武相自由民権史料集』第二巻(第二編)町田市教育委員会、二〇〇七年
松崎稔「小野郷学から責善会へ―「教育」、そして学習という試み―」(『多摩のあゆみ』一二五号、二〇〇七年)
松崎稔「自由改進党の結成と「自治」「自由」」(町田市立自由民権資料館紀要『自由民権』二一号、二〇〇八年)

※「深沢家文書」はすべてあきる野市図書館保管で、図2の写真は町田市立自由民権資料館より提供を受けた。

第十一章　三多摩壮士と政党政治

――青野権右衛門とその周辺――

矢野信幸

はじめに

昭和一三年（一九三八）一月一五日、一人の政党運動家が死去した。彼の名は青野権右衛門という。彼が死去した翌日、第一次近衛文麿内閣は「帝国政府は爾後国民政府を対手とせず」という声明を出し、日中戦争はいよいよ抜き差しならぬものとなっていった。また国内政治においては、すでに政党内閣の時代は終わりを告げていた。そのような時代状況の中で死去した青野について、当時の新聞は次のような訃報を掲載した[1]。

白頭宰相として大政友会を統制し、政治家として世界偉人の列にかぞへられた原敬閣下を総裁に仰いだ頃から立憲政友会の事務長に推され、院の内外に重きをなしてゐた調布町飛田給二二番地青野権右衛門翁は、既報の如く旧臘来病を得て、東京市内高田町の別邸に静養中であつたが、本年初頭に至り病勢頓に悪化し、中島守利氏や胎中楠右衛門氏等を始め多くの人達にすゝめられ、東京市神田区神保町百瀬病院に入院、令息八洲治氏夫妻を始め親戚知己の手厚い看護を受けてゐたが、十五日□（破損）頭の人々へ挨拶を述べて、大樹の倒れる如く逝つたのである。翁が麹町区内山下町の政友会本部に陣取つて、集ひ来る全国の党員達にやさしく応答してゐたアノ姿が目の辺り浮んで来る。翁は元治元年十一月《ママ》二日、立川町中島治郎兵衛氏方に生れ本年七十五歳、僅か十七歳にして政界への第一歩を踏み入れ、中央部に進出して、石坂〔昌孝〕、村野〔常右衛門〕、森久保〔作蔵〕等と共に明治中世紀の政界業新時代を目指して躍動し、自由民権の心臓部に三多摩魂を打ち込んだものであり、事務長を辞したのは昭和七年で、其の後は中島製作所につとめてゐた。

これまで青野権右衛門は、代表的な三多摩壮士の一人とされ、(2) 後述する昭和戦前期に出版された政党に関する二冊の本の著者として知られてきた。しかし彼について、これまであまり詳しいプロフィールは明らかにされてこなかった。(3)

そもそも壮士とは、自由民権運動期の政治青年といわれる（後藤靖「壮士」『国史大辞典』）。しかしながら、近年精力的に壮士研究を進めてきた安在邦夫氏が指摘するように、その定義や歴史的位置づけは充分行われているとはいえず、そのうえ、これも同氏が指摘するように、壮士に関する一般的イメージはあまりよくないのである。(4) 三多摩壮士もその例外ではない。礫川全次氏は、壮士を「アウトロー」の周縁として位置づけ、「壮士化したアウトロー」こそが、今日まで受け継がれた「三多摩壮士の遺産」の一つであると指摘している。(5)

確かに三多摩壮士も含め、壮士一般についての典型的なイメージは、腕力によって敵対する政治勢力を排除し、自らの政治的な主義・主張を通そうとする活動家とその集団ということになろう。確かにそのような面があったことも事実である。しかしながら、「壮士」という呼称のどこかに、天下国家を論じて政治的な理想を追い求め、その実現のためには命を賭した犠牲的な行動も厭わないという側面もあったことは否定できない。そのように考えると、「壮士像の多様化」（安在邦夫「自由民権運動における政党と壮士」）あるいは壮士の在り方の多様性という視点から、改めて個々の壮士研究が行われなければならないのではあるまいか。

三多摩壮士の実態については、これまでにも佐藤孝太郎氏が『三多摩の壮士』で詳しく紹介したことをはじめ、色川大吉、梅田定宏といった各氏が三多摩の自由民権運動を研究する過程で分析し明らかにしてきた。(6)とはいえ、そこにおける壮士研究は、村野常右衛門や森久保作蔵に代表される壮士統括者の分析に傾きがちであったように思われる。さらに分析対象とする壮士の活動時期についても、彼らを何時まで壮士と呼べるのかという問題はあるにしても、その関心が自由民権運動期から初期議会期に集中しすぎているようにも感じられる。勿論、個々の壮士にとって自由民権運動が原点であり重要な政治経験であったことはいうまでもない。しかしながら、その後多くの壮士は政党政治が発達していく過程でも政治活動を継続している。壮士が果たした歴史的役割を考察する場合、その活動も含めた総体として把握する必要があるのではないだろうか。

したがって本章では、以上のような問題関心に基づき、先行研究も踏まえたうえで、三多摩壮士とされる青野権右衛門という一人の政党運動家について、その生涯と周辺を探ることにする。また、それによって近代日本の政党発達史において、三多摩壮士が果たした歴史的な役割と存在意義の一端を明らかにすることを目的としたい。

一　三多摩壮士への道――自由民権から政党勃興の中で――

青野権右衛門の出生とその後の生い立ちについて詳細は不明であるが、手掛かりとなるいくつかの史料や文献を基として、できるかぎり解明してみたい。

下総国香取郡小南村（明治二二年の町村制施行により東城村小南、現在の千葉県香取郡東庄町）の青野家は、名主を務めた家柄で権右衛門を襲名していたようである。文政年間（一八一八～三〇）、当時の青野権右衛門は、通称を慶次

図1　青野権右衛門（1864〜1938）
（出典：国立国会図書館憲政資料室所蔵『青野権右衛門関係文書』）

郎（慶治郎とも）と称し、俳諧を好み太笻などと号した。小林一茶とも親交を持ち、文政三年（一八二〇）には「俳諧発句題叢」を刊行した。一茶の故郷である越後長岡にも庵を設け、文政一一年八月一八日、その地に没している（『東庄町史』上巻・下巻）。

三多摩壮士となる青野権右衛門は、元治元年（一八六四）一二月二日に生まれて青野家を継ぎ権右衛門と名乗った。彼の父親は、本稿の冒頭で紹介した青野の訃報記事と後述で紹介する青野の手紙などから判断するならば、武蔵国多摩郡柴崎村（現在の東京都立川市）出身の中島治郎兵衛である。中島治郎兵衛は、三多摩の自由民権運動家として知られる。彼はもともと柴崎村の井上富右衛門の五男として天保八年（一八三七）に生まれ、長じて邦太郎と称した[7]。天然理心流の道場で修行を積み、安政二年（一八五五）には師である増田蔵六から目録を送られている。その翌年、邦太郎は府中本宿（現在の東京都府中市）の内藤清兵衛家へ養子に出された。その後再び養子に出されることとなり、それが多摩から遠く離れた「下総の青野家」（『次郎兵衛から舜二へ』）であった。この青野家こそが、下総国香取郡小南村の青野権右衛門家であったと考えられる。ところが慶応元年（一八六五）

にいたり柴崎村に戻され、中島家の娘と結婚して一三代中島治郎兵衛を襲名したのであった。すなわち、青野権右衛門は、中島治郎兵衛が青野家の養子であった時代になした子供と考えられる。

青野が生まれた元治元年は、まさに幕末の動乱期であった。間もなく御一新を迎え明治政府が成立したが、その後自由民権運動が全国的な高まりをみせていった。青野が居住していた現在の東庄町の地域でも運動が盛んとなり、明治一五年（一八八二）三月一五日には自由党下総地方部の結成大会が開かれた。この時の党員名簿には、青野権右衛門の名前も載せられている（『東庄町史』下巻）。ただし後年、青野が自著『日本政党変遷史』の「自序」で記したところによれば、その身を「自由党の末班」に列したのは、明治一六年のことであったという。ともあれ年齢としては一〇代後半に自由民権運動に飛び込んだ青野であったが、彼の具体的な活動内容と経歴を今ここに詳らかにすることはできない。

その後青野は、どのような経緯か明らかではないが、明治二〇年代に三多摩壮士の仲間入りをしていったと思われる。明治二六年四月一日、西多摩郡・南多摩郡・北多摩郡の三多摩地域は神奈川県から東京府へ移管された。自由党の星亨は、帝都東京における自由党勢力の拡大を目論み、そのため先ず改進党地盤の攪乱に全力をそそいだ。当時東京府会議員であった森久保作蔵は、この星の旨を受けて武蔵倶楽部を組織し、有楽町に事務所を設けて工作活動の本営とした（『三多摩の壮士』）。それはまさに三多摩移管の明治二六年のことであった(8)。武蔵倶楽部には、東京府会議員をはじめ三多摩各町村の青年壮士が出入りした。佐藤孝太郎は、その代表的な人物として一三人の氏名を挙げているが、このなかに青野権右衛門の名も中島治郎兵衛と共に含まれているのである（『三多摩の壮士』）。

この三多摩壮士の一大拠点である武蔵倶楽部における協議で、明治三〇年二月二八日を期して新自由党の結成大会を開くことが決定された（『村野常右衛門伝―民権家時代』）。この協議には、自由党を脱党した森久保作蔵や中村克昌ら一〇余名の代議士が参加していた。新自由党は、薩派の松方正義が首相である第二次松方内閣との提携を策した森久保や中村、そして院外の村野常右衛門ら三多摩の人々を中心として結成された政党であった。新自由党の結成に際しては、三多摩壮士の活動が大きな原動力となった。村野常右衛門の手許に残された史料に明治三〇年頃の三多摩壮士の指揮系統図と壮士団の司令部構想図がある（『村野常右衛門伝—民権家時代』）。これによると末端の壮士への指揮系統は、東京有楽町の森久保邸に置かれた武蔵倶楽部から始まっている。また村野は、軍隊の司令部構成に準えて三多摩壮士団を構想し、そのトップである「師団長」として中村克昌を想定していた。中村は、嘉永六年（一八五三）、武蔵国多摩郡上石原村（現在の東京都調布市）で名主の息子として生まれ、長ずるにおよんで自由民権運動に参加した。明治二一年五月には、警視庁から保安条例を適用され、帝都東京からの退去を命ぜられた政治履歴を有していた（『調布市史』下巻）。

三多摩壮士によって結成された新自由党は、その翌年には解消してしまった短命な政党であった。その後、三多摩の新自由党系は、自由党と進歩党の合同によって結成された憲政党に合流し、明治三一年六月に成立した日本で最初の政党内閣となった隈板内閣の与党を形成した。さらに明治三三年九月一五日には、三多摩の憲政党系は、伊藤博文を総裁とする立憲政友会の結成に参加していったのである。

こうした明治三〇年代初頭に発生した三多摩と中央における政界再編の過程において、青野は壮士としてどのような活動をしていたのだろうか。明治三〇年代に青野が中島治郎兵衛に送った以下のような手紙からは、その間の様子を垣間見ることができる。(9)

陰気連日、定めて御煩鬱之御事と奉恐察候。却説、選挙期日も最早切迫仕候場合、種々内部ニモ融和セザル分子モ有之候得共、先輩諸君之御忍耐ニヨリ、先ツ平穏之外形ヲ装ヘ居り候。就テハ、御尊父ニモ是迄百般御配慮相成、漸ク今日迄漕ギ付ケ候場合ニ於テ、先日已来少シモ御出席モ無之、他ヨリハ未ダ御感情ヲ害シ居ルヤトノ評語モ耳ニ致シ候ニ付、夫レニテハ折角龍ヲ画テ眼睛ヲ忘ル、ノ譏モ可有之、甚タ残念ニ有之候間、従来ノ行懸リハ暫ラク胸裏ニ御取リ収メ、外面上時々御出被下候方、諸子ノ思惑宜敷ト被考候ニ付、是非共一ト度御枉歩被下度。中村克昌氏へモ昨夕電報ヲ以テ出席請求仕置候ニ付、呉々モ行キ懸リニ御拘泥アラセラレズ、御出張奉念望候。西野氏モ時々参リ奔走、旧ノ如クニ候間、右御了知被下度候。余ハ在面後。早々

この手紙の内容は、明治三一年八月一〇日に実施された第六回総選挙か、明治三五年八月一〇日に実施された第七回総選挙に関するものであると考えられる。

明治三一年八月の総選挙は、隈板内閣が成立して間もなく行われたもので、与党である憲政党は三〇〇議席中の二六〇議席を得て圧勝した（坂野潤治『大系日本の歴史13　近代日本の出発』小学館、平成元年）。明治三五年八月の第七回総選挙は、任期満了にともなう初の総選挙であり、政友会にとっては結成後初めての総選挙でもあった。明治三三年に第二次山県有朋内閣のもとで選挙法が大きく改正され、今回の選挙から被選挙権における納税資格は撤廃された。しかし選挙権については、納税額一〇円以上に引き下げられたにとどまっていた。選挙区も改正されて大選挙区制が採用され、三多摩地域は定員五名からなる東京府郡部と伊豆七島を一つとする選挙区のなかに含まれた。政友会からは村野常右衛門ら五名が立候補し、村野がトップ当選するなど三名が当選した。

いずれにしても、この手紙からは青野が同志間の連絡と調整に奔走し、自派の選挙協力体制を作ることに尽力していた様子がわかる。その一つが北多摩郡の実力者であった中島治郎兵衛を同志が集う選挙運動の場に引っ張り出すことにあった。青野は、父治郎兵衛の気持ちを慮りつつ説得を試みている。その説得材料として、三多摩政界の実力者である中村克昌へも出席を求めたことを報告している。

二　立憲政友会院外団の一員として——日本政党政治の確立過程で——

明治三六年（一九〇三）一二月一日、立憲政友会院外団が創立された。この団体は、衆議院議員以外の党員、すなわち院外者によって構成されるいわば外郭団体であった。その幹事クラスには古参の旧自由党関係者が目立っていた[10]。なお、政党の院外団は第二次世界大戦後も存在したが、戦後の自由党院外団員であった吉岡秀太郎は、立憲政友会院外団発会式に参加した人物の名前を自伝に記している[11]。このなかには、青野権右衛門の名前も挙げられている。院外団には、青野のような三多摩壮士も参加し組織化されていったのである。まさに日露戦争前夜のことであった。

この頃から青野は、三多摩壮士のリーダーでもあった村野常右衛門の下で政治的に奔走することが多くなったと思われる。そのことは、村野が中島治郎兵衛に宛てた明治三八年五月二四日付けの手紙の中で「先日中ハ青野〔権右衛門〕君御上京、御尽力被下候段、奉拝謝候。宜シク御鶴声ヲ乞フ。」（『次郎兵衛から舜二へ』）と述べていることからも伺い知ることができる。三多摩出身の村野常右衛門と森久保作蔵は、日露戦後から大正初期にかけて、そろって代議士に当選することを重ね、中央と三多摩、さらに帝都東京の政界に一時代を画した。とくに村野は、中央政界で大きな影響力を行使し、大正初期には政友会の幹事長にまでのぼりつめた。村野が政友会幹事長をしていた頃、その指揮のもとで政友会本部に「常詰め」していた三多摩壮士がいたが、青野権右衛門もその一人であった（『三多摩の壮士』）。

大正初期の頃の青野については、青野が亡くなった翌年の昭和一四年（一九三九）に胎中楠右衛門が語った以下のようなエピソードがある[12]。

大正二年に私〔胎中〕は十八年目に〔アメリカから〕日本に帰つて来た。是は全然旧知に無警告で帰つて来た訳で、其の時に面白い話があるのです。私は一人ふつと帰つて来て、横浜に着いても誰も迎へに来る者はありはしない。それから東京に来て、丁度其の時分政友会の本部が〔芝〕公園にあつたので、直ぐに公園に行つたのです。行つて見ると、昼の時間だつたが誰も知つた人は居ない。誰は居ないか、彼は居ないかと聞くが誰も居ない。時代が変わつて居る。其の時に後に政友会の事務長になつた、死んだ青野権右ヱ門と云ふ人が丁度本部に勤めて居つて、私に「あなたは一体どう云ふ人ですか」と言ふ。こつちも何とか言はなければならないから、「僕は実は斯う云ふ者だ、もう長いこと日本に居なかつたが、今日初めて帰つて来た。村野〔常右衛門〕さんが居れば村野さんに会ひたい、村野さんか横田〔千之助〕さんに会ひたい」と云ふ話をしたら、「それぢや村野さんの所に案内しませう」と云ふ訳で、村野さんの所に案内された。其の当時内幸町に植木屋と云ふ宿屋があつて、其処によく村野さんが泊つて居た。其処に青野と云ふ人が私を伴れて行つて、其処で村野さんに会つた。〔中略〕私が上陸する四日程前に桂〔太郎〕さんの内閣は倒れた。其の後に山本〔権兵衛〕内閣が出来た。

胎中楠右衛門は、小説『朱鳥』のモデルとなった人物で、明治二九年に渡米するまで自由党の三多摩壮士として活動していた(13)。大正七年（一九一八）に帰国してからは、村野のもとで懐刀的な存在として頭角を現し、昭和三年の第一回普通選挙で代議士となった。青野は、大正二年に胎中が一時帰国した際に彼と邂逅し、村野への案内役を買って出たのであった。まさに二人の壮士の運命的な出会いであった。しかもそれは、時あたかも憲政擁護運動が高揚し、大正二年二月一一日に第三次桂太郎内閣が総辞職して大正政変となり、その余波が続く政治的な激動の渦中であった。なお、この胎中の証言から、青野は大正政変の時期には政友会「本部に勤めて」いたとのことで、本部「常詰め」の壮士ながら本部の職員として生計を立てていたことがわかる。

大正政変は、政友会の院外団が党内外にその力を誇示する絶好の機会となった。一般大衆に対しては憲政擁護と閥族打破をアピールし、党内では硬派として政治的妥協を模索しようとする幹部らの動きを牽制した。大正二年二月一二日、薩派の山本権兵衛に組閣の大命が降下すると、院外団は党幹部の妥協と軟化への警戒感を強めた。政友会院外団の中で党幹部の軟化に同意しない強硬分子の筆頭は、山口熊野、林抱明、小松啓吾、伊藤仁太郎、佐原七郎ら名だたる者たちであり、そこに青野権右衛門も参加していた（「朝日新聞」大正二年二月一三日付朝刊）。彼らは、「天下の公論を二三幹部等が政権渇望の為犠牲に供す可けんやと説きて断じて目的を貫徹するを誓約した」のであった。結局、政友会は原敬の手腕と力量によって現実路線を選択し、山本内閣へ入閣し提携したのであった。それを不服とする党員は政友会から脱党した。院外団からも硬派であった伊藤仁太郎らが脱党した。しかしこの時、青野がそれに続いたという事実は確認することはできない。おそらく青野は、憲政擁護の理想はそれとして、現実的には党内に踏み留って政治活動を続け、党勢拡大と政党政治の実現に向けて貢献する道を選んだものと思われる。

大正時代の幕開けと同時に憲政擁護運動が大衆運動として盛り上がり、第一次世界大戦後は民主主義・自由主義・社会主義といった社会思想によって社会の改造・改革を求める運動や風潮が一層高まっていった。その一つの現れが、大衆の政治参加を求める普選運動であった。一方、中央政界では、大正七年九月二九日に政友会総裁の原敬を首相とする政党内閣が成立し、三年一か月余に及ぶ長期安定政権を維持した（鳥海靖「原内閣」『日本史総合辞典』）。

この時期、三多摩の政界も大きな転換期を迎えていた。森久保作蔵は代議士と東京市会議員を兼ねていたが、大正三年の市会議員選挙で落選し帝都東京での影響力を失った。また村野常右衛門も、大正九年五月の総選挙で新人候補の八並武治に破れ落選した。自由民権運動以来、常に三多摩政界をリードしてきた二人にも、ようやくその政治力に陰りが訪れていた。このため、三多摩壮士の拠点として森久保邸に置かれた武蔵倶楽部も、大正四年には解散することとなった（『三多摩壮士略年表』）。その後、森久保は政界から引退したが、村野は落選直後の大正九年六月二六日、政友会院外団大会で団長に推薦された[14]。この日の大会は「会員約二千名出席、希有ノ盛会」（『中村亭日誌』）となった。青野は、同年七月四日の院外団の幹事会で常任幹事に選ばれた（「朝日新聞」大正九年七月五日付朝刊）。この後、青野は村野団長が率いる政友会院外団の下で幹事を務め、院外団において三多摩壮士を代表する存在となった。

大正時代に青野が院外団の壮士として最も顕著な働きをみせたのは、党勢拡大の仕事であった。特に三多摩地域、とりわけ北多摩郡における選挙運動への支援であった。また党員からの陳情に応じ、青野は地域振興への貢献も果たした。

北多摩郡においては、大正四年三月の第一二回総選挙で、武蔵野村の秋本喜七が衆議院議員に初当選した。その後、秋本は大正一三年五月の第一五回総選挙で落選するまで連続して当選し、あしかけ一〇年に及ぶ秋本時代を築いた。その影には、青野による献身的な地盤培養の活動があった。秋本は、大正六年四月の第一三回総選挙で二回目の当選を果たしたが、この選挙で秋本派の運動員が選挙違反に問われ、青野も被告の一人となった。公判では判事が、青野に向かって「無職ト云ヘルガ如何シテ生活シテ居ルカ、政治屋ノ処ヘ行ッテ金ヲ貰ラッテ食ッテ居ルニ非ラズヤ」と詰問したのに対して、青野は堂々と「先生左様デス」と答えている（『狛江市史』）。三多摩壮士として数々の修羅場や困難を見聞し、自らもその渦中に身を置いたであろう青野からすれば、公判での判事による詰問程度では何ら動ずることはなかった。彼には政党政治の礎石となる覚悟はできていたのである。

また青野は、同じ院外団の同志で、共に秋本を支えていた北多摩郡調布町（現在の東京都調布市）の中村亭と親交を深めていた。彼は、前述した中村克昌の長男で、父の跡を継いで政治家となり、調布町会議員、調布町長、北多摩郡会議員を歴任していた。大正一〇年四月、中村は青野に地元への電話架設について尽力を依頼した。この甲斐もあって、同年一一月には調布電話開通祝賀会が開催されたのであった。

三　立憲政友会の本部事務長として――普通選挙の黎明時代――

青野権右衛門は、大正初期の院外団員の頃には東京市四谷区に居住していたが、大正一二年（一九二三）九月一日の関東大震災が発生する直前に北多摩郡調布町に移住した（青野芳子氏談話）。おそらく青野は、この地を終の棲家として考えたのではあるまいか。調布町を選んだ理由は定かではない。院外団の同志として親交のあった中村亨を同地に訪ねるうちに、この地の気候風土に愛着を覚えたことも理由の一つであったかもしれない。

江戸時代は甲州街道沿いの宿村として発達してきた調布町では、大正二年四月に京王線の電車が笹塚・調布間で開通し、さらに大正四年五月には新宿まで開通した。このため調布町では東京の郊外化が促進されることとなり、町長であった中村亨なども郊外住宅地・別荘地として町を売り込んだ。昭和二年（一九二七）六月には、京王閣を中心施設とする多摩川原遊園地がオープンし、東京近郊のレジャーランドとして賑わいをみせた（『調布市史』下巻）。しかし、賑やかな街並みの喧騒を一歩外れると、そこには多摩川の清流と武蔵野の田園風景が広がっていた。

さて、青野が政友会の本部事務長となった時期については、前掲の青野の訃報記事にある通り、原敬が政友会総裁に就任した頃（大正三年六月）ともいわれるが、諸々の史料を勘案すると実際には大正末期から昭和初頭の間と考えられる。前述したように、すでに青野は大正政変の頃には政友会の本部に勤めていた。その彼が本部の事務長に抜擢された理由とは、どのようなものであったのだろうか。いくつかの理由が考えられる。第一に党務に多大の影響力を有する村野常右衛門と古くから親交がありその信頼を得ていたこと。第二に院外団壮士として党勢拡大に果たした役割と実績を持つこと。具体的には三多摩における秋本喜七の選挙区地盤の培養である。第三に彼の庶務担当能力が優れていたこと。第三については特に根拠を示すことはできないが、事務長を任される以上、当然その能力を周囲が認めていたことは想像に難くない。

当時の政友会本部の事務局体制について詳しいことはわからない。青野の事務長というポストについても「書記長」「翰長」と呼んでいた政治家もいた[15]。それでは青野は事務長としてどのような庶務を担当していたのだろうか。その内容について、具体的な史料によってみてみたい。昭和二年四月二三日付けで秋田清が青野に宛てた手紙には、次のように記されている（『青野権右衛門関係文書』）。

別紙入会申込書御送り申上候間、可然御取計被下度。両君ハ徳島県会議員として極めて有力者ニ御坐候。

この封書の裏には、「逓信省ニテ、秋田清、二十三日」とある。秋田は徳島県出身の政友会所属の代議士で、この手紙を出した前日に逓信政務次官に就任したばかりであった。地方における党勢拡大のため、地元県会議員の入党手続きを事務長である青野に依頼しているのである。また以下の史料は、昭和三年もしくは四年の三月二九日付けで岡崎邦輔が青野に宛てた手紙である（『青野権右衛門関係文書』）。

拝啓　花屋より別紙さし越候。右ハ過日申上置候次第故、先方より支払候ものかと存じ候。しかし小生より払へと上野(埜)〔安太郎〕次官被申候ハ、、更ニ御申越可被下候。支払可申候。毎々御手数恐縮ニ候得とも、右御答得貴意度。草々頓首岡崎は、加藤高明内閣で農林相を務めた政友会の実力者である。上埜は富山県出身の政友会所属の代議士で、昭和二年四月から同四年七月まで鉄道政務次官を務めていた。手紙に記されている内容の具体的な経緯は不明であるが、岡崎は上埜から花屋の料金を支払うよういわれ、本部の事務長である青野にその件を相談しているのである。

このように青野は、事務長として日常的に入党手続きや金銭出納に関わることなど事務万般をこなしていた。とくに入党手続きの依頼については、直接青野に宛てたものではなく、本部の幹事もしくは幹事長に宛てた依頼についても、最終的には青野が事務処理をしていたものと思われる。当時の日本を代表する政党の事務局ともなれば、その日常的な事務量は並み大抵のものではなかったろう。

とはいえ、青野が事務長として直面した最大の出来事は、何といっても第一回普通選挙の実施であったことは間違いない。大正一四年五月、加藤高明内閣のもとで衆議院議員選挙法が改正され、納税要件がなくなり二五歳以上の男子すべてに選挙権が与えられた。この新しい選挙法に基づく第一回普通選挙は、田中義一政友会内閣のもとで昭和三年二月二〇日に行われた第一六回総選挙で実施された。政友会では岩崎幸治郎選挙部長、秦豊助幹事長らを中心に選挙体制を整えていった。選挙準備が進む最中、犬養毅から青野に宛て以下のような手紙が届いた（『青野権右衛門関係文書』）。

敬啓　日清紡社長宮島清二《（次）》郎氏、過日小生の紹介にて入党致し、此度浜松市を中心とする選挙区ニ於て立候補致し、明日ハ其ノ青年団発会式ニ付、何人かを差向ける事を只今秋田〔清〕砂田〔重政〕両君ニ相談致したる事に候。右の如く実業家が俄に立候補ニ付、選挙に於て全く素人ニ付、本部に於て人繰りを付け中村文雄氏を三日間ほど右の方面に御派遣被下候ハヽ《（ママ）》、様御依頼致候。書余委細ハ、何人か差出し御相談可被下候得共、差急き候故、可然御計被下候ハヽ、幸甚。

宮島清次郎は栃木県生まれの実業家で、当時は日清紡績の社長であった。宮島は大学時代に犬養と接して以来親交を結び、第一回普通選挙で犬養の推挙で政友会公認候補として静岡県第三区から衆議院議員に立候補した。[16] 手紙にあるように「選挙に於て全く素人」のため、青野に選挙運動の支援を依頼してきたのである。しかしながら宮島は、結局のところ奮闘の甲斐なく落選の憂き目をみてしまったのである。また、昭和三年に行われた普通選挙制による初の総選挙か、あるいは前年九月に実施された普通選挙制による第一回の府県会議員選挙の時と思われるが、岡崎邦輔が青野に宛て次のような文面を認め送ってきている（『青野権右衛門関係文書』）。

全国之広き中ニハ故障なき処もあらんか、当地之如きハ政府之金看板司権官独立之公平論之名薬ちと利き過候歟、検事局ハ否検事正ハ公平以上ニ傾き候結果、却て反対党之口実と相成候。彼れら云、政府永続の見込なし。現に地方官之如きも政府の寿命之短を見越、警察官反対の我ニ向て何等手を下す能ハず。由しや手を下すも検事ハ我党之味方なれハ、警察より如何なる要求あるも決して採用せす。安神して活働せよ云々。右ハ只之宣伝ニあらず。事実なるか故ニ反対ハ益勢を得、味方ハ益へこたれ散々之有様。此件已ニ屢本部及各方面を煩したるも寸効なし。右等ニ対し日々党員之苦情を聞も、中〳〵ニ苦敷候。有力なる諸君之御揃之本部として、此辺御考慮なきものニ哉。

なお、この手紙には「選挙長、幹事長筋へも一応此意味御話置可被下候」と書き添えられている。岡崎が書中で述べている「政府之金看板司権官独立之公平論」とは、昭和二年四月、政友会総裁の田中義一が組閣の方針として示した四大政綱の一つである司法権独立確保のことである。これは、いわゆる朴烈問題などによって、司法権の独立と威信に関する議論が高まったことを受け、その独立を重要視し、威信を維持すると共に、検察事務の公正を期するため掲げられた政策であった。岡崎によれば、却ってこの政策が反対党に有利に働き苦境に立たされているという。本部としてその対策を講ずる意向があるか否かにつき青野に問い合わせてきたのである。政党内閣となり内務省をはじめ国家機構に対する政党の影響力が浸透していく「政党化」が進むなか（有馬学『日本の歴史23　帝国の昭和』講談社、平成一四年）、選挙ともなれば司法官の動向も選挙の成行を左右するものとして、勝敗の判断材料とされていった。

青野はこうした選挙に関する党員からの依頼を処理する一方、選挙戦で生じた様々な問題についてマスコミへの対応にも迫られた。一つは、今回の普通選挙から禁止された戸別訪問の新手段を記した文書を政友会本部が作成して各公認候補に配付したとされる怪文書問題である。この問題で新聞社の取材に応じた青野は、「それは初耳だ、もしさういふものが出てゐるとすればもちろん自分も知つて居なければならないのだが全然そんなことはないはずだ」と否定した（『朝日新聞』昭和三年二月一一日付夕刊）。また、田中義一政友会総裁の肉声を録音したレコードを政友会本部が全国の在郷軍人分会と青年団へ約二万枚送ったことが問題となった。これに対して青野は、「レコード二万枚送つたことは事実です、然し政友会としては単に寄付したにすぎません」と述べ、「政友会としてはこの問題に関し天地の間に恥づるところはない」（『朝日新聞』昭和三年二月一七日付朝刊）と突っぱねたのであった。

結局、昭和三年二月の第一回普通選挙の当選者は、政民二大政党については政友会が二一七名、民政党が二一六名と両党伯仲となった（『日本議会史録3』第一法規、平成三年）。この結果について、青野は事務長として決して満足していなかったことだろう。ただ、三多摩地域を選挙区とする東京府第七区で、青野と親交のある中村亨をはじめ政友会の新人三候補がすべて当選し議席を独占したことに対しては胸をなでおろした。当時の新聞は、青野がこの

図2　立憲政友会本部の情景
第1回普通選挙で事務を統括する右から選挙顧問の岡崎邦輔、幹事長の秦豊助、事務長の青野権右衛門。
（出典：国立国会図書館所蔵「読売新聞」昭和3年2月20日夕刊18307号5面・読売新聞社提供）

点に触れて「三多摩を見な、あれ程の八並武治（民政党）が落ちてこつちが三枚ずらりと並んだ、あすこア政党の訓練がついてゐるからいざッとなるとこんなもんさ」とコメントしたことを報じた（「朝日新聞」昭和三年二月二三日付夕刊）。

しかし、昭和五年二月二〇日に実施された普選第二回目の第一七回総選挙では、民政党は二七三名を当選させて圧勝した。政友会は一七四名の当選者で、民政党にほぼ一〇〇名の大差をつけられた（『日本議会史録3』）。三多摩でも、北多摩郡政友派が候補者選定をめぐって分裂し中村亨が落選するなど、青野にとっては本部事務長として苦杯を喫することになってしまったのである。

選挙事務等の庶務に追われるかたわら、日頃から院外団員と接する機会が多かった青野にとって、院外団をめぐる問題は、党本部の事務長という職責上、日常的に対応を迫られる頭の痛い案件であった。茗荷房吉は、昭和三年一二月末現在における各政党の状勢を詳述した著書『日本政党の現勢』（日本評論社、昭和四年一二月）のなかで、「政友会本部庶務主任　青野権右衛門氏の談」として、院外団の実態を以下のように伝えている。

以前は三多摩の青壮年等は、政友会本部から一本電報が来れば、八王子等から、五百名も六百名も〔東京〕市内に馳せつけて来た。そして報酬としては御飯でも御馳走になるのが関の山―時には手弁当で出掛けて来て、党の為めに働いたものである。〔中略〕この頃は―殊に政府与党となると―偽院外団員が跋扈して、会社等をゆすり歩くのには党本部でも全く迷惑してゐる。

自身も院外団員としての活動履歴を有し、その活動には自負を抱いていた青野にしてみれば、昨今における一部院外団員の堕落と逸脱行動に対しては、憤りと慨嘆を禁じ得なかったのである。なお、青野によれば、当時の立憲政友会は東京府だけで約一三〇〇名の院外団員を擁していたという（『日本政党の現勢』）。

以上、青野の政友会本部事務長としての具体的な活動をみてきた。ところで青野は、大正期に政友会事務局員であった頃、政友会の関東代議士会の庶務も兼任していた[17]。大正一三年六月に成立した加藤高明内閣の司法大臣に栃木県出身の横田千之助が就任した。関東代議士会では横田の法相就任祝賀会を開くことになったが、その会費の徴収をはじめ庶務を担当したのが青野であった。ちなみに横田は東京法学院（現在の中央大学）出身の初の大臣であった（『タイムトラベル中大125』中央大学、平成二二年）。村野常右衛門は、横田こそ原敬の跡目を継ぎうる政友会の中の最も優れた後継者だと堅く信じていたが（『村野常右衛門伝―政友会時代』）、大臣就任後わずか七か月余にして急逝してしまったのである。

四　その晩年——先人の顕彰と政党更生への思い——

青野が政友会本部の事務長を辞し、政治運動の第一線から身を退いたのは、昭和七年（一九三二）のことであった。とはいえ、この年のいつ頃であったのか、それは定かではない。昭和七年は、犬養毅首相が五・一五事件によって暗殺された年である。この事件と政党政治の後退を青野がどのような思いで受けとめていたのか、今となっては知るよしもない。前述のように、青野は犬養とは党務を通じて知遇を得ていた間柄であったことを考えるならば、心中穏やかならぬものがあったことは容易に想像できる。

五・一五事件が起きるちょうど三か月前、二月二〇日の第一八回総選挙で、犬養内閣の与党である政友会は三〇一議席を獲得し大勝した。第一党が三〇〇議席を超える議席を持つということは、それまでなかったことであった（伊藤隆『昭和史をさぐる』朝日文庫、平成四年）。この総選挙で政友会関東会に所属する代議士も大きく躍進したため、その奉告祭を催すことになった。その際、青野が執筆したと思われる次のような奉告文が残されている（『青野権右衛門関係文書』）。

維時《これときに》昭和七年三月（ママ）　日、某等清酌庶羞《せいしゃくしょしゅう》ノ奠《てん》ヲ以テ故星亨君、粕谷義三君、横田千之助君、村野常右衛門君、武藤金吉君、江原素六君、森久保作蔵君ノ英霊ニ告ク。嗚呼《ああ》、諸公ノ世ニ在ルヤ夙《つと》ニ民権自由ノ大義ヲ唱ヘ、明治三十三年九月、伊藤博文公ノ立憲政友会ヲ組織セラルルヤ、進テ其議ニ賛画シ栄達毀誉《きよ》ヲ顧ミズ一意専心憲政ノ済美《さいび》ヲ期シ、爾来党勢ノ消長分裂交訌ノ弊頻出スルモ毅然トシテ清節ヲ持シ、特ニ同志ノ結束ヲ鞏固ナラシムル為メ立憲政友会関東倶楽部ヲ創設シ、身ヲ以テ之レガ鞭韃指導ノ任ニ膺《あた》リ、我党ノ中堅勢力トシテ終始一貫克ク党勢ノ維持拡張ニ努力セラレタルコトハ、某等ノ常ニ感激措ク能ハザル所ナリ。今ヤ天運循環シテ第十八回総選挙ヲ行フニ方リ、天下靡然《ひぜん》トシテ我党ノ政策ニ響応シ、所属代議士三百余名ヲ選出スルノ大捷ヲ博シ、殊ニ我カ関東会所属ハ六十一名ヲ算スルニ至リ空前ノ偉績ヲ挙ゲ得タルコトハ、諸公英霊ノ加護ニ負フ処多キヲ疑ハサルナリ。茲ニ同志胥《あい》謀リ奉告ノ儀ヲ挙行スルニ際シ、某等ハ永ク諸公ノ遺徳ヲ服膺《ふくよう》シ、虚心坦懐同志相頼リ相扶ケ誓テ現時ノ国難ヲ打開シ、忠誠以テ皇室ニ奉ジ、内ハ国民ノ福祉ヲ増進シ外ハ国威ヲ宣揚シ、以テ千秋経綸ノ業ヲ完ウセンコトヲ期ス。尚《ねがわ》クハ饗《う》ケヨ。（一部読みは本稿による。以下同じ。）

ここには、格調高い漢文調の表現でもって、先人政治家に対する心からの畏敬の念と感謝が述べられている。また、ここに記されている民権自由から立憲政友会の結成、そして関東会の歩みは、青野にとって自らの政治運動の軌跡そのものであった。この奉告文は最後に、これからも同志が助け合って「千秋経綸ノ業」を成し遂げることを誓っているのである。しかし皮肉にも、政友会は絶対多数を獲得したにもかかわらず、その三か月後には政権の座を追われ、政党内閣政治の時代は終わりを告げたのであった。

このように青野は、政党が凋落していく状況下で第一線を引退した。しかし、彼は引退後、政党苦難の時代が訪れた中で、先人政党政治家を顕彰する著作を出版した。その著作とは、昭和八年一一月に安久社から出版した『立憲政友会功労者追遠録』である。この「緒言」で、青野は以下のように記している。

編者〔青野〕多年立憲政友会ノ庶務ヲ担当シ、常ニ先人ノ事歴ヲ目睹《もくと》耳聞シテ、其踪蹟ノ湮晦《いんかい》ニ帰センコトヲ遺憾トセシモ、事務匆忙《そうぼう》之ニ手ヲ下スニ至ラザリシガ、今ヤ時艱ニシテ故人ヲ追懐スルノ念切ナルノ時ニ当リ、幸ニ閑地ニ就キ、頽齢《たいれい》古稀ニ達スルモ、飽食逸居シテ徒ニ天寿ヲ俟ツニ忍ビズ、洽《あまね》ク諸所ヲ渉獵シテ先

人ノ遺蹟ヲ探査シ、或ハ遺族ヲ訪ネ、或ハ故老ニ質シ、或ハ公衙ニ徴シテ遂ニ此ノ編ヲ成ス

三多摩壮士青野権右衛門も七〇歳の古稀を迎えようとしていた。政党不信が高まるなか、老境に達しようとしていた青野が、あえてこうした政党政治家顕彰の書物を公にした動機とは、一体どのようなものであったのか。勿論、「緒言」にあるように「故人ヲ追懐スルノ念切ナル」とはいえ、たんなる郷愁や回顧趣味によるものではない。もしそうであるならば、自らが経験した自由民権運動から現在に至る波瀾に富んだ政治の舞台裏を自身の回顧録として面白ろ可笑しく書けばよいだけの話である。しかし、青野はそうすることなく、先人の選挙区、出身地、生年月日、経歴、当選回数、墓所、相続者等の基本データを調べ上げ、その先人達一人一人に対する人物評を行ったのである。つまり青野は、当時の政党批判が先人の功績そのものを否定することに直結することは絶対に許せなかったのである。同志であった先人の功績の否定は、とりもなおさず青野の政治人生そのものの否定に他ならなかったからである。

『立憲政友会功労者追遠録』出版後、昭和一〇年八月、青野は二冊目の著作となる『日本政党変遷史』を前作同様に安久社から出版した。この書物は、明治の政党創生期から昭和にいたる各政党政派の変遷について、その創立経緯、宣言、綱領、政策等を収録しつつ、当時の政治情勢に触れながら叙述したものである。青野は「自序」において、「夫れ現在の果を知らんと欲すれば、過去の因を溯究せざる可らず、未来の果を知らんと欲すれば、現在の因を研審せざる可らず」と述べている。なお、この青野の著作は、彼が息子八洲治に口述筆記させて完成させたものであるという（青野芳子氏談話）。

『日本政党変遷史』は、当時の読売新聞「読書欄」（昭和一〇年九月二七日付朝刊）で書評として取り上げられた。この中で評者の藤尾主計は、著者である青野権右衛門が「最近は中島知久平氏の国政研究会に在り。議会政治の更

生は温故知新にありとして、今回『日本政党変遷史』を編纂した」と述べている。

中島知久平は、中島飛行機の創業者として知られ、昭和五年の総選挙で群馬県第一区から中立で立候補して当選した。中島は代議士に当選後、政友会に入党して私的な政策研究団体として国政研究会を立ち上げ、学者や同僚政治家も招いておもに統制経済・計画経済に関する研究を進めた。さらに中島は、昭和九年一月に政友会の有志議員によって結成された国政一新会の実質的なリーダーとなり、政友会内に中島派を形成し政党の領袖となっていったのである。[18]国政一新会は「国政革新要綱」を決定し、凋落した政党の更生に向け積極的な活動を展開したのである。青野と中島知久平との交流は、党本部の事務長と一年生代議士という関係から始まったものであろう。そして青野は、中島との交誼を深めるうちに、しだいに彼に対して政党更生のリーダーとして期待していったと考えられる。さらに中島が群馬県の出身で、政友会内では青野と同じく関東派であったことも、青野の期待感を一層高めたのである。こうしたことから青野は、中島が主宰する国政研究会に出入りするようになったと考えられる。

ちなみに、中島知久平が国政研究会によって収集した諸資料は、現在群馬県立図書館が『中島文庫』として保管している。ここには、青野の二冊の著作も収められており、そのうち『立憲政友会功労者追遠録』には、国政研究会が昭和八年一一月三〇日付けで寄贈を受けたことを示す押印がある。にわかに断定はできないが、本の発行日の直後だけに、青野自身が寄贈した可能性も捨てきれない。

青野と同様に中島知久平に期待した政治家のなかに、かつて三多摩壮士であった胎中楠右衛門もいた。彼は、前述した国政一新会の事実上の発会式となった昭和九年一月一七日の有志代議士会で座長を務めていた。その胎中も、昭和八年一〇月、憲政功労者慰霊のため神奈川県海老名村に憲政碑を建立したのであった（高橋勝浩「政党政治家胎中楠右衛門と二つの憲政碑」）。

ところで、青野が死去するちょうど一年前、昭和一二年一月一四日付けで彼のもとへ以下のような一通の手紙がもたらされた（『青野権右衛門関係文書』）。

旧冬中は格別の御厚情を辱ふし、厚く御礼申上候。就ては小生儀、昨秋区議選挙後健康を害し未だに病床に在り、遂御面接の機も得ず失礼致居候。実は病気も自分としては殆ど全快に近きものと思ひ居り候へ共、医師の注意により今後三四週間外出を禁ぜられ居候条、来るべき市会の件もあり実に閉口致居候。何分御承知の如く軍資金に乏しく、其の点苦心致居り候へ共、病気の為他出出来ず内輪の準備は着々進め居り候も、いざ戦端開始の暁は目下のところ実弾の予算全く立たず、病床に転々其の事のみ憂慮致し居る次第に御座候。今回の決意は昨秋区会選挙の結果、当区に同志十二三名を出し非常に有利の情勢と相成候条、断然出馬を決意為したる次第に候へば、大兄に於かれても其の意を了とせられ、一臂の労を御貸し被下様、何分共御願ひ申上る次第に御座候。尚中島〔守利〕先生にも右の由御話し被下、軍資金の御援助方御斡旋被下度、切に御願申上候。尚渋谷の朝倉〔虎治郎〕氏も小生の市会立候補に対しては御承認被下、先日其の了解を得申候様次第に御座候。

この手紙の主は、当時品川区会議員であった森茂である。彼と青野の関係について詳しいことはわからない。ただ、もともと品川区は政友会の地盤であったことから、青野と森とは従来から何らかの政治的関係があったと思われる。森は、この年の三月に実施された東京市会議員選挙への出馬を決意し、その支援を青野に求めてきたのであった。手紙には、「いざ戦端開始の暁は目下のところ実弾の予算全く立たず」と選挙資金の不足を訴えている。そして、昭和八年七月まで政友会東京支部長を務めた政友会の実力者中島守利への仲介を依頼しているのである。結局、森は東京市会議員選挙に立候補することとなったが、おしくも次点で落選してしまったのである。

青野が政友会本部事務長を辞して五年、尚も選挙の時には同志から頼りとされていたのである。これも三多摩壮士としての彼にとって、象徴的かつ宿命的な出来事であったかもしれない。

おわりに

本章の冒頭で述べたように、青野権右衛門は昭和一三年（一九三八）一月一五日に他界した。その翌日、すでに当選四回にして第一次近衛内閣の鉄道大臣に就任し、政党領袖としての風格を備えた中島知久平が弔問に訪れた（「政友会に敏腕を揮はれた青野権右衛門翁逝く」）。青野は、幕末動乱期に生まれ、自由民権運動から政党政治の確立期までを村野・森久保の下で三多摩壮士として奔走した。そして政党内閣時代には政友会本部の庶務担当として総裁である原敬や犬養毅にも仕えてきた。さらに今ここに、青野は次期リーダーとして期待された中島知久平の弔問を受けたのである。しかし、青野の没後、彼の期待とは裏腹に、政友会は軍部台頭の前に一致結束して更生するどころか分裂と脱党を経験し、試練の時代を迎えたのであった。そして昭和一五年七月、ついに政友会（中島派）は、近衛新体制運動へ参加するため総裁中島の決断によって解党されたのであった。明治三三年（一九〇〇）九月の立憲政友会立党からちょうど四〇年の歳月が流れていた。こうして青野の生涯をみてくると、彼は近代日本の政党創草期から昭和戦前期に全政党が解党する前夜まで、まさに日本の政党発達史そのものに身を置いたことになる。

さて本章は、青野権右衛門の生涯を事例として、三多摩壮士が果たした歴史的な役割と存在意義の一端を明らかにすることを目的としてきた。この点についてどのようなことが指摘できるのであろうか。

まず青野の壮士としての生涯とその歴史的な役割について総括しておきたい。彼は、中央と地方における党務や党勢拡大の面で、単なる連絡役ではなくその舞台裏を総合調整する役割を担ったといえる。そして最後まで政党の屋台骨を支える裏方に徹したのである。それは、肩書や身分等によって行動を拘束されない壮士という自由な立場

図3　青野権右衛門の書
書中の昆堂は青野の号。
（出典：国立国会図書館憲政資料室所蔵『青野権右衛門関係文書』）

であったからこそ成し得たことであった。壮士と呼ぶ場合、その属性として在野性という面が重要な指標であるならば、生涯を在野でとおし議員や官職に就くことはなかった青野は、やはり最後まで三多摩壮士であったと形容することが、最も似つかわしいといえよう。また、管見のかぎり、青野についてはとかく壮士にありがちな破天荒な行動や武勇伝、武闘伝といったエピソードは見当たらない。むしろ、彼の著作や関係文書からは、漢籍に通じ書にも秀でた高い教養を身につけていたことが伺われる。壮士にも武闘派もいれば教養派もいたことであろう。しかし、教養と武闘派的要素とは必ずしも矛盾するものではない。したがって、壮士である以上、青野にも武闘派的活動の実績があったとしても、何ら不思議ではない。

次に、三多摩の地域性と壮士との関係について一言述べておきたい。周知のように三多摩は、幕末に新選組という草莽集団を輩出した政治風土として知られる（宮地正人『歴史のなかの新選組』岩波書店、平成一六年）。この三多摩における幕末の草莽と明治以降の壮士とは決して無縁ではない。青野権右衛門の父親である中島治郎兵衛は、前述のように天然理心流の剣術の腕前を持っていた。また、先代の中島次郎兵衛は、近藤勇と親交があったことで知られている[19]。他にも近藤の周縁には、壮士との関係性を示す事実が存在している。このように、三多摩では幕末から明治にかけて草莽から壮士へという系譜があると考えられる。そうであるならば、三多摩壮士は草莽の精神風土を受け継いだ存在であったといえる。また、三多摩における政治的ネットワークは、地縁・血縁によって形成されていった側面を有しているが、その形成に三多摩壮士の存在も預かること大であったといえる。青野をして三多摩壮士たらしめたものも、彼の体内に流れる三多摩の血そのものであったといえよう。

最後に、壮士イメージについて、それが世代や立場の違いにより多様であるという点を指摘しておきたい。三多摩出身の幕末の浪士、すなわち草莽であった落合直亮が、晩年の明治二〇年代に語ったところによれば、幕末の浪士は「今の壮士のごとく、金銭のために動くものにあらず。廉恥を知らぬものにもあらず。刀の抜きやうも知らぬものにあらず。吹かば飛ばむとするが如きものにもあらず[20]。」という存在であったという。かつての草莽による壮士批判である。一方、三多摩壮士であった胎中楠右衛門が、昭和一四年に語ったところによると、「正直に言ふと私が外国から帰つて来た頃〔大正七年〕にはもう壮士はなかつた。私が壮士になつた時分のやうな所謂壮士はなくなり、院外団になつて居つた。壮士といふのは名誉欲、物欲などはなく唯先輩の為には命を懸け、体を投げ出して働くといふ風で、この気風は院外団になつてからは大いに変つた」(「胎中楠右衛門氏談話速記録」)という。これはかつての民権壮士による院外団壮士への批判である。このように、浪士、壮士、院外団といった国事に奔走した活動家のイメージは、世代や立場の違う者によって大きく異なり、その認識にはかなりの懸隔が存在していたのである。

その他、壮士については、その記憶が第二次世界大戦後の政党院外団へどのように継承されていったのかという論点もある。政党組織の周縁・外郭としての壮士的存在は、戦後政治においても認められる。こうした点についての考察は、今後の課題としたい。

（1）「政友会に敏腕を揮はれた青野権右衛門翁逝く」（国立国会図書館憲政資料室所蔵『青野権右衛門関係文書』所収）。新聞切抜、掲載紙の記載なし。なお本稿では引用史料について適宜句読点を補正するとともに〔　〕で注記を付し誤記等を（　）でルビ注記した。また原則として註での典拠記載は初出に限り前掲は本文中に略記し、一般書の類や新聞なども本文中に示した。

（2）佐藤孝太郎『三多摩の壮士』（武蔵書房、昭和四八年）三六頁、六一頁。

（3）拙稿「昭和初期における地方政治構造の変貌―東京府北多摩郡下の立憲政友会の消長を中心に―」（三上昭美先生古稀記念論文集刊行会編『近代日本の政治と社会』岩田書院、平成一三年）で若干紹介し彼の選挙運動や地域振興などに触れた。

（4）安在邦夫「自由民権運動における政党と壮士―自由党の壮士への対応と壮士の動向―」（安在邦夫・真辺将之・荒船俊太郎編著『近代日本の政党と社会』日本経済評論社、平成二一年）、同前「自由民権運動期における壮士の位相―井上敬次郎の動向に見る―」（安在邦夫・田崎公司編著『自由民権の再発見』日本経済評論社、平成一八年）。

（5）礫川全次『アウトローの近代史　博徒・ヤクザ・暴力団』（平凡社新書、平成二〇年）一三八頁。

（6）村野廉一・色川大吉『村野常右衛門伝―民権家時代』（村野廉一、昭和四四年）、同前『村野常右衛門伝―政友会時代』（村野廉一、昭和四六年）、梅田定宏『三多摩民権運動の舞台裏―立憲政治形成期の地方政界―』（同文館、平成五年）。その他、乾照夫「軍夫となった自由党壮士―玉組を中心に―」（『地方史研究』第一七七号、昭和五七年）、同前「初期議会期における民党壮士運動と地域社会の動向について―田野倉仙蔵の日記資料を中心に―」（上）・（下）（『メディア史研究』第一七・一八号、平成一六・一七年）。

（7）多摩中央信用金庫多摩文化資料室編『次郎兵衛から舜二へ』（中嶋秋子、昭和五七年）五三頁。

（8）生きている三多摩政治史を語る会『三多摩壮士略年表』（多摩文化財愛護協会、昭和二九年一一月一五日）。

（9）明治三〔一乃至五〕年八月四日付け中島治郎兵衛宛青野権右衛門書簡（立川市歴史民俗資料館所蔵『旧柴崎村名主・中

嶋家所蔵文書』所収）。年代は、封筒の消印と内容から判断した。差出人は、封筒に「府中町松本方　青野」と記載され、書面にも「青野」とのみ記されている。しかし書面の宛先には「中島厳父様」と記されており、この点と筆跡などを考慮して「青野」とは青野権右衛門であると判断した。

(10) 伊東久智「政友会の院外団と「院外青年」」（前掲『近代日本の政党と社会』所収）。
(11) 吉岡秀太郎『自由党院外団最後の生き残り』（自民党同交会、平成三年）四三頁。
(12) 「胎中楠右衛門氏談話速記録」（広瀬順晧監修・編集『憲政史編纂会旧蔵政治談話速記録　第5巻』ゆまに書房、平成一〇年、所収）三〇六～三〇八頁。
(13) 高橋勝浩「政党政治家胎中楠右衛門と二つの憲政碑―憲政功労者の慰霊と政党政治の再生への試み―」（『明治聖徳記念学会紀要』復刊第四四号、平成一九年）。
(14) 「村野日誌」（前掲『村野常右衛門伝―政友会時代』所収）大正九年六月二六日の条。
(15) 青野権右衛門宛野田卯太郎書簡（封筒のみ）には「青野書記長」、秋田清書簡には「青野翰長」とある（前掲『青野権右衛門関係文書』所収）。
(16) 『宮島清次郎翁伝』（宮島清次郎翁伝刊行会、昭和四〇年）三九三頁。
(17) 鈴木隆『政界思い出百話』（千代田書店、昭和四一年）一六三～一六四頁。
(18) 拙稿「戦前期既成政党政治家「革新」化の軌跡―大政翼賛会成立以前の太田正孝を事例として―」（『中央史学』第二三号、平成一二年）。
(19) 小島政孝「中島次郎兵衛宛「近藤勇の書翰」元治元年五月廿日京都より」（『多摩のあゆみ』第二二号、昭和五六年）。
(20) 落合直文「しら雪物語」（久松潜一編『明治文学全集44　落合直文　上田萬年　芳賀矢一　藤岡作太郎集』筑摩書房、昭和四三年、所収）五五頁。この点は本書第九章の藤田英昭「草莽の軌跡―落合直言とその周辺―」も参照のこと。

第十二章　戦時下における多摩の陸軍少年飛行兵学校

松尾正人

はじめに

大正三年（一九一四）に始まった第一次世界大戦では、飛行機が新兵器として活躍し、注目された。日本においても同四年一二月に陸軍航空大隊、同八年に陸軍航空学校が埼玉県入間郡所沢町（現・所沢市）に設立されている。飛行機は操縦や整備関係者を養成するために長期間の教育を必要とし、その年少時からの育成に向けて昭和八年（一九三三）四月に陸軍少年航空兵制度が導入された。この陸軍少年航空兵教育は、数次の改変を経て、昭和一三年九月に東京陸軍航空学校が東京府北多摩郡村山村（現・武蔵村山市）に開設され、一八年三月に同校が東京陸軍少年飛行兵学校に改められている。

しかし、この東京の村山村に開設された東京陸軍航空学校とその後の東京陸軍少年飛行兵学校についての研究は少ない。同校の関係者による『陸軍少年飛行兵史』（少飛会歴史編纂委員会編、一九八三年）や『誰に叫ばん―元陸軍少年飛行兵第十二期生の記録―』（少飛十二期会編、一九八三年）、あるいは『武蔵村山市史』（通史編下巻、二〇〇三年）などが出版されているが、陸軍少年飛行兵学校の存在や実像はあまり知られていないようだ。同校には徴兵年令未満の一五・六歳の少年が入校し、戦争の拡大にともない、その急激な増員がはかられていた。航空兵の損耗が増大すると、基礎教育期間が短縮され、数多くの犠牲者を出している。

ここでは、最初に村山村に東京陸軍航空学校が開設され、その後に東京陸軍少年飛行兵学校に改められた経緯、そして両校で実施された陸軍少年航空兵の基礎教育の課程とその学校生活を明らかにする。また東京陸軍航空学校とその後の陸軍少年飛行兵学校が開設された村山村およびその周辺市町村の動向、さらに両校を巣立った少年たちのその後の教育と戦場での実態を追究したい。

一　東京陸軍航空学校の開設とその教育

大正八年（一九一九）に埼玉県入間郡所沢町に設置された陸軍航空学校は、同一三年に所沢陸軍飛行学校と改められたが、そこでの教育は将校・下士官が主体であった。それゆえ、機械や技術などの早期教育が急務になると、昭和八年（一九三三）四月に陸軍少年航空兵制度が導入されている。そして、九年二月にその一期生（操縦生徒七〇名、技術生徒一〇〇名）が、所沢陸軍飛行学校に入校した。しかし、航空生教育については、操縦教育と技術教育の分離、加えて少年航空生教育施設の拡充が必要となっている。そこで一〇年七月、操縦教育を主とした熊谷陸軍飛行学校が設立され、同時に陸軍航空技術学校が設置された。さらに基礎教育課程が分離されて一二年一〇月二二日に東京陸軍航空学校が新設され、一三年九月の東京府北多摩郡村山村での開校に至ったのであった。

この東京陸軍航空学校の入校式は、昭和一三年（一九三八）四月四日に熊谷陸軍飛行学校内に併設された東京陸軍航空学校熊谷仮校舎で実施された。同年には、すでに二月に熊谷陸軍飛行学校などに所沢陸軍飛行学校以来の第五期生三七九名が入校していたが、四月入校の第六期生の五五〇名は、新たな東京陸軍航空学校設立後の第一期生として入校したのであった。受験資格は満一五歳以上で一七歳までの尋常小学校卒業または中学二年修業者で、身体検査と学科試験の合格者である[1]。中国との戦争が拡大するなかで、少年たちの多くは大空で活躍する航空兵となることに憧れた。学資の負担がかからないで、卒業後に航空兵下士官になれることも魅力であったようだ。その入校式では、東京陸軍航空学校長の山口直人陸軍少将が、次のような訓示を行った。

「爛漫タル桜花、将ニ天地ノ正気ヲ煥発スルノ時、純真溌剌タル諸子ヲ迎ヘテ皇国非常時ノ御奉公ニ邁進シ得ルハ本職大ニ欣快トスル所ナリ

顧ルニ昨夏以来、日支事変ニ於テ我ガ忠勇ナル皇軍ハ御稜威ノ下克ク力戦奮闘、遂ニ連戦連勝ノ威武今ヤ宇大ニ赫々タリ、就中航空部隊ノ活躍ハ全支ヲ風靡スルト倶ニ列強驚歎ノ的トナル何タル快事ゾ、而モ此機ニ際シ諸子ハ栄誉ノ選抜ヲ受ケテ当校ニ入校ス、是レ誠ニ諸子カ此時代ノ翹望ニ副ハンコトヲ熱望シ、大ニ努力奮闘シタルノ結果ニシテ、其意気ノ壮ナルト共ニ決心ノ更ニ鞏固ナルモノアルヘキハ本職ノ堅ク信シテ疑ハサル所ナリ、宜シク諸子ハ当校設立ノ目的精神ニ鑑ミ、益々時局ノ諸子ニ要望スルコト重大ナルモノアルヲ念ヒ、常ニ勅諭勅語ノ大御諭ヲ体シテ躬行実践ニ努メ、以テ本校生徒タルノ本文ヲ完フスルコト肝要ナリ

抑々本校教育ノ目的トスル所ハ、一、航空兵科幹部ニ必要ナル性格徳操気概ヲ涵養シ、二、操縦、整備、無線ノ生徒タル識量ト基礎的技能トヲ付与スルニ在ルヲ以テ所謂諸子修養練武ノ尊キ道場ナルノミナラス、又一面常ニ戦場ニ在ルノ思ヒヲ以テ万事ニ当ルヘキ実戦場ト心得ヘサル可ラス、故ニ諸子ハ将来各隊長教官ノ指導訓諭ニ基キ、一意右目的ノ貫徹ニ邁進スルヲ要ス」（『陸軍少年飛行兵史』）

訓示では、航空兵としての「性格徳操気概」の涵養が強調され、操縦、整備、無線についての「識量」と基礎的技能の修得が掲げられている。生徒には、戦場に在る思いを持って目的を貫徹するための邁進を求めていた。

そして、この東京陸軍航空学校は、北多摩郡村山村の本校舎が完成すると、昭和一三年（一九三八）九月一日に熊谷の仮校舎から村山村へ移転した。村山近隣の立川には、大正一一年（一九二二）六月に航空第五大隊が設置され、同一三年五月に陸軍飛行第五連隊が設置されていた。同連隊の演習場であった村山村の林が切り開かれて、東京陸軍航空学校の校地とされている（図1）。同校が移転した時期、多摩地域では昭和五年（一九三〇）の石川島飛行機製作所工場の立川移転に続いて武蔵野町（現・武蔵野市）に中島飛行機武蔵製作所が建設され、一四年一一月には調布に東京重機製造工業組合工場、同年四月には調布飛行場の建設が始まるなど、軍需施設の集中が顕著であった（『立川市史』下巻、『調布市史』下巻）。

そして、昭和一三年九月の移転後の東京陸軍航空学校では、同年四月に続いて一〇月の年二回の入校が実施された。前年七月の北京郊外での蘆溝橋事件後、日本軍と中国軍との戦争は八月に上海へ拡大しており、少年飛行兵の育成強化が急務となっていたのである。一三年一〇月の第七期生（東京陸軍航空学校では第二期生）の入校は六四七名で、四月入校の五五〇名とあわせて、村山に開設された同校は一二年入校者二六〇名の四倍強の一一九七名の生徒を収容したのであった。

この村山村での東京陸軍航空学校の開校式は、一三年一一月二〇日に行われた。当日は陸軍次官東条英機中将が臨席し、陸軍関係者および二五〇余名の地元からの関係者が招かれたという。午前一一時半頃に熊谷陸軍飛行学校の約三〇機の練習機が空から祝意を表し、午後一時には東京陸軍航空学校生徒の競技も行われると報じられた（『東京日日新聞』府下版）。

この新校舎の配置は、図2の通りである。学校本部を中央にして、向って左側が六期（一期）生、右側が九月入校の七期（二期）生が入った。それぞれ三個中隊ごとに分かれ、一個中隊が四個区隊、一個区隊が二個班で構成され、各班はそれぞれ二二名ないし二三名であった。大講堂や生徒食堂・購買会ばかりでなく、銃鍛工場や縫靴工場などを備えた一大施設となっている。

入校した生徒には、軍人中のエリートである士官学校生徒服制を準用した軍服、軍帽、短剣が支給された。折襟の両側はコバルト色のカギ型に飾られ、その中にプロペラと発動機を組み合わせた金色の徽章が輝いている。少年航空兵を表す特別徽章と独特の襟章・肩章が一般兵との大きな格差となって、自他ともに選ばれた者という意識を高揚させたようだ（『なき友に捧ぐ』）。校内の生活は、食事その他の生活、勉学に必要な総てが支給され、月額四円

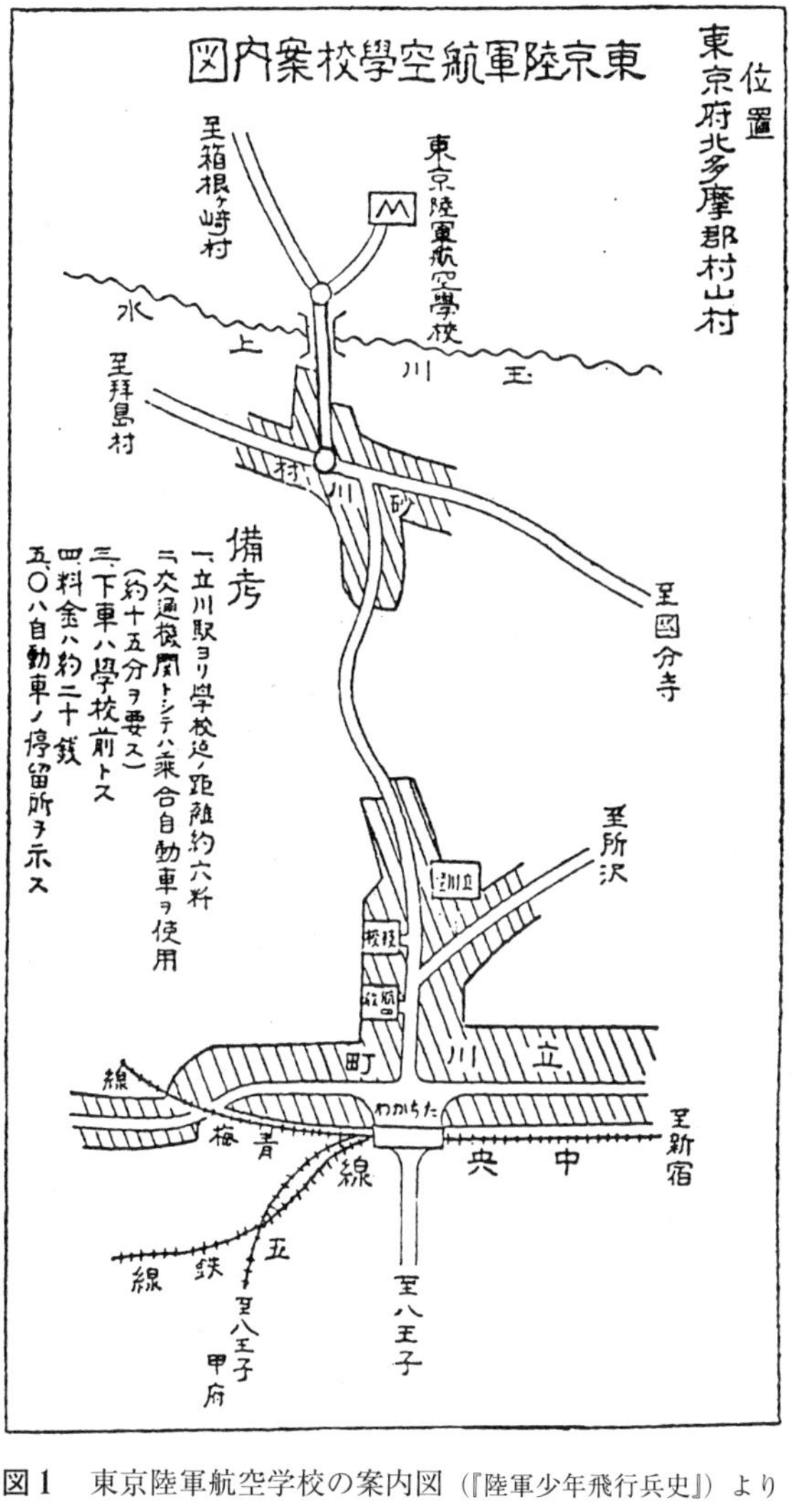

図1　東京陸軍航空学校の案内図（『陸軍少年飛行兵史』）より

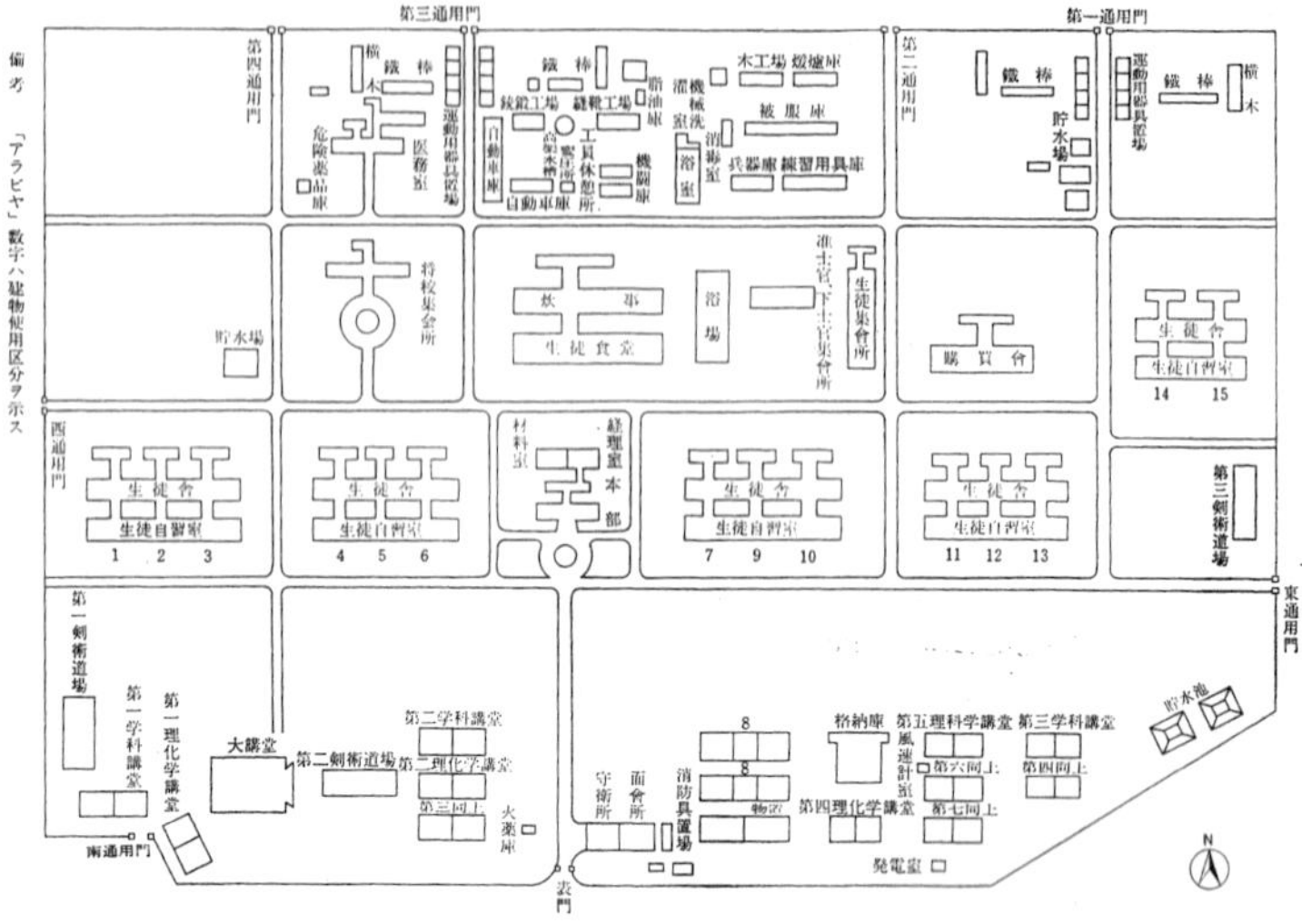

図2　東京陸軍少年飛行兵学校配置図（『陸軍少年飛行兵史』）より

の手当があたえられている。[2] 生徒は、四円の手当から半分が天引貯金され、残りの二円で私物などを購入できた。酒保（購買会）で買える大福三つ入り五銭、うどん一杯一〇銭、羊羹一〇銭、しるこ五銭を楽しみにしたという。戦争が中国との間に限定されていた頃は、日曜日に校内に来る写真屋に撮影を頼んだり、腰弁当で山野を歩き、関東出身者は許可を得て国分寺・府中・拝島の範囲を越えた線外の外出をすることも可能であった（『陸軍少年飛行兵史』）。もっとも、生徒は同時に軍人とみなされ、中隊長のもとの各区で区隊長や班長等による統制が徹底された。兵器や被服等の員数合わせが絶対で、上級生による暴力や制裁といった風潮が、多くの入校生を苦しめたのも事実である（島田昌往『雲の果て遥か』）。

この東京陸軍航空学校での一年間の基礎教育は、普通学、軍事学、術科、体育等であった。四月から一〇月までが午前五時三〇分の喇叭で起床（一一月から三月までは午前六時起床）、午後九時三〇分が消灯で、細かな日課が決まっていた。各時間は喇叭の吹奏で始まり、学科授業の前には七時二〇分から三〇分間の勅諭奉読と遥拝が行われた。教育内容は、午前が学科、午後が術科と分けられ、午前中の学科は三時限で、五〇分を一時限とし、普通学の国語、作文、歴史、数学、英語、図画、そして軍事学の兵器学、地形学、服務教程などである。午後は六〇分単位の術科の軍事教練、滑空訓練などが二時限、そして体操一時限となっていた。体操の時間は体力と精神力の錬成に主眼がおかれ、徒手体操から鉄棒、一二階段の跳び下り、棒昇り、吊り環などが行われ、銃剣術や平均体操、回転運動器を使用するフープ体操も加わるようになっていく。術科の軍事教練では、各個教練や歩兵部隊にならった野外演習などが実施された。箱根ケ崎での火薬量を減じた狭窄射撃訓練、三ツ木から多摩川、八王子に及ぶ真夏の耐熱行軍、あるいは執銃行軍も行われている。運動時間終了後は四〇分の兵器手入れ、五時三〇分から夕食、六時三〇分からは一二〇分間の自習時間が設けられていた。毎日「反省日誌」を書くことが義務づけられ、検閲が行なわれ、生活全般にわたる注意・統制が実施されている（『陸軍少年飛行兵史』）。

年間を通じた学校行事は、昭和一四年四月に入校した第八期生（東京陸軍航空学校第三期生）の場合、四月二日の入校式後、二九日に宮城遥拝と靖国神社・明治神宮参拝を実施している。五月二〇日に多摩御陵を参拝し、同月二六日に東久邇宮視察を奉迎。八月一四日に遊泳演習で千葉県一宮に出発、一〇月一日に羽田飛行場で低空飛行、空中戦闘、水平爆撃などの実技を見学した。この遊泳演習は年によって沼津や館山・富浦などの違いがあり、一四期生は一一月三日の明治節に神宮競技場の国民錬成体育大会に参加し、航空体操、機械体操、フープ等の各種競技を実施して観衆の拍手を浴びている（『陸軍少年飛行兵史』）。

また、同校の大講堂では、松竹映画「君こそ次の荒鷲だ」や「愛機南へ飛ぶ」、東宝映画「燃ゆる大空」などが上映された。生徒の戦意向上が目的である。戦争の拡大にともない、「我が国体の精華を理解せしめ、尊王愛国の心情を養成する」との姿勢が強まっていく。教育隊長の真崎久満雄大佐は、同校の教育方針を、予科士官学校と幼年学校の中間程度の「基礎を施すことをもって目的」とし、航空兵下士官を養成することを主眼として、もっぱら精神教育に力を注いで鍛へることと語っている。精神訓話が重視され、藤田東湖が文天祥に倣って作った「正気歌」を唱和し、殉国の精神がたたき込まれたという。

ところで、東京陸軍航空学校が開設された村山村（現、武蔵村山市）では、同校が熊谷から移設されてきたことを多くの村民が歓迎したようだ。昭和一三年三月二〇日の『東京日日新聞』は、左のような「〝大空への門〟遂に開く」という記事を掲載している。

「北郡村山村大字中藤農重吉氏長男立川飛行第五聯隊書記内野邦之助君（一七）は、今度東京航空学校入学試験に合格し来月一日晴れの入学と決定した、同君は九年一月同隊の給仕として採用され、電話係に進み更に書記となって今日に至ったが、勤務が飛行隊だけに強い空へのあこがれから、午前六時半に出勤し午後七時退勤の激務のかたはら、身体をきたへながら入学試験に応ずるため血の出る様な勉学をなして漸く空への道に通ずる難関を突破したもので、聯隊当局でも同君の精進振りに感激し、同君が電話係に昇進した後へ弟の清重君（一五）を採用して兄弟協力して勉強の機会を与え、吉川副官も境遇に恵まれないので随分苦心して勉強してゐることが判ったので、隊としても将来のために大いに激励してゐたが、漸く実を結んで自分のことのやうに喜んでゐる」

村山村出身の内野邦之助少年が、立川の陸軍飛行第五連隊の給仕となって飛行隊にあこがれ、苦学を重ねて東京陸軍航空学校入学試験に合格し、四月一日から同校第六期生に入学することを報じている。難関を突破するための勉学については、給仕から電話係に昇進した際に、内野少年の弟を採用して勉学に集中できるようにするなど、立川飛行第五連隊当局の応援もあったという。

このような東京陸軍航空学校では、基礎教育の一年間の課程が終りに近づくと身体や知能検査が行われ、学科の定期考査が実施された。昭和一三年四月に入学した第六期生で、最初の東京陸軍航空学校生徒の場合は、翌年三月に卒業式が挙行されている。卒業後の上級校は操縦、整備、通信の各分科で異なり、それぞれ二年間の教育に入っている。上級校は、希望の多い操縦の熊谷陸軍飛行学校が二四〇名、それ以外では整備の陸軍航空整備学校が二六〇名、通信の水戸陸軍飛行学校が五〇名であった。熊谷陸軍飛行学校の操縦は、一五年三月になるとさらに戦闘班八三名が熊本県菊池飛行場、偵察班四〇名が茨城県下館飛行場、重爆班六七名が熊谷本校、軽爆班五〇名が群馬県館林飛行場に分かれている。一五年四月には少年飛行兵に採用され、陸軍航空兵上等兵に任じられて月給が支給された。一六年三月には戦闘班七三名、偵察班三五名、軽爆班四五名、重爆班六七名の合計二二〇名が卒業となっている。

二　東京陸軍少年飛行兵学校への改編

昭和一八年（一九四三）三月二七日に新たな陸軍少年飛行兵学校令が制定され、四月一日から東京陸軍航空学校の名称が東京陸軍少年飛行兵学校に改められた。二七日の勅令第二二五号「陸軍少年飛行兵学校令」は、「陸軍少年飛行兵学校ハ之ヲ東京及大津ニ置ク、陸軍少年飛行兵学校ハ其ノ所在地名ヲ冠称ス」と定めていた。少年飛行兵教育の収容人員を増やすために、従来の東京に加えて大津教育隊を改組した大津陸軍少年飛行兵学校を別に増設したのである。一六年一二月に始まった太平洋戦争は、一七年六月のミッドウェー海戦で主力空母四隻が撃沈され、その大敗は国民には伏せられたが、戦争の困難が現実化している。航空機の役割が戦局を左右するようになり、その強化のためにも、それまでの東京陸軍航空学校を東京陸軍少年飛行兵学校と改め、同校が少年飛行兵を養成する機関であることを強調し、飛行兵の急増をはかることが不可欠になったのである。

この点、昭和一九年の「陸軍少年飛行兵学校生徒志願者心得」によれば、志願者は検査場のある連隊区司令官または兵事部長に願書を差し出すことと定めていたが、検査場は一四三か所に及んだ。その内の三二か所が朝鮮、台湾、樺太、満州（中国東北部）、中国各地である。入学者を厳選した東京陸軍航空学校時代に比べ、多数の志願者を集めるための苦心がうかがえる（『武蔵村山市史』資料編近・現代）。応募年齢は満一五歳以上で一七歳以下。少年飛行兵学校の生徒は、八月に夏期休暇が与えられていたが、その折にポスターの配布、出身校に戻って講演会や映画などで志願者を増やすための勧誘が義務づけられていたようだ（図3）。上級校では、帰省時の講演資料としてタイプ・ガリ版刷の台本が渡されている。

採用試験は、身体検査の合格者に対する学科試験として、国民学校初等科修了程度の平易な算数と国語の問題を課した。生徒の将来および待遇が示され、学科試験に合格した採用予定者については、学校までの旅費が支給されている。入校一年後に操縦科、整備科、通信科に分かれて上級校へ進学した。卒業後に飛行隊等に配属されて六か月を兵長として勤務した後、陸軍伍長に任官する。伍長任官後は逐次に進級し、所要の試験を経て将校になる道も開かれているとされた。入学後の修学費用はすべて官費とされ、空中勤務者は航空加俸が支給され、任官後はそれぞれ階級に応じた給料があたえられるなど、特別の待遇が明示されていたのである。

また、飛行兵の養成が焦眉の急となる中で、東京陸軍少年飛行兵学校には久邇宮朝融はじめ東久邇宮盛厚や侍従武官などの要人の視察が相次いだ。久邇宮は海軍少将で防空のための連合航空隊司令官でもあったことから、毎年のように同校を訪れた。久邇宮の視察の様子は、昭和一八年六月一〇日の『毎日新聞』全国版に、下記のごとく報じられている。

図 3　陸軍少年飛行兵の募集広告（武蔵村山市立歴史民俗資料館蔵）

「尊き御身をもって米英撃滅のため日夜無敵海鷲の育成強化に御尽瘁あらせられる聯合航空隊司令官海軍少将久邇宮朝融王殿下には、九日親しく陸の雛鷲揺籃の地立川の東京陸軍少年飛行兵学校に成らせられ、若き陸鷲の各種演練、訓育の状況を御視察遊ばされた。（中略）同校では、校長高田利貞少将以下学校本部玄関前に整列し、生徒一同校庭に粛然とお待ち申上げれば、十時十分殿下には亀田御附武官、森海軍大佐等を従へさせられて自動車にて御着校、校庭に整列する生徒一同に対し御下車の上、挙手を賜ひつ、本部内に入らせられた、学校附水島大佐等佐官以上に賜謁の後、高田校長より学校の一般状況を御聴取、ついで中央校庭に成らせられ、長瀬中尉指揮の第○期生徒○○名の徒手による基本体操、廻転機、鉄棒等による航空体操を御覧あらせられた。（中略）十一時四十分殿下をお迎へしての記念撮影を終へ、御昼食後は更に高橋隊生徒自習室に成らせられ、本年四月入校した生徒等へ藤井教授の国語の教育振りを御参観、御前に感激しつ、音読する逞しい生徒の声に莞爾と頷かせられ、次いで佐藤隊の舎内御巡視、神田中尉指揮の校庭における手塚隊剣道の基本動作、試合、中村教授による通信適性検査を御覧の後、十四時四分練兵場における十河中尉指揮下の各個戦闘演練を御覧あらせられ、十四時三十分ごろ御機嫌麗はしく御離校遊ばされた」

六月九日に同校を視察した久邇宮は、高田利貞校長らの奉迎をうけ、生徒の航空体操の実演、校庭での剣道や練兵場での戦闘訓練、校内の炊事場や食堂などを臨検している。記念撮影と昼食の後は、生徒の授業や自習を参観した。校庭に整列し、訓練・教育の成果を披露する多くの生徒にとって、皇族の視察は大変な感激であり、粉骨砕身を肝に銘じる最良の機会になったことは間違いない。同校の要綱にも、「我国体の精華を理解せしめ、尊皇愛国の心情を養成す」が掲げられていた。高田校長は久邇宮の視察を「誠に恐懼感激」に堪えないとし、「この光栄を肝に銘じ粉骨砕身叡慮を安んじ奉らんと」と「謹話」している。「制空決戦に畏き御研鑚」として、皇室と一体となった総力戦への戦意高揚がはかられたのである。

この東京陸軍少年飛行兵学校と改称した後、昭和一八年（一九四三）四月には第一六期生（東航第一一期）として一四四〇名が入校した。関ケ原を境にして西日本は大津陸軍少年飛行兵学校の管轄とされて一二〇〇名が入校している。一年後の一九年四月からは、東京陸軍少年飛行兵学校の操縦七〇〇名が宇都宮陸軍飛行学校へ、大津陸軍少年飛行兵学校の八〇〇名が熊谷陸軍飛行学校へ進んだ。通信と整備には東京と大津の両校から陸軍航空通信学校へ約四〇〇名、所沢陸軍航空整備学校へ五〇〇名が進学した。

また一八年一〇月入校の第一七期生（東航第一二期）の場合は、最初は東京陸軍少年飛行兵学校へ仮入校として概略の分科に分け、操縦を東京陸軍少年飛行兵学校の一六八〇名、整備を大津陸軍少年飛行兵学校の一二〇〇名、通信を東京陸軍少年飛行兵学校大分教育隊の九〇〇名に分けて正式入校としたという。一九年四月の東京陸軍少年飛行兵学校入校第一八期生の概数は、東京が一五〇〇名、大津陸軍少年飛行兵学校が一五〇〇名、大分の教育隊が一〇〇〇名とされ、前年と同様に三校に入校し、半年後の一〇月に操縦八〇〇名をはじめそれぞれ整備・通信の専門教育を受けるようになった。一九年五月にはさらに大分陸軍少年飛行兵学校が設置され、急速な少年飛行兵の増員がはかられている。一九年一〇月の第一九期生の概数は、東京が一六〇〇名、大津が一六〇〇名、大分が一〇〇〇名の合計四二〇〇名である。二〇年八月の第二〇期生は、東京が八〇〇名、大津が八〇〇名、大分が四〇〇名となっている（『陸軍少年飛行兵史』）。

一方、前述の昭和一八年（一九四三）三月の「陸軍少年飛行兵学校令」にともなう改正では、東京陸軍少年飛行兵学校を経ないで操縦が大刀洗陸軍飛行学校、整備が岐阜陸軍航空整備学校と所沢陸軍航空整備学校、通信が水戸の陸軍航空通信学校に入校する速成教育の乙種制度が開始された。この乙種制度は、基礎教育一年を省略して直ちに専門の技術を学ぶ速成教育の課程である。厳しさを増す戦況の中で、教育期間の繰り上げを行って飛行兵の急激

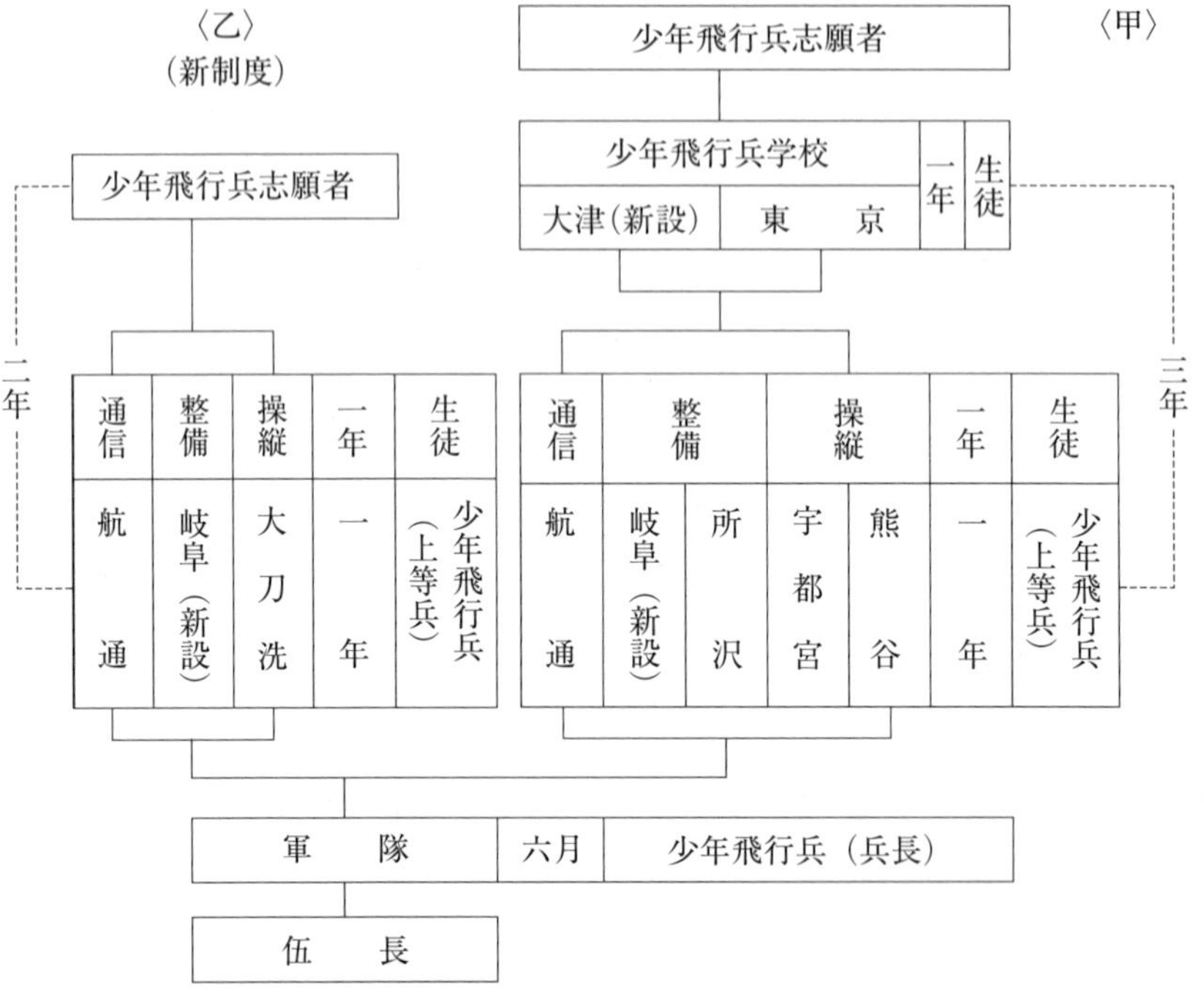

図4　改正少年飛行兵関係学校一覧図
陸軍少年飛行兵の教育制度（昭和18年3月）『陸軍少年飛行兵史』より

な増員をはかった方策といえる。各地の会場での試験に合格した応募者が東京陸軍少年飛行兵学校で改めて身体・適性検査を受け、合格者の中から年齢の高い者を優先させて入校させたという。同年一〇月には一般学生に対しても徴集延期停止が実施され、一二月には徴兵適齢を一年引き下げ、一九歳とすることが断行されたのである。

　最初の速成教育とされた第一四期生乙種は、操縦の大刀洗陸軍飛行学校、整備の岐阜陸軍航空整備学校、通信の水戸陸軍航空通信学校の各五〇〇名、あわせて一五〇〇名の入校であった。一八年四月の大刀洗陸軍飛行学校入校者は、一一月三〇日に陸軍少年飛行兵生徒課程を修了し、一二月一日に大刀洗陸軍飛行学校入校陸軍上等兵を命じられた。一九年二月に飛行兵地上教育および滑空機課程を修了し、四月に朝鮮に置かれた大刀洗陸軍飛行学校教育隊に配属され、七月二八日に同校の基本操縦課程卒業とされている（『陸軍少年飛行兵史』）。

そして、昭和一八年一〇月入校の第一五期生乙種では、速成教育課程の操縦二〇〇〇名、整備二六四七名、通信三六六〇名の合計八三〇七名が入校した（表1）。操縦の大刀洗陸軍飛行学校甘木生徒隊には二〇〇〇名が入校し、速成教育のための猛訓練が実施されている。整備の岐阜陸軍航空整備学校の教育隊一二四七名、同じ所沢陸軍航空整備学校は立川教育隊六〇〇名、そして八戸教育隊八〇〇名に分れた。通信の陸軍航空通信学校は水戸の吉田教育隊一四五〇名、兵庫県の加古川教育隊七五〇名と尾上教育隊一四六〇名となっている。操縦の場合は、翌一九年四月に陸軍上等兵に任じられて「九五式中練等による飛行訓練を開始」し、四か月後の同年七月末日の卒業と同時に、戦闘・重爆・軽爆・偵察および助教要員等の各分科に振り分けられた。十分な訓練をうけない段階で「勇躍南方その他各地に赴いた」という。この第一五期（乙種）生については、「それぞれが与えられた分科の特性を有効裡に発揮し得ないまま、昭和二〇年に入るや、最後の少年飛行兵出身特攻隊員として、順次先輩のあとを追うなど、判明しただけで合計一〇二名が祖国に殉じた」と記されている（『陸軍少年飛行兵史』）。

このような入校生の急増と速成教育は、深刻な物資不足と戦局の悪化もあって、様々な困難に直面したことはいうまでもない。東京陸軍少年飛行兵学校においても、一八年四月に「鋼鉄使用制限令」が出て、五月に入ると鉄製の個人寝台が無くなり、木製二人用寝台に取り換えられた。九九式小銃の「対飛行機照準器」や「遊底覆」「脚」「銃口蓋」などを取り外し、返納が行われている。学校内では、「航空関係は上の上」と伝えられていた食事の質と量が著しく低下した。「カラシ葉の漬物連日連食」で、「赤飯と高粱飯の混同等笑えぬ悲劇」と記されるようになっている（『陸軍少年飛行兵史』）。

そして、昭和一九年末には空襲が激化し、少年飛行学校の教育そのものが急速に困難になった。一九年四月入校

表1　陸軍少年航空兵・陸軍少年飛行兵の入校者数一覧

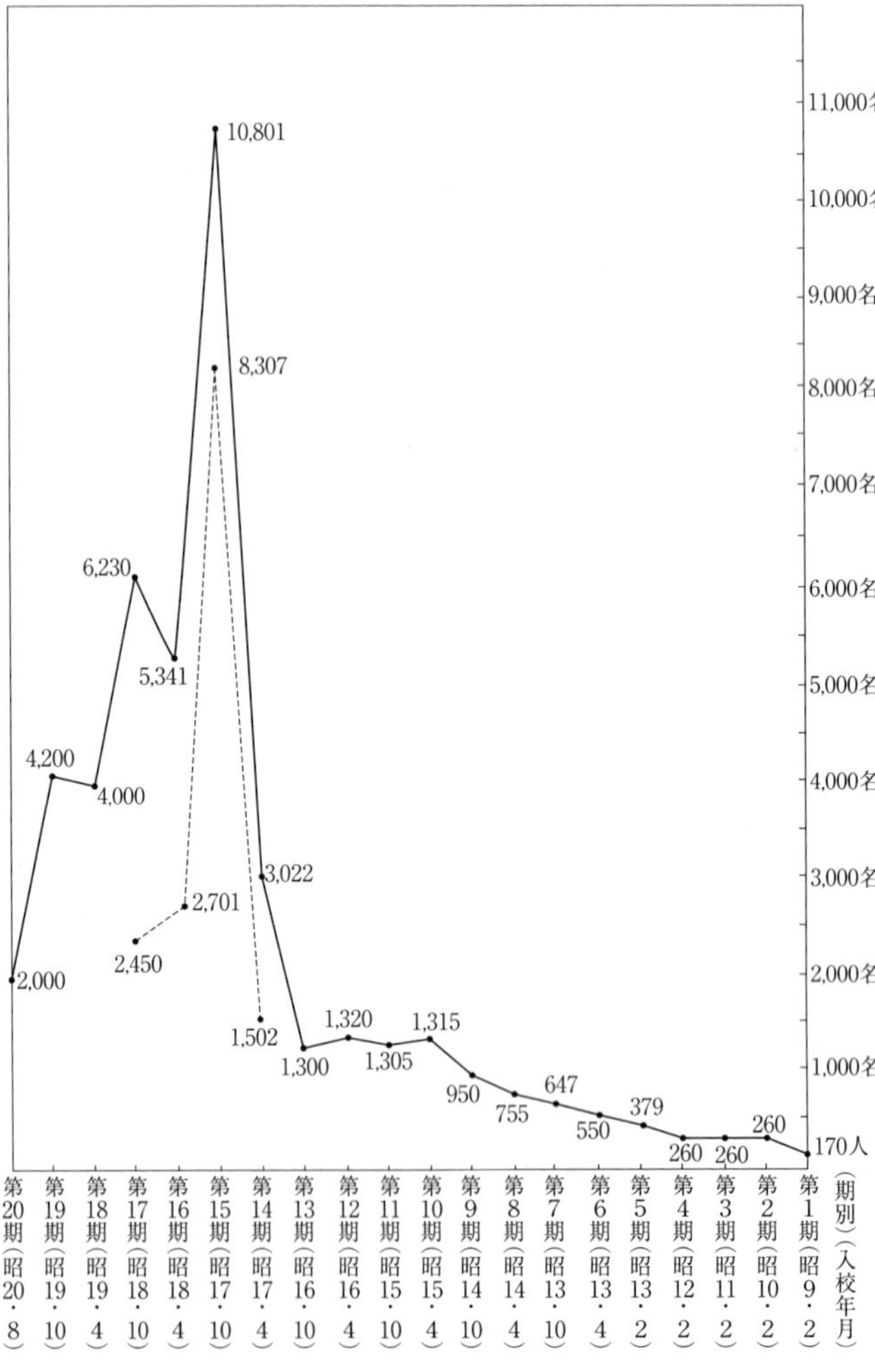

実線は、第一期から第二〇期までの乙種を含めた入校者の総数である。
第一四期から第一七期までの点線は、速成教育課程の乙種の人数を示す。第一四期乙種は昭和一八年四月、第一五期乙種は一八年一〇月、第一六期乙種は一九年四月、第一七期乙種は一九年一〇月の入校である。

の第一八期生の場合は、一〇月に操縦、整備、通信の分科を決定したが、一一月二四日に中島飛行機武蔵製作所に対するアメリカ軍B29爆撃機の空襲に直面している。同工場は、一二月の三日と二七日、翌二〇年二月一七日、四月七日、同一二日に大規模な爆撃を受けた（『武蔵野市百年史』記述編Ⅰ）。多摩地域には、昭和一九年秋から第一航空軍の司令部が成蹊学園に置かれ、調布に飛行第二四四戦隊が配置され、成増にも飛行第四七戦隊が置かれていたが、各方面の作戦に転用され、十分な防衛が困難であったようだ。翌二〇年二月一七日には戦闘機が連続して飛来し、撃墜されたパイロットが少年飛行兵学校に降下して捕虜となっている。日立航空機立川発動機製作所や立川飛行場が機銃掃射され、学校周辺の高射機関砲や機関銃が応戦し、騒然となった。立川の日立航空機は、四月二四日にもB29の爆撃をうけて破壊され、操業不能になっている。毎日のように正午前後に警報が鳴り、一八期生は午後の体操や教練・滑空訓練がほとんどできなくなり、避難することで時間が空費されたという。その後も、爆撃で破壊された中島飛行機や日立航空機の工場への「赴援作業」、防空壕作りなどが頻繁であった。四月に入ると上野公園内の東京美術学校（現・東京芸大）に宿泊し、戦災を受けた軍需工場の救援作業に携わっている。六月になって主力が三重県鈴鹿市の加佐登などに移動したが、そこでも名古屋、四日市などの空襲におびやかされた。

同様な状況は、昭和一九年一〇月に入校した第一九期生にも指摘できる。入校五か月後に体操・教練に続いて滑空訓練、地上滑走などが行われたが、学科の時間が減少し、防空壕掘りや松根掘りに動員されている。術科の時間は、地上戦闘の匍匐前進、挺進斬込み訓練、対戦車肉迫訓練などが多くなった。実家が空襲で被爆しても外泊が許されなくなっている。四月四日に少年飛行兵学校が爆撃された際には、一九期生の生徒三名が生き埋めになって戦死した。同校は四月一九日と六月一一日にもアメリカ軍戦闘機の機銃掃射をうけている。

かくして、少年飛行兵教育は瓦解し、二〇年二月には各校の教育訓練の中止が内定。四月一六日の勅令二二八号で熊谷陸軍飛行学校令や宇都宮陸軍飛行学校令・大刀洗陸軍飛行学校令・所沢陸軍航空整備学校令・岐阜陸軍航空整備学校令が廃止されている（『法令全書』昭和年間、第一九巻二）。この結果、東京、大津、大分の陸軍飛行兵学校の修了生は少年飛行兵とされ、生徒は本土決戦要員に動員されるようになったのである(3)。

三　少年飛行兵教育とその実戦

東京陸軍航空学校と東京陸軍少年飛行兵学校の卒業生は、さらに操縦、整備、通信に分かれて上級校へ進み、卒業後に全国各地の諸部隊へ配属となったが、飛行機が激戦の主役となっただけに、その生還者は少ない。

先に『東京日日新聞』記事を紹介した村山村出身の内野邦之助は、九死に一生を得て復員した一人である。内野は、東京陸軍航空学校の第一期生として昭和一四年（一九三九）三月に卒業した後、所沢の陸軍航空整備学校へ入校した。同校で第六期少年飛行兵となって機関工科重爆撃機専修を修了。一六年三月に浜松の飛行第七戦隊に配属されている。同年一二月の太平洋戦争の開戦は、満州の公主嶺で陸軍伍長として迎えた。その後はインドネシアのジャワ島に進出して、一〇〇式重爆撃機に搭乗し、輸送船団の護衛や哨戒に従事している。

そして、内野は一八年七月、ニューギニアの東ブーツ飛行場に進出して補給作戦や爆撃に参加した。一一月には、前線のラエ南方に落下傘による弾薬・食糧を投下した直後、敵の戦闘機に攻撃されている。六機編隊の二機が墜落し、内野の搭乗機も集中攻撃を受け、左右両翼が穴だらけになったという。尾部機関銃手が戦死したが、東京陸軍航空学校同期生の松本誠操縦士が機体をなんとか着水させ、泳いで陸地にたどり着いている。そして歩兵部隊に救出され、五日間を費やして東ブーツに生還した。さらに内野は、戦局が悪化した一九年にフィリピン、二〇年に沖縄で戦っている。沖縄戦では、アメリカ艦隊に対する夜間攻撃に出撃し、重爆撃機による無照明雷撃を試みた。艦隊が発射した高角砲弾が炸裂し、搭乗機が破損して負傷者を出している。この時も機長の必死の胴体着陸で宮崎飛行場に帰着していた。八月の終戦は陸軍曹長として大阪の伊丹で迎えた。重爆撃機で各地を転戦して危機に直面した戦歴を持ちながら、その奇跡的な生還は数少ない事例といえる（内野邦之助「飛行第七戦隊のあゆみ」）。

また、第一二期生（東京陸軍航空学校の第七期生）の青木一郎は、家庭の事情で中学への進学が叶わず、下宿人から飛行士に関する話を聞かされて東京陸軍航空学校を志願した。昭和一六年（一九四一）四月に入校し、翌年三月の卒業後は熊谷陸軍飛行学校へ操縦生として入校している。操縦に選ばれた感激は天にも昇る気持ちで、胸が一杯であったという。太平洋戦争が始まると一年の教育期間が九か月に短縮され、飛行機の整備、一般学科、教練、体操、野外演習、グライダーなどの厳しい訓練を受けている。そして熊谷陸軍飛行学校新田分教場に配属され、飛行訓練に入った。操縦桿を握って半年ほどで成果が認められ、翌年九月に助教が同乗して郷土訪問飛行を許された。その訪問飛行は、新聞に左のように報じられている。

「少年飛行兵晴れの郷土訪問飛行の日、立川市柴崎の青木一郎君の実家では、前日から隣組の人達が総動員のお手伝い、二階建ての屋根の上に約二米の高さで大国旗を掲げ、両隣の屋根に旗を三本の縄につけて張りめぐらし、空から直ぐ我が家であることが判るように準備万端整えていた。二〇日早朝から隣組の人達はもとより町内の人々多数が小旗を振って一郎君の家の前に集まり、歓迎陣を敷いていたが、午前中は遂に姿を見せず、午後三時半頃南の空から逞しい爆音とともに、低空を飛ぶ青木機が姿を見せた。先ず立川国民学校の上空で、校庭に描く「アオキ」の人文字の上を何度も旋回し、軽やかに機翼を振ってから、懐かしい我が家の上を二周した。育ての親、叔父の福島源助氏夫妻も祖母タケさん（六九）も涙を拭きながら町内の人々と一緒に夢中で旗を振れば、青木君も機翼を大きく振って感激答礼。「青木君、万歳！」の声に送られて、北の空に機影を没した」（『わが青春の軌跡』）

新聞の見出しは、「見たぞお前の晴れ姿」「屋上に歓迎の国旗」である。九月二〇日の航空記念日にあわせた郷土訪問飛行は、事前に出身校に連絡が行なわれ、戦意高揚と少年たちの感動を誘う演出であった。

そして、昭和一八年九月に熊谷陸軍飛行学校を終えた青木は、中国北部への派遣が決まり、遺書を書かされ、北京や天津で飛行訓練を続けた。陸軍伍長になって「陸軍航空機操縦術習得記章」を授けられると、早速、記章を胸に付けた写真を母親に送っている。その後、内地に復帰して北伊勢の飛行七三戦隊に所属し、さらに所沢に戻って東京防衛の任務についた。一九年一一月にはＢ29爆撃機の編隊に遭遇し、その巨大な機体を目の当たりにしている。フィリピン方面の戦況が危機的になると、飛行七三戦隊の操縦三九名、整備一二九名とともに台湾からフィリピンへ南下した。一二月一六日にフィリピンのマバラカットに到着した同隊からは、ミンドロ島に上陸した米軍に対して、爆弾を抱いて体当りを命じられた特攻機が派遣されるようになった。青木もアメリカ艦隊の攻撃に向かったが、たびたびのエンジン不調で砂糖キビ畑に胴体着陸している。マバラカットに戻って北部に陸路後退した本隊を追及する途中、ゲリラの攻撃で右大腿部貫通の銃創をうけた。その後は、アメリカ軍とゲリラの攻撃を逃れながら北上。ツゲガラオからさらに残存部隊が集結したボントック地区に向かい、同地で終戦を迎えたのであった。七三戦隊には東京陸軍航空学校・東京陸軍少年飛行兵学校の卒業生一一名が所属していたが、殉職が二名、戦死が七名で、生存者は青木を含めて二名にすぎない（青木一郎『わが青春の軌跡』）(4)。

一方、戦況が悪化した昭和一八年以降のいわゆる乙種少年飛行兵の場合は、速成教育で戦場に送り込まれた。一八年一〇月二日に東京陸軍少年飛行兵学校に仮入校し、操縦分野の大刀洗飛行学校生となった岩手県水沢出身の菊池乙夫、福島県須賀川出身の横山孝三は、この乙種陸軍少年飛行兵であった。一五歳の菊池と横山は、菊池が兄と東京在住の叔父に見送られ、横山が福島から同行した父親に送られて村山の東京陸軍少年飛行兵学校へ向った。同校で身体検査とそれに続く適性検査を受け、操縦、整備、通信の分科が決まっている。菊池と横山は、乙種となったことで東京陸軍少年飛行兵学校での一年間の在学課程が無くなったことが不満であったが、基本訓練があこがれの操縦と決まったよろこびを噛みしめたという。

菊池と横山は、一〇月四日に東京駅から少年飛行兵専用の輸送列車で福岡県の大刀洗へ向かい、五日に大刀洗陸軍飛行学校甘木生徒隊に到着した。翌日に制服、軍帽、軍靴などが配られたが、大半が使い古しの中古品であって寸法が合わなかったようだ。少年飛行兵募集のポスターにあった凛々しい制服姿とは程遠く、幻滅を味わされたという。一一日の入校式後は、第一五期生乙種の操縦分科二〇〇〇名が一〇中隊に分かれ、さらに各中隊が班に区分された厳しい内務班生活と猛訓練に明け暮れた。一般の教練に加えて、航空体操や回転するフープの運動、一二階段からの飛び降りなどが行われ、後半にはゴム索を用いたグライダー訓練を受けている。翌一九年三月末には二四〇名が大刀洗陸軍飛行学校日達原教育隊に移動し、六名の班ごとに操縦経験者の助教が付き、直接の指導をうけた。ドイツのビッカー社開発の赤トンボと愛称された二枚羽根の小型練習機が配置され、憧れの飛行兵服を着て飛行機に乗る喜びに感激している。しかし操縦訓練は、助教に怒鳴られ、殴られ、蹴られ、体罰をうけるのが日常茶飯事であった。横山は単独飛行の最初の着陸で失敗、練習機が右脚折損の中破となっている。相性の悪かった助教から徹底的にしごかれたという。

菊池と横山は、一九年五月末に行われた戦闘、爆撃、偵察の分科の区分けで爆撃機とされ、七月に南方派遣と決まった。軍用列車で佐世保へ向かい、八月に佐世保港で人員輸送用に内部が改造された戦艦榛名に乗せられ、アメリカ潜水艦からの魚雷攻撃に苦しみながらもシンガポールに到着している。シンガポールのカラン飛行場では、出迎えの一〇〇式重爆撃機の偉容に驚き、同機でジャワ島のバンドンに向かい、そこからトラック輸送でカリジャチ飛行場に到着。そして、第五五航空師団の第一六教育飛行隊に所属し、重爆撃機の搭乗訓練・低空降下爆撃訓練などをうけている。カリジャチ飛行場では、歴戦の飛行第一一戦隊がスラバヤから移動してきて、モロタイ、ビアク、バリックパパンなどへ夜間爆撃に出動していたが、本土の戦況が急迫すると、同隊も二〇年七月に日本内地に呼び戻されていた。ジャワで訓練を積んだ同期生が本土防衛要員に引き抜かれ、菊池や横山がその輸送のためジャワからシンガポールやプノンペンへ向かう空輸任務に従事した。そして菊池と横山の部隊からも第一野戦補充飛行隊重爆班への転属が決まっている。ボルネオ島のラブアン攻撃が予定されて死を覚悟したが、結果として出撃予定の二日前に八月一五日の終戦を迎えたのであった（菊池乙夫・横山孝三著『陸軍少年飛行兵』）。

四　少年飛行兵学校と村山の記念碑

北多摩郡村山村に開設された東京陸軍航空学校とその後の東京陸軍少年飛行兵学校が、近隣の町村民の生活にあたえた影響は少なくない。村山には昭和一八年（一九四三）に入って、少年飛行兵学校の北側に所沢陸軍航空整備学校の立川教育隊が開設された。立川には陸軍航空技術学校も設置され、航空尉官・技師などや陸軍航空整備学校甲種学生修了者に対する高等技術教育が実施されている。村山にも飛行機関係の下請けの工場ができ、飛行機の尾翼などを作り、牛車で立川飛行機の工場へ納入していたという。東京陸軍少年飛行兵学校には同村をはじめ近隣の市町村から数百人が勤務し、その他の航空関連施設にも多数が通勤したのである。

村山に生まれ育った宮崎栄一は、陸軍軍属という身分のもとで、東京陸軍少年飛行兵学校の材料廠の見習工や被服・練習用具の修理・出納係、給仕などに従事した。戦況が厳しくなると、材料廠の銃工場で学校内の全員の銃剣に刃を付ける作業もしたという。また中隊の給仕の時は、生徒を教育する教官（将校）と助教（下士官）に付属した当番をさせられている。交通機関が十分でなかったこともあって、冬は夜がまだ明けない五時半頃に家を出て自転車や徒歩で通い、戦局が厳しくなると休日を返上して動員に応じたという。

その宮崎も、徴兵検査の年齢になって、昭和二〇年二月には中部第九八部隊に入隊した。飛行機の整備兵を養成する航空教育隊であったが、食糧難の空腹と古参兵からの制裁に苦しめられた。その後、岐阜県の各務原の独立整備隊に配属となり、六月に博多から朝鮮半島の釜山に渡って大邱の飛行場に駐屯し、そこで終戦を聞かされている。東京陸軍航空学校と東京陸軍少年飛行兵学校の卒業生の結束は強く、折々に卒業生であった隊付将校や班長などから庇護してもらい、可愛がられたという（宮崎栄一「陸軍少年飛行兵と共に」）。

その東京陸軍少年飛行兵学校では、食事を賄う炊事班や食堂係、被服・練習用具などの保管や修理を行う被服係や練習用具係に女性を雇用していた。徴用や勤労動員で多数の民間人が工場の労働などに従事させられるようになると、村山の女性は居住地に近い東京陸軍少年飛行学校の勤務を希望した人も多かったようだ。厳しい増産目標の中で、第二、第四日曜が無くなり、軍需工場では何日間も泊まり込みで飛行機等の製造に励んだという。

一方で、村山は東京の郊外ということで、一九年八月からの赤坂区（現港区）赤坂国民学校の学童疎開、同年九月に八丈島西部にある堅立村民一三三名などの集団疎開先になった。しかし、軍関係施設が集中した多摩地域は、爆撃や機銃掃射の被害に直面している。中島飛行機武蔵製作所は一一月からB29重爆撃機に集中爆撃され、立川陸軍立川飛行場、東京航空技術学校が空襲の被害をうけた。村山の東京陸軍少年飛行兵学校、隣の砂川村の飛行機工場等も襲撃されている。二〇年四月二日と四日の空襲では、赤坂国民学校の学童が疎開した禅昌寺、長円寺、真福寺が狙われた。二日に長円寺にB29重爆撃機からの爆弾が落ち、四日にも長円寺に爆弾、真福寺に時限爆弾が投下された。この四日の空襲では、村山村内に約一五〇発の爆弾が落とされ、死者四名、重傷者数名を出したと報じられている。東京陸軍少年飛行兵学校でも、村山出身の当時一八歳の炊事班女性職員が四月一九日に殉職した。学校内の一九期生四名らとともにタコ壺と称された爆弾退避用の穴にいて、機銃掃射の弾丸をうけて死亡している

（佐藤彰平「少飛慰霊碑異聞」）。

東京陸軍少年飛行兵学校の校舎と敷地は、戦後に払い下げられ、その跡地には村山団地などが建設された。当時の面影については、建物の古い基礎も失われたが、金毘羅橋から大南へ向かう道路は今でも「東航通り」と称せられている。この陸軍少年飛行兵学校については、昭和三八年（一九六三）一一月に武蔵村山市大南の跡地の一角に陸軍少年飛行兵出身生存者一同によって慰霊碑が建立された。京浜地区在住者が慰霊碑建設委員会を組織して推進した結果で、「なき友の御霊に捧ぐ」と題された碑文は左のようである。

「　　なき友の御霊に捧ぐ
霜枯れの武蔵野の一角、静かに頭をめぐらせば、晩秋の陽の中に今や崩れ果てようとする礎石を求めることができる。この地は、ノモンハン・日華の両事変、太平洋戦争を通じて、若鷲の名の下に活躍した陸軍少年飛行兵揺籃の地である。昭和九年春二月、日本陸軍に誕生した少年飛行兵の養成は、所沢陸軍飛行学校に続き、昭和十三年九月この地に設けられた東京陸軍航空学校を中心として本格的に行われた。思えば十有二年の短い歴史の中に、第二十期生まで、約二万八千の紅顔の少年達が、情熱のすべてを祖国に捧げ、炎熱の朝に酷寒の夕に、孜々として猛訓練に励み、黙々として古賢の道を学びつつ、ひたすら死に通ずる大空へと巣立っていった。そして大陸の空に、南溟の果てに、また北辺の孤島に、雄戦激斗し、赫々の武功を誇ったが、その多くは祖国の繁栄と同胞の平和を念じつつ、莞爾として悠久の大義に殉じていったのである。戦火絶えてすでに十八年、今は還らぬ友の御霊を慰め、その栄誉と武勲を永く後世に伝えるとともに、真の平和を祈念して、ここに出身生存者相はかり、その浄財と数多くの賛同者の御支援により、陸軍少年飛行兵戦没者慰霊の碑を建立する。

昭和三十八年十一月二十四日

陸軍少年飛行兵出身生存者一同」

昭和三八年一一月二四日の除幕式には三笠宮が臨席し、出身者や遺族の一二〇〇名が集まって慰霊祭が行われた（岡崎義範「村山慰霊碑の建立当時を振り返って」）。この東京陸軍航空学校とその後の東京陸軍少年飛行兵学校の出身者は「少飛会」を組織し、毎年一一月二三日に慰霊祭を実施していた。その折は、セスナ機などで出身者が慰霊飛行を行っていた。

この慰霊碑は、平成二年（一九九〇）一〇月に武蔵村山市の禅昌寺に移されている。慰霊碑の維持については、村山慰霊碑特別委員会のもとで、僧籍出身者に土地売却・慰霊案、市の公園での記念碑案、靖国神社や立川諏訪神社への遷座案など、様々な検討が行われた。最終的には東航職員会を作って会長となっていた宮崎栄一や少飛三期生の佐藤彰平らが尽力し、禅昌寺への移転が決まっている。装い新たな「少飛の搭」が完成し一〇月一〇日に全国から遺族、関係者一二六〇余名が集り、「遷座式」と「少飛会第二十八回合同慰霊法要」が行われた。武蔵村山の「少飛の搭」に安置された戦死者等は四六〇六名で、その内の四五七名が特別攻撃隊員とある（宮崎栄一「陸軍少年飛行兵と共に」）。そして武蔵村山の陸軍少年飛行兵学校の跡地には、慰霊碑に替わって記念碑「陸軍少年飛行兵揺藍之地」が建てられた。その「建立の趣旨」には、永代供養を念願して慰霊碑を禅昌寺に移したこと、若鷲揺藍の地である跡地に記念碑を建立して永く後世に伝えることが記されている。

一方、陸軍少年飛行兵学校正門付近には、「東航正門跡」という記念碑が建てられ、平成一一年四月四日に除幕式が行われた。同校を襲った二〇年四月四日空襲の戦没者慰霊祭が契機となり、元少年飛行兵たちが募金を行い、その寄付を受けた武蔵村山市が市有地内に建設したのである（『朝日新聞』一九九九年四月四日）。

おわりに

昭和九年（一九三六）二月に一期生が所沢陸軍飛行学校に入校してから東京陸軍少年飛行兵学校時代の第二〇期生まで、総計四万五〇六五名の少年たちが日本全国、また朝鮮半島、中国、台湾から東京陸軍航空学校・同少年飛行兵学校に入校した。その入校者数は、日中戦争が始まると、昭和一二年の二六〇名が翌一三年に六倍強の一五七六名に増加している。また、一六年一二月に太平洋戦争が始まると、その一六年の二六二〇名に比較して、翌一七年が五倍強の一万三八二三名に急増し、一八年も一万一五七一名を数えた。応募年齢は、一五歳以上から一四歳以上に下げられ、まさに非常事態と称された総力戦の緊急動員となる。そして、陸軍少年飛行兵学校の教育期間も一年間から、一九年以降は半年に短縮させられている。乙種制度の速成教育課程に至っては、陸軍少年飛行兵学校の基礎教育を短縮し、操縦、通信、機械といった上級校での教育も不十分な段階で、朝鮮・中国や南方の教育隊に組み入れられていた。十分な教育がなされない段階で内地から外地へ派遣され、戦いの合間に訓練を行うというまさに粗製乱造の状態であった。

入校した少年たちの必勝への信念と意気込みは高いが、特に一九年以降は優遇されていた食事等の給養が悪化している。困難を増した周囲の状況の中で、空襲下の「赴援作業」、あるいは防空壕作りに動員されるようになった。外地をはじめ各地の上級校での教育についても、実戦に参加した際に彼我の戦力の違いに愕然とした体験が少なくない。昭和一三年四月に入校した第六期生で東京陸軍航空学校の第一期となった五五〇名は、終戦までに五三％の二九二名が戦死している。操縦一七三名（五九％）、整備八八名（三〇％）、通信一七名（三五％）、戦技一四名（五三％）で、操縦関係者の割合が大きい（『陸軍少年飛行兵史』）。一五期生までを送り出した少年航空兵制度は、二〇年二月には各校の教育訓練の中止が内定し、四月一六日の勅令二二八号で熊谷陸軍飛行学校や宇都宮陸軍飛行学校・大刀洗陸軍飛行学校などが閉鎖されている。少年航空兵の養成制度は、昭和二〇年（一九四五）八月一五日の終戦を待たずに崩壊していたのである。

（1）昭和八年四月の生徒採用規則では、操縦生徒の召募年齢が一七歳から一九歳、技術生徒のそれが一五歳から一八歳であった。
（2）終戦時は五円五〇銭にあがっている（『陸軍少年飛行兵史』）。
（3）整備を担当して最古参軍曹であった九期生の水谷郷は、朝鮮の泗川で特攻出撃を送り出した後の二〇年七月に福生に戻って「講義の助手」となっていたが、「連日のグラマンの空襲でまともな授業にはならず」、「飛行機を疎開した雑木林の中にタコ壺を掘り、偽装した樹木の取り換えなどで日を過ごし、もう戦争はいよいよ末期的様相を示していた」という（水谷郷「崩壊の年」『翔飛』第二七号、一九九一年）。
（4）青木の第一二期生は総員が一三二〇名で、四九七名の戦死が判明したと記している（『わが青春の軌跡』）。

参考文献

岡崎義範「村山慰霊碑の建立当時を振り返って」（『翔飛』第二四号、一九八八年）。

佐藤彰平「少飛慰霊碑異聞」（『翔飛』第二六号、一九九〇年）。

青木一郎『わが青春の軌跡』（あかつきコロニー印刷、一九九六年）。

宮崎栄一「陸軍少年飛行兵と共に」（『平和の集い講演録』第三巻、武蔵村山市、一九九八年）。

菊池乙夫・横山孝三『陸軍少年飛行兵』（セントラル出版、二〇〇二年）。

土田昭二『特攻日誌』（林えいだい編、東方出版、二〇〇三年）。

齊藤勉「多摩の空襲」（『多摩のあゆみ』一一九号、二〇〇五年）。

栖崎由美「武蔵村山にあった軍事施設」（『多摩のあゆみ』一一九号、二〇〇五年）。

鈴木芳行「空都多摩の誕生―東京都制編入の防空事情―」（松尾正人編『近代日本の形成と地域社会』岩田書院、二〇〇六年）。

島田昌往『雲の果て遙か』（私家版、二〇〇八年）。

内野邦之助「飛行第七戦隊のあゆみ―無照明雷撃行」「飛行第七戦隊のあゆみ―溝田中隊長」（私家版）。

『なき友に捧ぐ』（少飛会編、少飛会発行、一九六三年）。

『陸軍少年飛行兵史』（少飛会歴史編纂委員会編、少飛会発行、一九八三年）。

『誰に叫ばん―元陸軍少年飛行兵第十二期生の記録―』（少飛十二期会編、せんだん書房、一九八三年）。

『立川市史』下巻（立川市発行、一九六九年）。

細井五編『村山にあった陸軍少年飛行学校―戦後五〇年文化祭の展示に寄せて―』（武蔵村山郷土の会他発行、一九九五年）。

『調布市史』下巻（調布市史編集委員会、一九九七年）。

「武蔵村山市史『近代・現代』の編さんに伴う座談会」（二〇〇一年六月一七日、武蔵村山市史編さん室）。

『武蔵野市百年史』記述編Ⅰ、武蔵野市編、二〇〇一年。

『武蔵村山市史』資料編近・現代（武蔵村山市史編さん委員会編、二〇〇一年）。

『武蔵村山市史』通史編下巻（武蔵村山市史編さん委員会編、二〇〇三年）。

あとがき

本書を出版するきっかけとなったのは、中央大学文学部のプロジェクト科目「多摩の近世・近代史」である。二〇〇五年からはじまったこの科目は、多摩に関係した近世・近代史をテーマとし、若手研究者を講師にお願いしてリレー講義の形式で毎年実施してきた。半期一五回の講義を、五人から六人で担当している。土曜日の午前中の時間帯であるが、それでも毎年、五、六〇人の履修者がいて、好評なように思われる。

科目の履修者に授業評価を書いてもらうと、授業内容をより深く学びやすい書籍が欲しいという要望があった。確かに参考文献を指定しても、複数の講師のリレー講義形式になると、関連の文献は多岐にわたる。学生の側からは、授業の内容をより詳しく知りたいと思っても、容易でなかったようだ。

本書の作成に際しては、プロジェクト科目「多摩の近世・近代史」の講師に、中央大学人文科学研究所の「地域史研究の今日的課題」のメンバーが参加していたのが幸いした。いずれも、多摩地域をはじめとする地域史に関する研究に取り組んできた第一線の研究者である。その蓄積した歴史研究の成果が本書の出版に結びついた。

中央大学が多摩に移転してから三五年。講義等で多摩地域の身近な問題を取り上げる意義は少なくない。「多摩の近世・近代史」が、より充実した講座となっていくことを願いたい。最後に本書の刊行については、中央大学出版部に格別の御配慮をいただいた。厚く御礼を申し上げる次第である。

二〇一二年三月

松尾正人

執筆者紹介（執筆順）

岩橋《いわはし》清美《きよみ》　東京都公文書館専門員、中央大学文学部兼任講師

亀尾《かめお》美香《みか》　高知県立坂本龍馬記念館学芸員、元八王子市郷土資料館学芸員

清水《しみず》裕介《ゆうすけ》　公益財団法人多摩文化振興財団学芸員、首都大学東京非常勤講師

西村《にしむら》敏也《としや》　武蔵大学人文学部非常勤講師

岡崎《おかざき》寛徳《ひろのり》　大倉精神文化研究所研究員

桜井《さくらい》昭男《あきお》　淑徳大学アーカイブズ主任専門員

落合《おちあい》　功《こう》　広島修道大学商学部教授

牛米《うしごめ》　努《つとむ》　税務大学校税務情報センター租税資料室研究調査員、中央大学文学部兼任講師

藤田《ふじた》英昭《ひであき》　徳川林政史研究所研究員

松崎《まつざき》　稔《みのる》　町田市立自由民権資料館主事（学芸担当）、中央大学文学部兼任講師

矢野《やの》信幸《のぶゆき》　中央大学人文科学研究所客員研究員

松尾《まつお》正人《まさひと》　中央大学文学部教授、八王子市史編さん審議会会長、多摩市文化財審議会会長

多摩の近世・近代史

2012年9月28日　発行

編 著 者　松 尾 正 人
発 行 者　中央大学出版部
代表者　吉 田 亮 二

〒192-0393　東京都八王子市東中野742-1
発行所　中 央 大 学 出 版 部
電話 042(674)2351　FAX 042(674)2354

藤原印刷

ISBN 978-4-8057-4150-4